건설업 세무와 회계 관리실무

건설업 세무와 회계 관리실무

2022년 10월 28일 초판 발행
2026년 1월 16일 2판 발행

지 은 이 | 장성환
발 행 인 | 오연관
발 행 처 | 삼일피더블유씨솔루션
등록번호 | 1995. 6. 26 제3 - 633호
주 소 | 서울특별시 용산구 한강대로 273 용산빌딩 4층
전 화 | 02)3489 - 3100
팩 스 | 02)3489 - 3141
가 격 | 30,000원

ISBN 979-11-6784-463-7 93320

건설업 경리 실무자 및 대표님이 꼭 알아야 할

건설업 세무와 회계 관리실무

개정판

장성환(세무사) 저

SAMIL | 삼일인포마인

머리말

건설업 회계 · 세무 실무담당자라면 "건설업은 왜 이렇게 복잡하고 할 일은 또 왜 이리 많은 것일까?"라는 생각을 한 번쯤은 해보셨을 텐데요. 주요 이유는 다음과 같습니다.

첫째, 건설업은 다른 업종과 달리 자본금 등 등록 요건을 정해두고 미충족 시 영업정지(등록취소) 등 제재 처분을 하고 있습니다. 그래서 매년 결산 전에 건설업 등록 요건을 갖추기 위하여 실질자본 및 기술자 등 등록 요건 충족 여부를 검토해보고 부족한 경우 보완해야 합니다.

둘째, 노동 집약적 산업인 건설업은 인건비 업무가 복잡하고 과중할 수밖에 없으며, 일용직근로자 연금 · 건강보험 가입대상 확대로 인하여 갈수록 업무 및 재정적 부담이 늘고 있습니다.

셋째, 건설업은 타산업에 비하여 거래 단위 금액이 크기 때문에 잘못된 세무처리 또는 신고 후 과세관청의 사후검증 및 세무조사 등을 통하여 부과될 수 있는 본세 및 가산세 부담이 매우 큽니다.

넷째, 건설회사 결산에 있어서 중요 포인트를 놓치게 되면 경영상태 평균비율 및 신용평가등급 등이 하락하여 수주에 지장이 생기며 경영상 큰 어려움에 직면하게 됩니다.

결국 건설업 대표님 및 실무담당자는 회계 · 세무 업무 이외에도 건설업 실태조사, 경영상태 평균비율 및 신용평가등급, 노무업무, 공사대장 및 실적신고업무 등 처리할 업무 및 신경 쓸 사안이 너무 많습니다.

관리조직이 완벽하지 않은 중소기업이 건설회사를 설립하고 운영하면서 실무상 어려움이 생겼을때 세무, 회계, 노무, 건설산업기본법 등 제반법령 이슈가 얽혀있다 보니 어디에 물어보고 누구와 상의해야 할지 판단하기도 어렵고 곤란을 겪고 있는 것이 현실입니다.

이러한 점을 고려하여 이 책은 건설회사 설립(면허등록) 후 운영과정의 주요 업무 및 주로 발생하는 중요 이슈로 구성하여 중소기업 건설회사 경리 · 공무 담당자 및 대표님들이 최대한 필요한 부분만 찾아서 읽고 이해하기 쉽도록, 초임자도 쉽게 접근할 수 있도록, 업무를 진행하면서 막히는 부분을 찾아볼 수 있도록 구성하였습니다. 아무래도 시중의 책이 전문가용 법조문 위주로 출판되다 보니 대표자 및 실무자들에게 다소 부담스러울 수 있기 때문입니다.

1편: 건설회사 설립과 건설업 면허등록
2편: 건설회사 수익과 비용
3편: 건설업 회계와 실질자본
4편: 건설업 세무 주요쟁점

모쪼록 복잡하고 어렵게 느껴지는 건설업 회계 세무 관리의 전체적인 업무 과정에 대하여 실무자가 입문부터 실전까지 충분한 지식을 쌓는데 조금이라도 도움이 되었으면 합니다.

이 책이 출간될 수 있도록 도움을 주신 삼일피더블유씨솔루션의 오연관 대표이사님과 조원오 전무님, 김동원 이사님께 감사의 말씀을 드립니다. 또한 이 책을 깔끔하게 편집해주신 임연혁 부장님께도 감사의 말씀을 드립니다.
바쁘다는 핑계로 가족에게 소홀한 부분이 많음에도 불구하고 묵묵히 참아주고 지원을 아끼지 않는 사랑하는 가족 수경, 예은이, 윤찬이에게 감사와 미안한 마음을 전합니다.
독자 여러분의 많은 충고와 격려를 부탁드립니다.

장성환

목 차

I 편 건설회사 설립과 건설업 면허등록

II 편 건설회사 수익과 비용

III편 건설업 회계와 실질자본

IV편 건설업 세무 주요쟁점

I 편

건설회사 설립과 건설업 면허등록

1장

건설업 면허 등록요건

01

Q 건설업 면허등록 요건(4가지)은 무엇인가요?

A 건설업은 자본금, 기술자, 시설장비, 보증가능금액확인서 4가지 요건을 상시 충족하도록 규정하고 있습니다.

건설업 등록기준 미달사항에 대해서는 매년 실태조사가 시행되어 미달사항이 있는 경우 영업정지 행정처분이 내려집니다.

건설업 등록 시 건설업종 중복보유 및 주택건설업, 전기공사업, 정보통신공사업, 소방시설공사업 등 다른 법률에 따른 자본금 기준 등 등록기준이 있는 업종을 함께 보유하고 있는지 확인하고, 이를 고려하여 적격 여부를 판단합니다.

토목건축공사업 또는 건축공사업과 주택건설사업자(또는 대지조성사업자)에 대하여는 상호 중복 인정이 가능한 자본금·기술인력 및 사무실 면적은 중복 인정됩니다.

1. 건설업 등록기준

건설업을 등록하기 위해서는 **자본금, 기술자, 시설장비, 보증가능금액확인서 4가지 요건을 충족**해야 합니다.
4가지 요건은 **건설업 등록 후에도 상시 충족**함을 원칙으로 하고 있습니다.

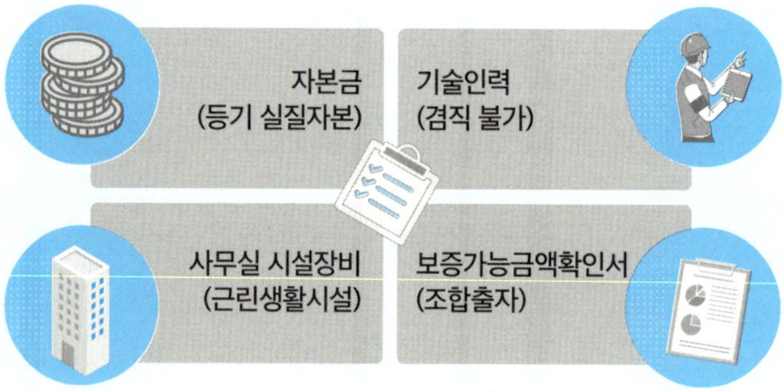

2. 자본금 등록기준

업종별 기준자본금 이상의 등기상 자본금과 실질자본을 갖추어 재무관리상태진단보고서를 제출하여 자본금 등록기준을 갖추었음을 입증해야 합니다.
자본금은 등록 이후에도 상시 충족해야 합니다.
매년 건설업 실태조사를 통해 등록기준 자본금에 미달하는 경우 영업정지 행정처분을 받게 됩니다.

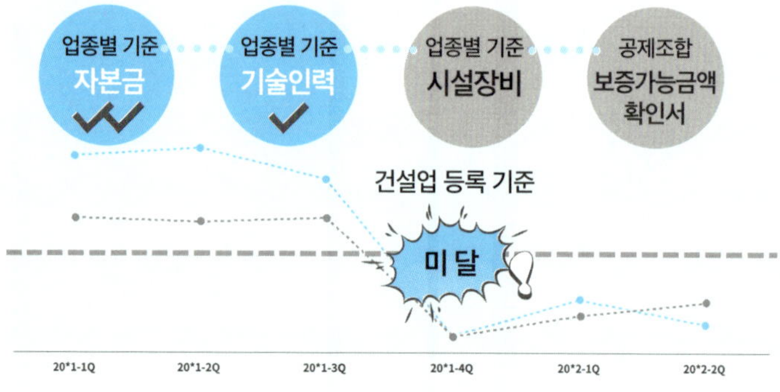

3. 기술인력 요건

업종별로 규정된 기술인력 이상을 갖추었음을 입증해야 합니다. **기술자격증명서와 기술인력의 고용보험가입확인서를 건설업 등록 시 제출**해야 합니다. 등록 이후에도 KISCON에서는 한국건설기술인협회의 업체별 건설기술자 자료와 기술자자격증 사본, 업체로부터 제출받은 고용보험가입증명(사업장별 피보험자격 취득자 목록 및 피보험자격 이력 내역서 등을 말하며, 고용보험 적용제외 근로자인 경우에는 국민연금보험, 국민건강보험 또는 산업재해보상보험 가입증명 중의 어느 하나로 갈음할 수 있다) 등을 상호대조 · 확인하여 **기술인력 요건이 미달된 경우 실태조사를 통해 영업정지 행정처분**을 받게 됩니다.

기술인력이 퇴사한 경우에는 50일 이내에 신규 인력을 충원해야 합니다.

4. 사무실 및 시설장비 요건

사무실은 건축법등 관련법령에 적합한 것이어야 하며 **등록하고자 하는 시 · 도(종합건설업의 경우) 또는 시 · 군 · 구(전문건설업의 경우) 내에 위치**하여야 합니다. 아래의 건물 등 건설업의 사무실로 사용함이 타당하지 않다고 인정되는 건물은 건설업등록기준에 따른 사무실로 인정받을 수 없습니다.

① 단독주택, 공동주택 등 주거용 건물
② 축사, 퇴비사, 온실, 저장고 등 농업 · 임업 · 축산 · 어업용 건물
③ 그 밖에 상시적으로 사무실로 이용하기 부적합한 건물, 무허가건물 및 가설건축물 역시 사무실로 인정받을 수 없습니다.

사무실은 다른 건설사업자 등의 사무실과 **명확히 구분되어야 하며, 건설업 영위를 위해 필요한 책상 등 사무설비와 통신설비의 설치 및 사무인력이 상시 근무하기에 적합한 정도의 공간**이어야 합니다.
그 밖의 시설장비 보유 여부는 각종 공부(등기부등본, 건축물대장, 등록증, 등기필증)와 임대차계약서를 상호 대조하여 확인합니다.

건물등기부등본 또는 건축물대장 등에서 정한 용도가 사무실이 아니라도 건물의 형태, 입지 및 주위여건 등 제반상황을 고려하여 상시 사무실로 이용 가능한 것으로 확인되는 경우라면 사무실로 인정됩니다.

사무실 기준의 적격 여부는 해당 사무실의 소재지를 방문하여 확인하여야 하지만 제출받은 서류의 심사결과와 사무실의 주소 · 전화번호 · 팩스번호 등의 확인 등 사정을 고려하여 방문 확인이 필요하지 않다고 판단되는 경우에는 이를 생략할 수 있습니다.

5. 보증가능금액 확인서 요건

업종별 등록기준 자본금의 일정비율을 공제조합 등 보증가능금액확인서 발급기관에 예치하고 보증가능금액확인서를 발급받게 됩니다. 보증가능금액확인서 발급기관은 건설산업기본법에 따라 설립된 건설공제조합, 전문건설공제조합, 대한설비건설공제조합 및 보험업법에 따라 설립된 서울보증보험주식회사를 말합니다. 신용평가 미평가, 출자증권 (가)압류 등으로 보증가능금액확인서 효력 상실 사유가 발생하지 않도록 주의해야 합니다. 보증가능금액 효력 상실이 되면 영업정지 행정처분을 받게 되며, 동일한 사유로 영업정지가 반복되는 경우 건설업 등록 말소사유가 됩니다.

02

Q 신규 법인 설립을 통한 건설회사 면허등록은 어떻게 하나요?

A 새롭게 법인을 설립하여 건설업 면허를 등록하는 경우는 자본금을 출자하고 예금 잔액을 20일간 유지 후 21일째 기업진단이 가능합니다.

1. 신설법인의 정의

법인등기 후 90일 이내에 건설업 등록신청 접수를 하여야 하며, 이 기간 동안 매출액이 발생하지 않아야 신설법인에 해당합니다.

신설법인이란 등기일부터 건설업 등록신청 접수일까지 90일이 경과하지 않고, 별도의 영업실적이 없는 회사를 말합니다.
이때 건설업 등록신청 접수일이란 관할 시 · 군 · 구청에 건설업 등록신청서를 제출하는 날이라는 것에 주의해야 합니다.

법인설립 **등기일부터 건설업 등록 신청 접수일까지 90일이 경과되지 않고,**
별도의 영업실적이 없는 법인을 말한다.

2. 신설법인 건설업 면허등록 절차

법인등기 시 잔고증명은 발기인 명의 통장을 기준으로 합니다.

① 법인명의 사무실 임차계약을 체결
② 법인등기사항을 결정하여 법인등기
③ 설립 자본금은 20일간 평균잔액을 유지
④ 사업자 등록 후 법인통장을 개설하고 자본금 이체
⑤ 기술인력을 채용하고 4대보험 자격 취득신고
⑥ 공제조합에 보증가능금액확인서 발급을 위한 예치
⑦ 기업진단을 통해 재무관리상태진단보고서 발급
⑧ 건설업 등록신청서를 제출
⑨ 건설업 등록증이 발급되면 사업자등록 정정신고

기준자본금에 미달되는 경우 다시 증자 등을 거쳐서 기업진단을 해야 하므로 시간과 비용의 손실이 발생합니다.

3. 자본금 고려사항

신설법인은 당초 설립등기 시 납입한 **자본금에 대한 보통예금 잔액을 20일간 유지하여야 하며, 이 기간 동안 평균잔액이 업종별 기준자본금 이상을 충족해야 재무관리상태진단보고서가 적격**으로 발급됩니다. 그러므로 가장 빠르게 기업진단이 가능한 시점은 자본금 납입일로부터 21일째 되는 날입니다. 주의할 점은 기준자본금만 통장에 입금한 뒤 공인인증 수수료 등 각종 비용이 출금되면 평균잔액이 기준자본금에 미달하는 상황이 발생하므로 각별히 주의해야 합니다.

신설법인의 예금평균잔액 계산기간은 발기인 통장보유기간과 법인명의 통장보유기간을 합산하여 20일로 계산합니다.

4. 기술인력 고려사항

건설회사 **기술인력은 상시근로자만 인정되고 겸직과 휴직의 경우는 인정되지 않습니다. 면허 등록 시 기술인력 채용 입증을 위해 고용보험가입확인서를 제출**하게 되어있으며, 겸직의 경우 원천적으로 제출이 불가능합니다. 계약직은 상시근로를 인정받을 수 있지만 일용직의 경우는 불인정됩니다. 재직자가 야간대학(대학원)에 재학 중인 경우는 상시근무를 인정하고 있습니다. **휴직의 경우 출산휴가와 육아휴직은 근무로 인정**하고, 기타 휴직의 경우 근무로 인정되지 않습니다.

기술인력이 배우자 등인 경우로서 고용보험가입확인서 제출이 불가능한 경우는 다른 4대보험 가입확인서로 갈음하게 됩니다.

5. 사무실 고려사항

사무실은 등록하려는 시 · 군 · 구 내에 소재하여야 하며, 근린생활시설로써 사무실로 이용 가능한 것이어야 합니다. 주택, 창고, 축사 등은 사무실로 인정받을 수 없으므로 주의해야 합니다.

단독주택을 통임대하여 사무실로 쓰는 경우에도 인정받을 수 없습니다.

6. 건설업 등록신청

종합공사를 시공하는 업종 등록 신청은 대한건설협회가 접수하여 심사하고, 시도지사가 건설업 등록증을 교부합니다.

전문공사를 시공하는 업종은 시장, 군수, 구청장에게 접수하여 심사하고 건설업 등록증을 교부합니다.

03

Q 건설업 외의 사업을 영위 중인 겸업법인의 건설업 면허등록은 어떻게 하나요?

A 건설업 등록기준 자본금 이상으로 증자를 하고 예금평균잔액을 30일간 유지 후 기업진단 및 기술인력을 추가 채용하여 건설업 면허등록을 진행합니다.

> 제조업, 도소매업 등 건설업이 아닌 사업을 영위하는 경우 겸업법인에 해당합니다.

1. 겸업법인의 정의

겸업법인이란 건설산업기본법상 건설업 외 다른 사업을 영위하는 법인이 건설업 면허를 등록하는 경우를 말합니다.
주의할 점은 건설산업기본법에 의한 건설업이 아닌 전기공사, 통신공사, 소방공사업 등을 영위하던 법인도 겸업법인에 해당됩니다.

건설산업기본법상의 건설업 외의 **전기공사업, 통신공사업, 소방공사업 등을 영위하던 법인도 겸업법인에 해당**한다.

2. 겸업법인 건설업 면허등록 절차

① 필요한 납입자본금을 증자
② 이사회 결의 후 증자 자본금 별도예금 예치 후 30일간 유지
③ 기술인력을 채용하고 4대보험 자격 취득신고
④ 공제조합에 보증가능금액확인서 발급을 위한 예치
⑤ 기업진단
⑥ 건설업 등록신청서를 제출
⑦ 건설업 등록증이 발급되면 사업자등록 정정신고

3. 겸업법인 자본금 요건

겸업법인 자본금 확인을 위한 기업진단 기준일은 건설업 등록신청일이 속하는 달의 직전월 말일(9월에 건설업 등록을 신청하는 경우라면 직전월 8월의 말일 8월 31일이 진단기준일)이 됩니다.

납입자본금과 실질자본금이 업종별 기준자본금 이상을 충족해야 하며, 필요한 증자액을 검토하여 유상증자 또는 무상증자의 방법으로 증자 후 이사회결의를 거쳐 별도예금으로 예치해야 합니다.

납입자본금이 이미 기준자본금을 충족하는 **경우에는 증자 또는 이익잉여금 유보의 방법 중 선택할 수 있으며, 증자 또는 유보액을 별도 예금으로 예치하여 30일간 평균잔액을 유지**해야 합니다.

재무관리상태진단보고서를 발급받은 날이 속하는 달의 말일까지 건설업 등록신청을 접수해야함에 유의해야 합니다.

이사회(또는 주주총회) 결의를 거쳐서 증자한 자본금을 별도로 예치해야 합니다.

4. 겸업법인 사무실 요건

사무실의 건설업 외 사업의 공간과 명확히 구분되어야 하며, 건설업 영위를 위해 필요한 책상 등 사무설비와 통신설비의 설치 및 사무인력이 상시 근무하기에 적합한 정도의 공간이어야 합니다.

5. 겸업법인 공제조합 예치

건설업 외 사업을 영위 중인 기업으로서 2기 이상의 재무제표가 있는 경우 CC등급 이상으로 신용평가등급을 받는 경우 자본금의 예치금액을 줄일 수 있으므로 신용평가를 받아보는 것이 좋습니다.

6. 의제배당 검토(자본거래 검토, 주주 검토)

납입자본금 충족을 위하여 무상증자 또는 이익잉여금 유보의 경우 의제배당 여부를 검토해야 합니다.

04

Q 건설업 면허를 보유한 건설회사의 면허 추가 등록은 어떻게 하나요?

A 면허 추가에 필요한 등록기준 자본금을 증자하여 30일간 유지 후 기업진단 및 기술인력을 추가 채용하여 면허 추가 등록을 진행합니다.

1. 건설회사의 면허 추가

자본금 특례와 기술자 인정특례를 고려하여 면허 추가 등록을 진행하게 됩니다.

2. 건설업 면허 추가 등록 절차

① 부족한 납입자본금을 증자

② 이사회 결의 후 증자 자본금 별도예금 예치 후 30일간 유지

③ 기술인력 추가 채용 및 4대보험 자격 취득신고

④ 공제조합에 보증가능금액확인서 발급을 위한 추가 예치

⑤ 기업진단

⑥ 건설업 등록신청서를 제출

⑦ 건설업 등록증이 발급되면 사업자등록 정정신고

1개 업종을 보유한 자가 추가 등록을 통해 특례 인정을 받은 후 기존 업종을 폐업하는 경우에는 추가 등록한 업종이 건설업등록기준에 충족하도록 보완하여야 합니다.

2개 이상의 업종을 보유한 자가 추가 등록을 통해 특례인정을 받은 후 기존 업종을 폐업하는 경우에는 폐업하는 업종의 등록기준 등에 따라 자본금 및 기술능력의 보완 여부를 판단하여야 합니다.

3. 건설업 등록기준 중복인정 특례(자본금)

추가 등록하려는 업종이 다수인 경우 그중 법정 최저 자본금 기준이 가장 큰 업종의 최저 자본금 기준의 2분의 1까지에 해당하는 자본금을 이미 갖춘 것으로 인정합니다.

예를 들어 시설물유지관리업(2억 원)을 보유한 법인이 토공사(1.5억 원)와 포장공사업면허(2)를 추가하려는 경우 포장공사업 2억 원의 1/2인 1억 원을 이미 갖

춘 것으로 인정합니다.
따라서 자본금 특례 신청 시 시설물(2억 원)+포장(2−1=1억 원)+토공(1.5억 원)=4.5억 원을 충족하면 됩니다.
자본금 등록기준 완화 전 자본금과 무관하게 완화된 등록기준 자본금 기준으로 계산하게 됩니다.

4. 기업진단 일정 체크

기업진단일이 속하는 달의 말일까지 건설업 등록신청서를 제출해야 합니다. 예를 들어 10**월에 건설업 등록신청을 하기 위해서는** 10**월에 기업진단이 완료**되어야 하고, 기업진단을 위해서 **진단기준일이 되는 9월 말 결산 재무제표**가 있어야 합니다. 또한 **진단일 이전 30일간(진단기준일 포함) 예금평균잔액이 유지되어 실질자본이 충족**되어야 합니다. 따라서 **건설업 등록 신청일을 기준으로 역산하여 증자 및 법인결산 등 스케줄 관리가 필수적**입니다.

납입자본금 증자에 대한 예치기간 30일과 가결산 일정을 고려하는 경우 매월 15일 정도가 적당한 기업진단 일정이 됩니다.

5. 기술인력 특례 인정기준

보유하고 있는 기술능력과 추가로 등록하려는 업종의 기술능력이 같은 종류, 같은 등급으로 공동으로 활용할 수 있는 경우 1회에 한정하여 1명을 이미 갖춘 것으로 인정합니다. 기술능력에서 같은 종류·등급으로서 공동 활용할 수 있는 경우 중 같은 종류란 같은 직무분야(기계, 토목, 건축 등)를 말하며, 같은 등급이란 직무수행능력의 수준에 따른 건설기술진흥법에 따른 건설기술자의 단계(초급, 중급, 고급, 특급), 국가기술자격법에 따른 국가기술자격의 단계(기술사, 기능장, 기사 등)를 말합니다. 보유하고 있는 업종의 최소 기술능력이 추가 등록하려는 업종의 기술능력과 같은 종류·등급으로서 공동으로 활용할 수 있는 최소 기술능력이 5인 이상인 경우에는 기술능력을 2인까지 중복 인정합니다. 단, 중급 이상의 경우는 중복 인정이 불가하다는 점 주의해야 합니다.

등록기준 특례를 신청하지 아니하고 2개 업종을 보유한 자가 그중 1개 업종을 폐업한 후 폐업한 업종과 동일한 업종을 재등록하는 경우에는 등록신청일이 폐업으로 인한 등록말소일로부터 6개월 이내인 경우에는 특례 인정을 받을 수 없으나 6개월을 초과한 경우에는 특례 인정을 받을 수 있습니다.

6. 특례적용

자본금 및 기술자 특례적용은 각각 1회에 한정하여 받을 수 있습니다.
1회란 자본금과 기술능력에 대한 각각 한 번의 횟수를 말하며, 둘 이상의 업종을 동시에 추가 등록하는 경우에는 자본금의 인정 업종과 기술능력의 인정 업종을 각기 달리 선택하여 특례 인정을 받을 수 있습니다.
1개 업종을 보유한 자가 추가 등록을 통해 특례 인정을 받은 후 기존 업종을 폐업하는 경우에는 추가 등록한 업종이 건설업등록기준에 충족하도록 보완하여야 합니다.

특례 인정을 받은 업종을 폐업한 후 다시 등록하는 경우에는 특례 인정을 받을 수 없습니다.

05

Q 무면허 건설업을 영위 중인 경우 건설업 면허등록은 어떻게 하나요?

A 건설업 면허없이 경미한 건설공사업을 하고 있는 사업자가 면허 추가 시 기존 보유 자산 부채는 건설업 자산 부채로 인정됩니다.

건설산업기본법상 경미한 건설공사업이란 종합공사 5,000만 원 미만, 전문공사 1,500만 원 미만 공사만 가능합니다.

사업자등록증에도 경미한 건설공사업으로 표기됩니다.

1. 무면허 건설업의 현실

발주자는 종합건설사 등에 원도급을 주고 종합건설사는 전문건설회사에 하도급, 전문건설회사는 십장 등에게 하도급을 주는 다단계 하도급 구조가 오랜 관행으로, 현재도 비슷하게 유지되고 있습니다.

이는 **건설산업기본법상 등록기준 위반, 수급인의 자격제한 위반에 해당되어 행정처분 및 형사처벌 대상**이 될 수 있습니다.

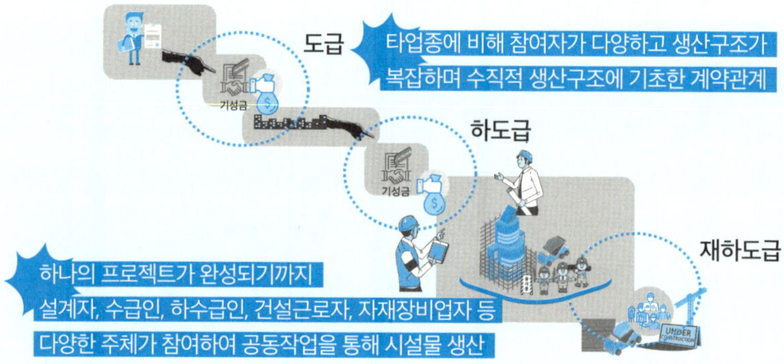

2. 무면허 건설업의 시공 가능 범위

종합건설업 또는 전문건설업 면허를 등록하지 않은 무등록 업체의 경우는 건설산업기본법에 의하여 시공이 가능한 범위가 제한됩니다.

건설산업기본법을 보면 종합공사를 도급받으려는 자는 종합공사를 시공하는 업종을 등록하여야 하고, 전문공사와 그 부대공사는 전문건설업을 등록한 자이어야 합니다.

면허 없이 수행이 가능한 건설공사는 공사예정 금액 기준으로 종합공사의 경우 5,000만 원 미만, 전문공사의 경우 1,500만 원 미만의 경우입니다.

3. 경미한 건설공사를 하기 위한 무면허 사업자 등록

신규사업 개시자는 사업장마다 사업자등록을 신청하여야 하며, 건설산업기본법에 의해 면허를 받지 아니하여도 되는 경우는 등록증 사본을 첨부하지 않아도 됩니다.
따라서 개인인 경우는 주민등록등본, 법인인 경우에는 법인등기부등본 및 사업장 임대차계약서 사본을 첨부하여 사업자 등록을 하게 됩니다.

4. 무면허 건설업자 제재

경미한 건설공사를 초과하는 규모의 공사를 시공하고자 할 경우 반드시 해당 전문건설업을 등록하여야 하며, 이를 위반한 **건설업 무등록자는 건설산업기본법 제95조의2 제1호에 의거 5년 이하의 징역 또는 5천만 원 이하의 벌금**에 처하게 됩니다.
또한, 건설업 무등록자에게 건설공사를 도급주어 시공토록 한 **건축주는 건축법 제110조 제2호에 의거 2년 이하의 징역 또는 1억 원 이하의 벌금**에 처하게 됩니다.
종합건설업(또는 전문건설업)자가 본인이 수급받은 공사에 대하여 무면허 업체에 하도급을 준 경우 행정처분(1년 이하의 영업정지 또는 도급금액의 30% 이내 과징금) 및 형사처벌(3년 이하의 징역 또는 3천만 원 이하의 벌금) 대상이 됩니다.
불법하도급(일괄, 동종, 재하도급, 무등록업체 하도급)으로 처분을 받고 5년 이내 다시 2회 이상 위반하는 경우 건설업 등록말소(3진 아웃제)가 됨에 유의해야 합니다.
건설업 면허없이 건설공사를 수주하는 경우 면허가 필수적으로 필요한 공사의 시공을 위하여 면허대여를 하는 경우가 있습니다.
면허대여의 경우 세금계산서는 사실과 다른 세금계산서 및 위장세금계산서에 해당되며, 세법상 불이익이 매우 크다는 점을 반드시 알아두어야 합니다.

경미한 건설공사 1,500만원, 종합공사 5,000만원은 발주자가 지급한 자재가격 및 운임비 등을 포함하여 계산합니다.

발주자와 실제 시공자가 상호 협의하여 계약을 체결한 위장세금계산서 매입세액 불공제 사례가 적발되는 경우가 빈번하게 발생합니다.

5. 무면허 건설업 영위하던 회사가 건설업 등록을 하는 경우

건설업 등록기준이 기존에 비해 70% 수준으로 자본금도 완화되었으므로, 건설업 등록을 고려하는 것도 한 방법입니다.
경미한 건설공사를 업으로 하던 경우 사업자가 보유한 자산과 부채는 건설업 실질자산으로 인정받습니다.
개인사업자에 대한 성실신고 기준금액이 지속적으로 하향 조정되고 있으므로, 무면허 건설업을 개인사업자로 영위하던 분이라면 법인전환 후에 건설업 면허등록을 하는 것이 좋습니다.
개인사업자로 건설업 면허를 등록한 이후 사업이 확대됨에 따라 법인전환을 하게 된다면, 개인사업자가 보유한 시공능력 평가액을 법인이 승계하기 위해서는 상당히 복잡한 절차를 거쳐야 하기 때문입니다.

06

Q 건설업 등록신청 후 심사 및 등록증 교부 절차는 어떻게 되나요?

A 자본금(기업진단), 기술자(4대보험 확인서), 보증가능금액확인서(공제조합 예치) 요건을 갖추어 건설업 등록신청서를 제출합니다.

1. 처리기관

종합공사를 시공하는 업종의 등록은 위탁받은 기관인 대한건설협회에서 접수하여 심사하고, 시·도지사(신청인인 법인 또는 개인의 주된 영업소 소재지를 관할하는 시·도지사를 말한다. 이하 같다)가 처리하여 건설업 등록증을 교부하게 됩니다.

전문공사를 시공하는 업종의 등록은 신청인(법인 또는 개인)의 주된 영업소 소재지를 관할하는 시·도지사 또는 시장·군수·구청장(이하 "시·도지사 등"이라 한다)이 접수하여 심사하고 등록증을 교부합니다.

2. 동일 업종의 중복보유 제한

토목공사업이나 건축공사업은 토목건축공사업과 동일한 종류의 건설업종으로 봅니다.

법인(개인)은 동일한 종류의 건설업종을 2개 이상 보유할 수 없으며, 양도·합병·상속 등의 사유로 동일한 종류의 건설업종을 2개 이상 보유한 경우에는 지체없이 폐업·등록말소 처리하여야 합니다.

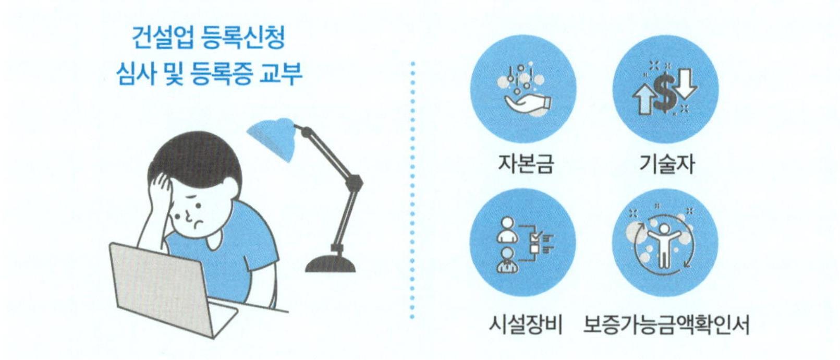

보증가능금액확인서 발급을 위한 예치금, 30일 이상의 은행평균잔고증명서, 사무실 임차 시 임차보증금이 있음을 증명하는 서류, 공사용 장비를 구입한 경우에는 장비구입영수증, 그 밖에 등록신청자 명의의 재산보유를 증명하는 서류

3. 건설업 등록기준의 적격 여부 확인

① 자본금 요건

재무관리상태진단보고서 제출만으로 입증이 완료되는 것은 아닙니다.

제출된 진단보고서상 내용에 부실자산이나 겸업자산이 포함되어 있는 것을 확인하였거나 의심이 되는 경우에는 진단자에게 진단조서 및 증빙자료의 제출을 통한 소명을 요구하여 적정성 여부를 확인하고 있습니다.

등록신청자가 제출한 재무상태표상 자산 및 부채항목을 종합적으로 고려하되, 자산항목 입증을 위해 등록신청자(법인인 경우 대표이사 및 이사 명의의 자산은 불인정) 명의로 된 서류를 확인하고 있습니다.

② 기술자 요건

한국건설기술인협회의 업체별 건설기술자 자료와 **기술자자격증 사본, 업체로부터 제출받은 고용보험 가입증명**(사업장별 피보험자격 취득자 목록 및 피보험자격 이력 내역서 등을 말하며, 「고용보험법」 제10조에 따른 적용제외 근로자인 경우에는 국민연금보험, 국민건강보험 또는 산업재해보상보험 가입증명 중의 어느 하나로 갈음할 수 있다) 등을 상호대조·확인하여 기술인력 요건을 심사합니다.

기술인력을 채용 시 다른 회사 겸직 여부를 확인해 보아야 하며, 채용 후 근로계약서를 체결하고 4대보험 가입을 해야 합니다.

기술능력기준을 확인함에 있어서 필요한 때에는 건설기술자 개인별 경력사항, 고용계약서 사본 등 사실 확인을 위한 자료를 추가로 제출받아 실제 근무 여부를 확인할 수 있습니다.

③ 사무실 및 그 밖의 시설장비 요건

사무실은 사무실 용도로 적합한 것이어야 하며, 등록하고자 하는 시·도(종합건설업의 경우) 또는 시·군·구(전문건설업의 경우) 내에 위치하여야 합니다. 무허가건물 및 가설건축물은 사무실로 인정되지 않습니다.

사무실은 다른 건설사업자 등의 사무실과 명확히 구분되어야 하며, 건설업 영위를 위해 필요한 책상 등 사무설비와 통신설비의 설치 및 사무인력이 상시 근무하기에 적합한 정도의 공간이어야 합니다.

그 밖의 시설·장비는 각종 공부(건물등기부등본, 건축물대장, 등록증, 등기필증)와 임대차계약서를 상호 대조하여 확인합니다.

사무실 기준의 적격 여부는 해당 사무실의 소재지를 방문하여 확인하여야 합니다. 다만, 제출받은 서류의 심사결과와 사무실의 주소·전화번호·팩스번호 등의 확인 등 사정을 고려하여 방문 확인이 필요하지 않다고 판단되는 경우에는 이를 생략할 수 있습니다.

4. 다른 법령에 의한 면허를 보유한 경우

자본금기준 등 건설업 등록기준의 적격 여부를 검토할 때에는 건설업종 중복보유 및 주택건설업, 전기공사업, 정보통신공사업, 소방시설공사업 등 다른 법률에 따른 자본금기준 등 등록기준이 있는 업종을 함께 보유하고 있는지 확인하고, 이를 고려하여 적격 여부를 판단하게 됩니다.

종합공사를 시공하는 건설업종을 등록한 건설사업자(토목건축공사업 또는 건축공사업에 한함)와 주택건설사업자(또는 대지조성사업자)에 대하여는 상호 중복인정이 가능한 자본금·기술인력 및 사무실 면적은 중복 인정합니다.

다른 법률에 따른 등록업종별로 각각의 등록기준을 모두 충족하지 못한 때에는 건설업 등록기준을 부적격한 것으로 처리됨에 유의해야 합니다.

07

Q 건설업 등록 자본금 요건은 어떻게 충족해야 하나요?

A 건설업을 등록하기 위해서는 해당 업종별로 정해진 자본금 이상으로 등기상 자본금과 실질자본을 충족해야 합니다.

1. 업종별 기준자본금

업종별 기준자본금은 완화되어 아래와 같습니다.

<table>
<tr><th colspan="2" rowspan="2">업종</th><th colspan="2">법인</th><th colspan="3">개인</th></tr>
<tr><th>법정자본금</th><th>기술능력</th><th>법정자본금</th><th>cc등급 이상</th><th>c등급</th></tr>
<tr><td rowspan="3">종합</td><td>토건, 산업설비</td><td>8.5</td><td>6인(중급 2인 포함)</td><td>17</td><td colspan="2">6인(중급 2인 포함)</td></tr>
<tr><td>건축</td><td>3.5</td><td>5인(중급 2인 포함)</td><td>7</td><td colspan="2">5인(중급 2인 포함)</td></tr>
<tr><td>토목, 조경</td><td>5</td><td>5인(중급 2인 포함)</td><td>10</td><td colspan="2">5인(중급 2인 포함)</td></tr>
<tr><td rowspan="5">전문</td><td>실내건축 등</td><td>1.5</td><td>2인</td><td colspan="3">법인과 동일</td></tr>
<tr><td>시설물유지관리</td><td>2</td><td>4인</td><td colspan="3">법인과 동일</td></tr>
<tr><td>철도, 포장, 강구조, 삭도</td><td>2</td><td>5, 3, 4, 5인</td><td>4</td><td colspan="2">5, 3, 4, 5인</td></tr>
<tr><td>철강재, 준설</td><td>7</td><td>5인</td><td>14</td><td colspan="2">5인</td></tr>
<tr><td>가스 2~3, 난방 1~3종</td><td>없음</td><td>1인</td><td colspan="3">법인과 동일</td></tr>
</table>

2. 등기상자본금, 실질자본 동시 충족

건설업 등록요건상 **자본금 요건은 법인 등기부등본상 자본금과 실질자본이 동시에 등록기준 이상을 충족**해야 합니다.

등기상자본금은 법인등기부등본에 기재된 회사의 자본금을 의미합니다.

실질자본은 기업진단지침상 건설업실자산에서 건설업실질부채를 차감한 금액을 의미합니다.

3. 신규 법인 설립 시 자본금 예치

신설법인의 경우 자본금을 예치 후 20**일 동안 예금평균잔액**을 유지한 후에 기업진단을 통해 자본금 요건을 입증하게 됩니다.

신설법인의 예금평균잔액 기간은 발기인 개인 통장잔액 유지기간과 법인통장잔액 유지기간을 합산하여 계산합니다.

4. 겸업법인 또는 건설법인 면허 추가 시 자본금 예치

기존법인의 경우 자본금을 증자(법인등기부) 후 증자 해당금액에 대하여 **예금평균잔액을 30일 유지** 후에 기업진단을 통해 자본금 요건을 입증하게 됩니다.

5. 자본금 증자와 기업진단 일정 관리

증자 자본금액을 예치하고 30일 이상 예금평균잔액 유지한 후에 기업진단을 받을 수 있으며, 이 경우 **진단기준일은 진단일이 속하는 달의 직전월 말일**이 됩니다.
또한 기업진단을 받으면 **진단일이 속하는 달 말일까지 건설업 등록신청서를 제출**해야 기업진단을 유효하게 인정받을 수 있으므로, 일정관리에 각별히 유의해야 합니다.

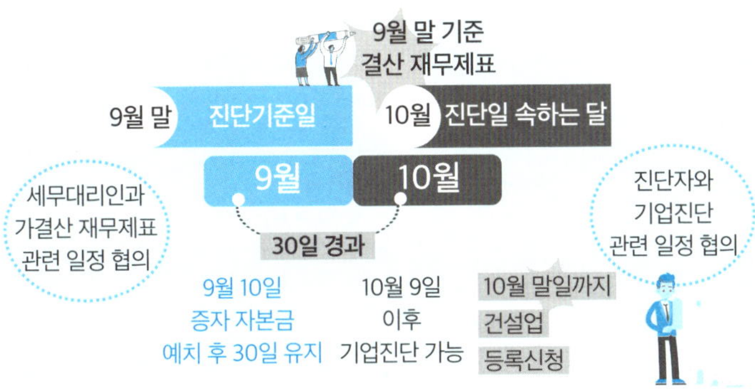

건설업 면허가 필요한 시점과 등록신청 일정 계획이 나오면 역산하여 세무대리인과 가결산 일정 그리고 진단자와 기업진단 일정을 협의하여 진행해야 합니다.

예를 들어 10월에 기업진단을 하기 위해서는 9월 말 기준 결산 재무제표가 필요합니다.
가결산 재무제표를 작성하기 위해서는 현실적으로 10일 이상이 소요됩니다.

6. 자본금요건과 실태조사

주기적 신고 폐지 후 **매년 건설업 실태조사를 시행하여 부실업체에 대해서는 건설업 영업정지 행정처분**이 이루어지고 있습니다.
매년 시행되는 실태조사와 별도로 최근에는 관급공사 낙찰 후 실태조사를 통하여 건설업 등록요건을 갖추지 못한 부실업체에 대하여 낙찰 취소뿐만 아니라 영업정지 행청처분까지 이어지는 사례가 늘고 있습니다.

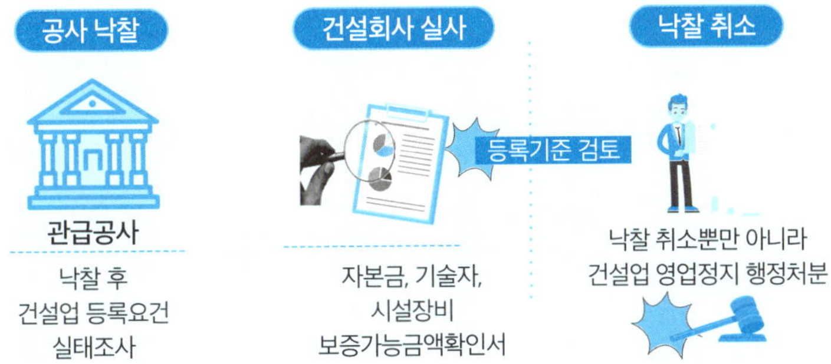

낙찰 후 실태조사 사례가 점차 증가하고 있고, 이는 건설업 등록기준에 대한 상시모니터링을 강화하기 위한 것입니다.

08

Q 건설업 등록 기술자 요건은 어떻게 되나요?

A 건설업을 등록하기 위해서는 해당 업종별로 정해진 인원수, 등급에 해당하는 기술인력을 확보해야 합니다.

1. 업종별 기술능력

기술능력기준을 확인함에 있어서 필요한 때에는 건설기술자 개인별 경력사항, 고용계약서 사본 등 사실 확인을 위한 자료를 추가로 제출받아 실제 근무 여부를 확인할 수 있습니다.

기술자격 취득범위는 국가기술자격법에 따릅니다.

등록하려는 해당 업종별로 등록요건 이상의 건설업 기술인력을 채용하여 유지해야 합니다.

업종		법인		개인		
		법정자본금	기술능력	법정자본금	cc등급 이상	c등급
종합	토건, 산업설비	8.5	6인(중급 2인 포함)	17	6인(중급 2인 포함)	
	건축	3.5	5인(중급 2인 포함)	7	5인(중급 2인 포함)	
	토목, 조경	5	5인(중급 2인 포함)	10	5인(중급 2인 포함)	
전문	실내건축 등	1.5	2인	법인과 동일		
	시설물유지관리	2	4인	법인과 동일		
	철도, 포장, 강구조, 삭도	2	5, 3, 4, 5인	4	5, 3, 4, 5인	
	철강재, 준설	7	5인	14	5인	
	가스 2~3, 난방 1~3종	없음	1인	법인과 동일		

2. 기술인력 충족 여부 확인

기술자 채용(근무) 여부는 한국건설기술인협회의 업체별 건설기술자 자료와 기술자자격증 사본, 업체로부터 제출받은 **고용보험 가입증명을 제출**하게 되어 있습니다. 고용보험 적용제외 근로자인 경우에는 국민연금보험, 국민건강보험 또는 산업재해보상보험 가입증명 중 어느 하나로 갈음할 수 있습니다. 기술인력 요건은 상시 충족하도록 하고 있으며, 미달한 경우 건설업 영업정지 행정처분을 받게 됩니다. **기술인력이 퇴직한 경우 50일 이내에 충원**해야 합니다.

기술인력

업종별 등록기준 이상의 기술인력이 상시 근무하여야 함.
겸직이 허용되지 않음.
결원 발생 시 50일 이내 보완하여야 함.
기술인력 요건 미달 시 영업정지 행정처분

고용보험 적용제외 근로자의 경우 고용보험 외 다른 4대보험 가입증명으로 확인

대표이사가 다른 회사 임원 등재된 경우 겸직
기술인력이 다른 회사 현장관리인 등재된 경우 겸직

3. 기술인력은 겸직이 인정되지 않습니다

건설회사 기술자로 등록된 자가 다른 사업자의 이사 또는 대표이사(무보수, 비상근 포함) 등을 겸직하는 경우 기술능력으로 인정받을 수 없습니다. 대표자 및 임원은 기술자 등록 가능하나 별도로 운영 중인 사업체가 없어야 합니다.

실태조사 과정에서 상시 근무하는 자의 확인은 관련 입증서류, 실제 상시근무 여부 등을 확인하여 등록관청에서 사실 판단할 사항입니다. 계약직은 상시근로를 인정받을 수 있지만 일용직의 경우는 불인정됩니다. 재직자가 야간대학(대학원)에 재학 중인 경우는 상시근무를 인정하고 있습니다. **휴직의 경우 출산휴가와 육아휴직은 근무로 인정**하고, 기타 휴직의 경우 근무로 인정되지 않습니다.

회사의 기술 인력으로 등록된 근로자가 다른 회사의 현장 관리인 등으로 배치된 경우 겸직에 해당되므로 주의해야 합니다.

4. 기술인력 특례요건

보유하고 있는 기술능력과 추가로 등록하려는 업종의 기술능력이 같은 종류, 같은 등급으로 공동으로 활용할 수 있는 경우 1회에 한정하여 1명을 이미 갖춘 것으로 인정합니다. 기술능력에서 "같은 종류·등급으로서 공동 활용할 수 있는 경우" 중 "같은 종류"란 같은 직무분야(기계, 토목, 건축 등)를 말하며, "같은 등급"이란 직무수행능력의 수준에 따른 건설기술진흥법에 따른 건설기술자의 단계(초급, 중급, 고급, 특급), 국가기술자격법에 따른 국가기술자격의 단계(기술사, 기능장, 기사 등)를 말합니다.

보유하고 있는 업종의 "최소 기술능력"이 추가 등록하려는 업종의 기술능력과 같은 종류·등급으로서 공동으로 활용할 수 있는 "최소 기술능력"이 5인 이상인 경우에는 기술능력을 2인까지 중복 인정합니다.

단, 중급 이상의 경우는 중복 인정이 되지 않습니다.

등록기준 특례를 신청하지 아니하고 2개 업종을 보유한 자가 그중 1개 업종을 폐업한 후 폐업한 업종과 동일한 업종을 재등록하는 경우에는 등록신청일이 폐업으로 인한 등록말소일로부터 6개월 이내인 경우에는 특례 인정을 받을 수 없으나, 6개월을 초과한 경우에는 특례 인정을 받을 수 있습니다.

특례 인정을 받은 업종을 폐업한 후 다시 등록하는 경우에는 특례 인정을 받을 수 없습니다.

09

Q 건설업 등록 시설장비 요건은 어떻게 되나요?

A 사무실은 모든 건설업 요건에 해당하며 사무실 용도로 적합해야 합니다.
일부 업종의 경우 건설업 장비를 갖추도록 하고 있습니다.

1. 건설업 사무실 요건

서울에서 건설업 등록하려는 경우 서울시 소재의 사무실을 갖추어야 합니다.

무허가 건물이라도 건축법 제20조 제1항에 따라 시·군·구청장이 도시계획시설 또는 도시계획시설예정지에 건축을 허가한 가설건축물로서 사무실로 상당한 기간 동안 상시 이용이 가능하고 해당 가설건축물 소유자가 건설업 등록을 하는 경우라면 사무실로 인정할 수 있습니다.

건설회사 사무실은 건축법 등 관련법령에 적합한 것이어야 하며, 등록하고자 하는 시·도(종합건설업의 경우) 또는 시·군·구(전문건설업의 경우) 내에 위치하여야 합니다.

건물등기부등본 또는 건축물대장 등에서 정한 용도가 사무실이 아니라도 건물의 형태, 입지 및 주위여건 등 제반상황을 고려하여 상시 사무실로 이용 가능한 것으로 확인되는 경우라면 사무실로 인정합니다.

아래의 경우 건설업 등록기준에 따른 사무실로 인정하지 않습니다. 단, 건축물대장 등을 통하여 용도변경을 한 사실이 객관적으로 인정되는 경우에는 예외로 합니다.

① 단독주택, 공동주택 등 주거용 건물
② 축사, 퇴비사, 온실, 저장고 등 농업·임업·축산·어업용건물
③ 그 밖에 상시적으로 사무실로 이용하기 부적합한 건물

무허가건물 및 가설건축물은 사무실로 인정하지 않습니다.

건설업 등록기준의 사무실은 건설업 영위를 위한 용도로 사용되어야 합니다.

면적제한은 없으나 사무실은 다른 건설사업자 등의 사무실과 명확히 구분되어야 하며, 건설업 영위를 위해 필요한 책상 등 사무설비와 통신설비의 설치 및 사무인력이 상시 근무하기에 적합한 정도의 공간이어야 합니다.

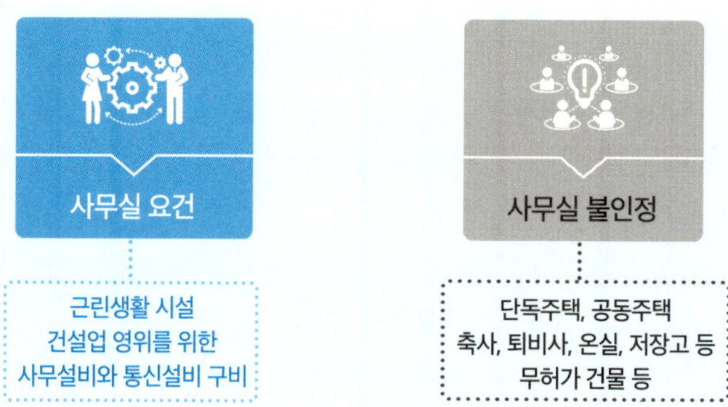

사무실 요건 구비함을 입증하기 위해서는 건축물대장 및 임대차계약서를 제출해야 합니다.

임차보증금에 대하여 실질자산을 인정받기 위해서는 임대차계약서 및 보증금에 대한 출금증을 보관하여야 합니다.

단독주택을 통임대하여 사무실로 쓰는 경우에도 인정받을 수 없습니다.

건물소유자가 건물등기를 하지 않은 경우 등 불가피한 사정으로 인하여 임차인이 건물등기부등본을 제출할 수 없는 경우에는 건축법에 따른 건축물대장상의 소유자가 실제소유자임이 확인되는 경우(재산세 납세증명서 확인 등)에 한하여 건물등기부등본을 대신하여 건축물대장을 제출할 수 있습니다.
건설업 등록신청 후 실사를 통하여 사무실 기준의 적격 여부를 확인하기도 합니다. 단, 제출받은 서류의 심사결과와 사무실의 주소·전화번호·팩스번호 등의 확인 등 사정을 고려하여 방문 확인이 필요하지 않다고 판단되는 경우에는 이를 생략할 수 있습니다.

2. 건설업 장비 요건

아래 업종의 경우는 사무실 이외에도 해당업종에 필요로 하는 건설장비를 갖추어야 합니다.
이 경우 사업자 명의로 구매한 후 거래명세서, 구매명세서, 세금계산서, 출금증 등 증빙을 보관하여야 합니다.

구분	시설장비
철도궤도	1. 운반궤도차(모터카) 1대 이상(견인력 25톤 이상) 2. 트롤리(trolley: 흙 등 운반 차량) 4대 이상 3. 타이탬퍼 2대 이상 4. 레일을 연결하는 특수용접설비 1대 이상 5. 양로기(揚路機: 레일틀을 드는 기구) 1대 이상
수중공사업	1. 잠수설비 2세트 이상 2. 스쿠버 장비 5세트 이상
철강재설치	1. 제작장(건축물의 바닥면적이 2천제곱미터 이상) 2. 현도장(길이 50미터 이상, 폭 15미터 이상) 3. 기중기(50톤 이상) 4. 전기용접기(30KVA 이상)
삭도설치	1. 기중기(50톤) 2. 전기용접기(30KVA 이상) 3. 동력윈치 4. 발전기
준설	1. 준설선 중 2종 이상 2. 예선(200마력 이상) 3. 앵커바지

10

Q 보증가능금액확인서란 무엇인가요?

A (전문, 설비)건설공제조합에 출자 예치를 하게 되면 보증가능금액확인서를 발급받게 됩니다.

1. 보증가능금액확인서

보증가능금액 효력 상실이 반복되는 경우 건설업 등록 말소사유가 됩니다.

업종별 등록기준 자본금의 일정비율을 공제조합 등 보증가능금액확인서 발급기관에 예치하고 보증가능금액확인서를 발급받게 됩니다.
보증가능금액확인서 발급기관은 건설산업기본법에 따라 설립된 건설공제조합, 전문건설공제조합, 대한설비건설공제조합 및 보험업법에 따라 설립된 서울보증보험주식회사를 말합니다.
신용평가 미평가, 출자증권 (가)압류 등으로 보증가능금액확인서 효력 상실 사유가 발생하지 않도록 주의해야 합니다.

2. 현금예치 기준과 신용상태 등의 평가

보증가능금액확인서를 발급받고자 하는 자는 조합의 신용평가를 받아야 합니다. 신설법인의 경우는 C등급으로 평가하지만, 기존에 사업을 영위 중인 기업으로서 **2기 이상의 재무제표가 있는 경우 CC등급 이상으로 신용평가등급을 받으면 자본금의 예치금액을 줄일 수 있으므로 신용평가를 받아보는 것이 좋습니다.**

업종		법인			개인		
		법정자본금	cc등급 이상	c등급	법정자본금	cc등급 이상	c등급
종합	토건, 산업설비	8.5	256좌	320좌	17	512좌	640좌
	건축	3.5	107좌	134좌	7	214좌	267좌
	토목, 조경	5	150좌	187좌	10	299좌	373좌
전문	실내건축 등	1.5	43좌	54좌	법인과 동일		
	시설물유지관리	2	64좌	80좌	법인과 동일		
	철도, 포장, 강구조, 삭도	2	64좌	80좌	4	128좌	160좌
	철강재, 준설	7	214좌	267좌	14	427좌	533좌
	가스 2~3, 난방 1~3종	없음	43좌		법인과 동일		

확인서를 발급받기 위해서는 신청인의 신용등급이 CC등급 이상인 경우에는 업종별 법정자본금의 100분의 20 이상을, C등급 이하인 경우에는 업종별 법정자본금의 100분의 25 이상에 해당하는 예치금을 납부하여야 합니다.

3. 확인서 신청 시 제출서류

① 보증가능금액확인신청서
② 법인 등기부등본(개인의 경우 사업자등록증 사본)
③ 법인 인감증명서(개인의 경우 개인 인감증명서)
④ 건설업등록증 사본(신규 등록 신청자 제외)
⑤ 기타 조합이 요구하는 서류

4. 확인서의 발급

보증가능금액확인서는 조합의 영업점에서 발급합니다. 종합면허를 등록하는 경우 건설공제조합에 예치하고, 전문면허를 등록하는 경우는 전문건설공제조합에 예치하며, 설비공사업을 등록하는 경우 설비건설공제조합에 예치하게 됩니다.
종합면허를 보유한 업체가 전문면허를 추가하는 경우 건설공제조합 또는 전문건설공제조합 중 선택하여 예치가 가능합니다. 전문면허를 보유한 업체가 종합면허를 추가하는 경우 건설공제조합 또는 전문건설공제조합 중 선택하여 예치가 가능합니다.
확인서의 유효기간은 발급일로부터 1년이며, 유효기간 만료 시 보유업종 전부에 대한 확인서 발급이 가능한 적격 조합원에 대하여는 신청인의 갱신 신청 없이 조합에서 갱신하여 건설산업종합정보망을 통하여 전자적으로 통보합니다.
공제조합 신용평가를 받지 않거나 출자증권 (가)압류 등으로 보증가능금액확인서가 효력상실되지 않도록 주의해야 합니다.

공제조합에 출자예치하는 경우 대표자 외에 대리인이 방문하여 예치 가능합니다.

보증가능금액확인서 효력상실로 인하여 영업정지 행정처분을 받을 수 있으며, 동일사유로 3년이내 2번 영업정지를 받게 되는 경우 건설업 등록말소됨에 유의해야 합니다.

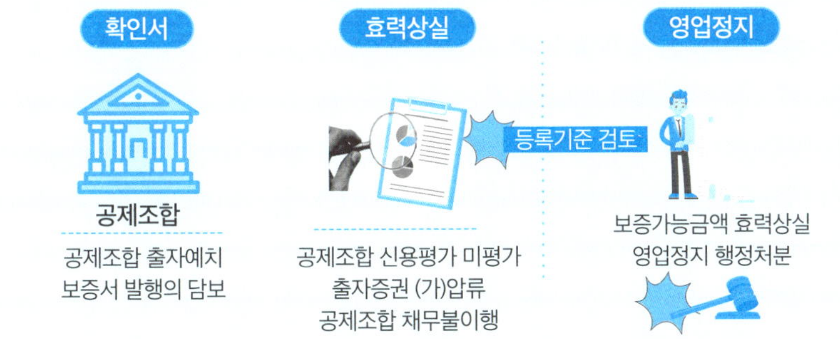

5. 융자의 제한

확인서를 발급받은 경우 동 확인서 발급에 필요한 기준좌수에 대하여는 확인서 발급일로부터 2년간 신용운영자금 융자를 제한합니다.

확인서 발급에 필요한 기준좌수에 대한 신용운영자금 융자한도는 출자지분액의 100분의 60을 초과할 수 없습니다.

11

Q 건설업 기업진단이란 무엇이고 어떻게 활용되나요?

A 건설업 기업진단이란 실질자본 충족 여부를 확인하는 절차입니다.
건설업 면허를 신규(추가)등록하는 경우 건설업 실태조사 소명, 건설업 양수도(분할, 합병) 등의 경우 기업진단을 받아야 합니다.

1. 건설업 기업진단 재무관리상태진단보고서

재무관리상태진단보고서의 내용에 부실자산이나 겸업자산이 포함되어 있는 것을 확인하였거나 의심이 되는 경우 심사자는 진단자에게 진단조서 및 증빙자료의 제출을 통한 소명을 요구하여 적정성 여부를 확인하도록 하고 있습니다.

재무상태표나 재무관리상태진단보고서상의 자산계정에 예금 등의 금융상품이 있을 때에는 건설업 등록신청을 심사하는 시점까지 그 금액의 계속 보유(경상적인 경영활동에 의한 인출은 제외한다) 여부를 확인하여야 하고, 자본금기준에 미달하는 때에는 건설업등록기준의 부적격으로 처리하므로 유의해야 합니다.

건설회사의 경우는 기업진단을 받을 일이 많이 있습니다.
기업진단이란 건설업 실질자산과 실질부채를 평정하여 건설업 실질자본을 계산하여 업종별 기준자본금 이상을 충족하고 있으면 적격, 미달하면 부적격으로 재무관리상태진단보고서를 발급하는 절차를 의미합니다.

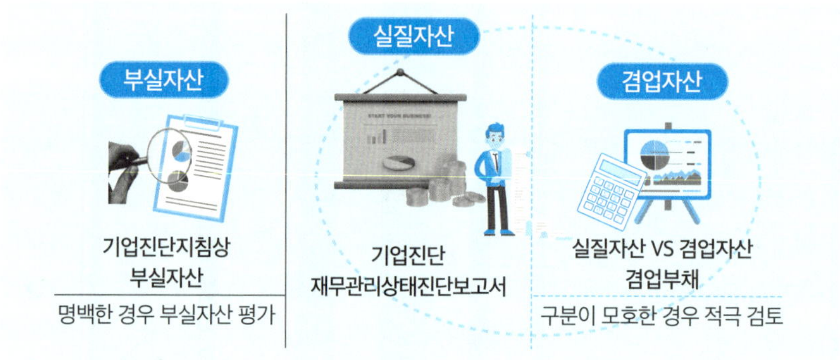

2. 건설업 면허 신규 등록 및 추가 등록

면허를 신규로 등록하는 경우 또는 추가로 등록하는 경우 건설업 자본금을 갖추었음을 입증하기 위하여 건설업 등록 신청 시 재무관리상태진단보고서를 제출하게 됩니다. 신규 등록과 기존회사 추가 등록의 경우 예금평균잔액 계산기간이 20일과 30일로 다르기 때문에 기업진단 일정이 달라집니다.

구분	건설업	소방시설 공사업	정보통신 공사업	전기 공사업
신설법인	설립등기일 (20일 경과 후)	설립등기일 (20일 경과 후)	등록신청 역산하여 45일 이내	등록신청 역산하여 30일 이내
업종추가	직전월 말일~30일	등록신청 전일 90일 이내		
양수도	양도 · 양수 계약일			
분할합병	분할 · 합병 등기일			
자본변동	자본금(변동일) 변경등기일			

3. 실태조사

건설업 등록요건은 상시 충족하여야 합니다. 자본금 요건 상시 충족 여부를 국토교통부에서는 주기적 신고가 폐지된 후 매년 실태조사를 통해 자본금 미달 부실의심업체에 대한 실태조사가 시행되고 있습니다.

실태조사 대상으로 선정되고 실질자본이 업종별 기준자본금 이상을 충족함을 입증하지 못하면 영업정지 행정처분을 받고, 3년 이내에 동일한 사유로 영업정지 2번을 받게 되면 등록말소가 됩니다. **실태조사 시 재무제표, 금융증빙, 세무증빙 등 서면자료를 제출하여 소명이 되지 않은 경우 기업진단을 통해 소명을 하게 됩니다.**

부실 기업진단으로 의심되는 경우 기업진단감리위원회 등에 재무관리상태진단보고서의 감리를 요청하는 등 필요한 조치를 하고 있습니다.

4. 건설업 양수도와 기업진단

개인기업 법인전환, 분할, 합병 등 건설업 양수도의 경우 기업진단을 받아야 합니다. 건설업의 양도 또는 합병신고서를 접수받아 심사하는 기관은 양도인 또는 피합병법인이 건설업 등록기준에 적합한지 여부를 확인할 수 있으며, 건설업양도신고서를 접수한 때에는 양도인의 건설업 영위기간이 합산되는 경우에 해당하는지 여부를 확인하여 시 · 도지사에게 통보하도록 하고 있습니다.

건설업 양수도는 절차와 순서를 매우 엄격하게 준수해야 시공능력평가액이 승계되므로 주의해야 합니다.

5. 건설업 결산과 기업진단지침

건설업 결산은 기업진단지침을 위주로 검토하여 결산이 이루어져야 합니다. 물론 기업진단지침 외에도 기업회계 기준과 세법을 고려하여 결산이 마감되어야 합니다. 실질자본의 충족, 경영상태 평균비율, 신용평가등급 등 결산 시 고려할 사항이 매우 많기 때문에 타업종에 비하여 절세요소는 최종적으로 고려할 수밖에 없습니다.

2 장

건설회사 설립
면허등록 절차

01

Q 건설회사 법인 등기 절차는 어떻게 되나요?

A 주소, 상호, 업종, 발기인, 주주, 정관, 주식발행사항, 임원에 관한 사항을 고려하여 진행하게 됩니다.

1. 주소, 상호, 설립목적 정하기

회사를 설립하려는 주소지 이내에 정하여야 합니다.
상호는 동일한 영업에는 단일한 상호를 사용해야 하며, **설립하고자 하는 관할 등기소 내에 이미 등록된 상호가 있다면 사용할 수 없음**에 주의해야 합니다.

2. 발기인 구성 및 정관작성

발기인은 회사설립을 기획하고 설립사무를 담당하는 자를 말하며, 1명도 가능합니다. 발기인은 주식회사를 설립할 때 회사의 정관을 작성하고 그 정관에 기명날인 또는 서명을 해야 하며, 정관은 공증인의 인증을 받음으로써 효력이 생깁니다.

3. 주식 발행사항 결정

주식회사 설립 시 발행하는 주식에 관한 아래 사항은 정관으로 달리 정하지 않으면 발기인 전원이 동의하여 정하게 됩니다.
회사 설립 시 발행하는 주식총수와 1주당 금액, 자본금에 대한 구체적인 사항을 결정하는 것입니다.

4. 발기인 주식인수

발기인은 서면에 의하여 주식을 인수해야 하며, 주식의 인수를 증명하는 정보를 제공해야 합니다. 발기인이 주식회사 설립 시 발행하는 주식의 총수를 인수하면 발기인은 지체 없이 주식의 인수가액 전액을 납입해야 합니다.
자본금 총액이 10억 원 미만인 회사를 설립하는 경우는 증명서를 은행이나 그 밖의 금융기관의 잔고증명서로 대체하게 됩니다. 주주가 기존에 사용하던 계좌에 자본금 이상의 잔액이 있으면 됩니다. 자본금 액수를 정확하게 맞출 필요는 없으며, 개인사업자 계좌나 증권사 계좌는 불가능합니다.
잔고증명서에 기재된 증명 날짜로부터 2주가 경과하여 설립등기를 신청하면 잔고증명서 제출은 가능하지만, 과태료가 부과되므로 주의해야 합니다.

과밀억제권역 내에 설립 시 공과금이 일반세율의 3배로 중과됩니다.

자본금 총액이 10억 원 미만인 회사를 발기설립하는 경우에는 공증인의 인증 생략 가능합니다.

잔고증명서란 법인 자본금에 해당하는 예금이 있다는 사실을 증명하기 위해 법원에 제출하는 은행 발급 증명서를 말합니다.

시중은행뿐만 아니라 농업협동조합법에 의하여 설립된 지역농업협동조합과 품목별 협동조합, 상호신용금고도 주금납입 가능합니다.

5. 임원의 선임

발기인이 금전납입과 현물출자 이행을 완료하면 발기인은 지체 없이 의결권의 과반수로 이사와 감사를 선임해야 합니다. 대표이사는 설립 등기 시에 등기해야 할 사항이므로 설립등기 전에 대표이사를 선임하게 됩니다. 대표이사를 정할 경우 여러 명의 대표이사가 공동으로 회사를 대표할 것을 정할 수 있습니다.

이사 감사는 취임 후 지체 없이 회사의 설립에 관한 모든 사항이 법령 또는 정관의 규정에 위반되지 않는지의 여부를 조사하여 발기인에게 보고해야 합니다.

이사와 감사 또는 공증인의 조사보고에 관한 정보는 회사설립 등기 신청 시 제공해야 합니다.

각자대표:
대표이사가 2명 이상이며, 각각 독립적으로 의사결정권한이 있는 방식

공동대표:
대표이사가 2명 이상이며, 공동으로 의사결정을 하는 방식

6. 등기신청 및 사업자등록 신청

회사는 본점 소재지에서 설립등기를 함으로써 성립합니다.

등기부등본이 발급된 후에는 세무서에 사업자등록을 신청하게 되며, 이때 **법인 명의로 작성된 사무실 임대차계약서**가 제출되어야 합니다. 실무적으로 사업자등록증 발급 후 법인 통장을 개설하면서 법인 공용인증서를 발급받고 홈택스 회원가입 등을 진행하면 됩니다.

주식회사 설립 시 등록면허세를 납부해야 하며, 과밀억제권역 이내 소재 여부에 따라 세액이 차이가 나게 됩니다. 과밀억제권역이란 인구와 산업이 지나치게 집중되었거나 집중될 우려가 있어 이전하거나 정비할 필요가 있는 지역을 말하며 서울, 인천, 경기지역이 해당됩니다. 과밀억제권역에서 법인을 설립(설립 후 또는 휴면법인을 인수한 후 5**년 이내에 자본 또는 출자액을 증가하는 경우를 포함)하거나 지**점이나 분사무소를 설치함에 따른 등기를 할 때에는 일반세율의 3배로 중과됩니다.

실무적으로 법인등기를 완료하고 사업자등록 후 은행에서 법인통장을 개설하여 발기인 통장의 자본금을 법인통장으로 이체하게 됩니다.

건설업은 등록업종으로써 원칙적으로 건설업등록증이 교부되어야 건설업으로 사업자등록 신청이 가능합니다.

02

Q 건설회사 주주 구성 시 어떤 점을 고려해야 하나요?

A 주주 자격, 1인 법인, 과점주주, 향후 배당의 활용 등을 고려하여 주주를 구성해야 합니다.

주식회사의 주주는 주식을 자유롭게 양도할 수 있지만, 정관으로 일정 조건하에서만 주식을 양도할 수 있도록 제한이 가능합니다.

주주란 회사에 자본금을 투자하고 주식을 취득한 주체를 말합니다.

주주는 회사 운영을 도맡아 하는 임원(대표이사, 이사, 감사)과 다릅니다.

그러나 주주가 임원을 겸할 수 있으므로, 소규모 회사의 경우 대부분 주주가 대표이사 및 이사를 구성하고 있습니다.

설립 시 편의성만 생각하면 1인 주주가 용이하지만, 과점주주의 책임 및 향후 배당전략의 활용 등을 고려하여 주주 구성을 결정해야 합니다.

1. 주주 자격

주주가 이사 또는 감사를 겸하는 것은 가능하며, 소규모 회사의 경우 주주이면서 이사 또는 감사인 경우가 많습니다. **미성년자 법인도 주주가 가능**합니다.

신용불량자의 경우도 주주가 될 수 있으나, 소유 주식에 대하여 압류가 될 수 있으니 주의해야 합니다.

직장인이라 하더라도 주주가 될 수 있으며, 다만 **공무원의 경우는 공무원법으로 인하여 영리법인의 발기인의 자격이 될 수 없으므로 발기 설립 시 최초 주주는 될 수 없지만 설립된 회사의 주식인수를 통한 주주는 될 수 있습니다.**

2. 자본금 10억 원 미만 회사 특례

① 법인설립 특례

소규모 회사는 공증을 받아야 하는 서류의 공증의무가 면제됩니다.

발기 설립하는 소규모 회사의 정관과 발기인 회의 의사록, 이사회 의사록에 대하여 공증의무가 면제됩니다.

정관으로 1인 또는 2인의 이사를 둔다고 정한 경우에만 특례가 인정됩니다.

② 임원 특례

일반적인 경우 이사는 3명 이상이어야 하지만, **소규모 회사의 경우 1인 또는 2인의 이사를 두는 것이 가능**합니다.

소규모 회사의 이사가 3인 미만인 경우 이사회는 없는 것으로 봅니다. 이사회가 없는 경우 이사회 결의사항은 주주총회 또는 대표이사가 결정하게 됩니다.

③ 감사 특례

소규모 회사의 경우 감사를 두지 않아도 됩니다. 이 경우 감사의 역할은 주주총회가 대신하게 됩니다.

④ 주주총회 특례

일반 회사의 경우 주주총회일 2주 전에 소집통지를 해야 하지만, 소규모 회사의 경우 10일 전에 소집통지를 할 수 있습니다.

또한 **일반회사와 달리 서면결의를 통해 주주총회 결의를 갈음할 수 있습니다.**

3. 과점주주 검토

의사결정의 간편함 및 간단한 설립 절차로 인하여 1인 법인 설립이 증가하고 있지만 과점주주 이슈를 검토해야 합니다.

과점주주란 주주와 그의 특수관계인 중 대통령령으로 정하는 자로서 그들의 소유주식의 합계가 해당 법인(비상장법인에 한함)의 발행주식 총수 또는 출자총액의 100분의 50을 초과하면서 그에 관한 권리를 행사하는 자를 말합니다.

과점주주에 해당하는 경우 **출자자의 제2차 납세의무**를 지게 됩니다.

과점주주가 아니였던 자가 과점주주가 될 경우 그 법인이 소유한 부동산, 차량, 건설기계, 골프회원권 등 취득세 과세대상 물건에 대하여 과점주주가 다시 취득한 것으로 보아 과세표준에 과점주주 지분비율을 곱한 금액을 취득세로 신고 및 납부하여야 합니다.

특수관계자의 범위

① 6촌 이내 혈족

② 4촌 이내 인척

③ 배우자(사실혼 포함)

④ 직계비속

⑤ 임원, 사용인 등 대통령령으로 정하는 경제적 연관관계에 있는 자

4. 명의신탁 주식 문제점

실제주주가 아닌 주주명부상에 주주로 올라 간 경우 명의신탁주식이라 합니다.

누진과세를 회피할 목적 또는 과점주주가 되지 않기 위하여 명의신탁 주식이 발생하는 경우가 있습니다.

명의신탁 주식은 위법한 사항으로서 과세당국에 적발 시 양도세, 증여세 및 가산세 부담으로 이어질 수 있으며, 미래에 소유권 분쟁 및 가업상속의 걸림돌로 작용하게 됩니다.

이 외에도 명의신탁 행위 자체 및 유상증자, 배당 등으로 인하여 명의신탁한 자에게 증여세가 부과될 수도 있으며, 법인의 체납액에 대하여 명의수탁자의 재산에 압류가 걸릴 수 있습니다.

법인의 주식을 양도 · 양수 하거나 증여하는 경우 또는 자본금 증자 시 주식의 거래가액 등을 시가보다 일정비율 이상 낮거나 높은 가격으로 책정하여 거래하는 경우 증여세 및 양도소득세 문제가 발생합니다.

5. 배당정책의 고려

법인의 잉여금을 배당할 경우 주주동률배당 원칙에 따라 배당이 이루어집니다.

따라서 **향후 배당계획과 정책을 고려한 주주구성이 처음부터 필요**합니다.

법인이 이익배당금을 지급함에 있어서 관련법령 및 정관의 규정에 따라 균등하게 배당금을 지급하지 않는 차등배당의 경우 균등한 조건에 의하여 지급받을 배당금을 초과하는 금액은 증여세 과세대상인 증여에 해당합니다.

03

Q 건설회사 이사회 구성 및 임원 선임 시 어떤 점을 고려해야 하나요?

A 건설회사 설립 시 임원 결격사유를 확인하고 대표, 이사, 감사 등 임원을 구성해야 합니다.

1. 건설회사 임원 요건

대표이사가 외국인 또는 재외국민인 경우 본국 관공서나 공증인의 공증 또는 외국주재 한국대사관이나 영사관의 확인을 받은 확인서로 주민등록등본을 대체합니다.

건설회사 설립 시 건설업 등록 결격사유를 검토해야 합니다. 법인의 경우 임원은, 다음 어느 하나에 해당하는 자는 건설업 등록 결격사유에 해당됩니다.

① 파산선고를 받고 복권되지 아니한 자

② 피성년후견인 또는 피한정후견인

③ 건설업의 등록이 말소된 자로서 등록말소 사유별로 10년, 5년, 2년 6개월, 1년 6개월이 지나지 아니한 자

④ 건설산업기본법 또는 주택법을 위반하여 금고 이상의 실형을 선고받고 그 집행이 종료되거나 그 집행이 면제된 날부터 3년이 지나지 아니한 자

⑤ 형법 제129조부터 제133조까지의 죄 중 어느 하나에 해당하는 죄를 범하여 금고 이상의 실형을 선고받고 그 집행이 종료되거나 집행이 면제된 날부터 5년이 지나지 아니한 자

⑥ 죄를 범하여 형의 집행유예를 선고받고 그 유예기간 중에 있는 자

여러 법인에 임원으로 등재되는 것은 가능하지만, **해당 임원이 건설업 등록기준 기술자로 등록하는 경우는 겸직이 불인정**됩니다.

2. 이사 대표이사 감사의 선임

등기이사:
법인등기부등본에 등기된 이사

미등기이사:
등기부등본에 등기되지 않은 이사로, 영업상 필요에 따라 이사의 직함을 부여하였으나 주주총회에서 선임된 이사가 아니므로 이사회 의결권이 없습니다.

이사는 대외적으로 법인을 대표하고 대내적으로 법인의 사무를 집행하는 상설 필요기관으로서 주주총회에서 선임하며, 회사와 이사의 관계는 위임에 관한 규정을 준용합니다. **이사는 3명 이상이어야 하지만 자본금 총액이 10억 원 미만인 회사는 1명 또는 2명으로 할 수 있으며, 감사를 선임하지 않을 수 있습니다.** 이사의 보수는 정관에 정하지 아니한 때에는 주주총회의 결의로 정하게 됩니다.

감사란 이사의 업무집행과 회계를 감사할 권한을 가진 주식회사의 필요상설기관입니다. **자본금 총액이 10억 원 미만인 회사의 경우에는 감사를 선임하지 않아도** 됩니다. 이사나 감사를 친족 등으로 실제 근무하지 않음에도 불구하고 등재하고 급여, 상여 등을 지급하는 경우 가공 인건비에 해당하므로 세법상 불이익에 유의해야 합니다.

3. 각자대표, 공동대표

① 각자대표

대표이사가 2명 이상이며, 각각 독립적으로 결재 권한이 있는 방식입니다.

② 공동대표

대표이사가 2명 이상이며, 대표이사 전원의 결재를 받아야 하는 방식입니다. 전원의 합의가 필요하므로 신중한 경영이 가능하지만, 의사결정 속도가 늦어질 수 있습니다.

4. 이사, 감사의 임기 및 변경등기

주식회사의 이사 임기는 취임일로부터 3년이며(감사는 선임한 회계연도를 포함하여 3년), **법인 이사는 변경이 없더라도 3년마다 변경등기를 해야 합니다.**

이사, 감사의 임기(3년)가 만료되면 다시 선임할 수 있고 교체할 수도 있습니다.

임기가 만료된 후 변경등기는 반드시 하여야 하며, 변경등기를 하지 않으면 과태료가 부과됩니다.

법인의 대표이사가 변경되는 경우 기존 대표이사의 가지급금이 있는 경우 인정상여처분을 하거나 가지급금을 회수하여야 함에 주의해야 합니다.

이사는 주주총회에서 선임하게 됩니다.

임원변경등기 사유

① 임원 퇴임

② 임원 취임

③ 임원 중임

대표이사의 주소가 변경된 경우도 변경등기를 해야 합니다.

5. 임원 기타 검토사항

임원이란 법인의 경영에 종사하는 자로서 직원에 대응하는 개념입니다. 일반적으로 회사의 이사 및 감사 등을 임원이라고 합니다.

법인 임원에 대한 퇴직금은 정관의 규정 또는 정관에서 위임된 퇴직급여지급규정이 따로 있는 경우에는 해당 규정에 의하여 지급을 해야 합니다.

단, 정관의 규정이 있더라도 **법인세법에서 정한 한도액을 초과하는 금액은 퇴직소득이 아닌 근로소득으로 신고 및 납부하여야 하며, 퇴직금 한도를 초과하여 지급한 금액은 세법상 비용으로 인정받지 못합니다.**

신용불량자도 임원이 될 수 있지만, 급여에 대하여 압류가 집행될 수 있습니다.

건설업의 경우 파산선고를 받고 복권되지 않은 경우는 임원 등록 결격사유에 해당합니다.

공무원의 경우 공무원법에 의하여 겸직이 금지되므로, 주식회사의 임원이 될 수 없습니다.

상여금도 급여지급기준상 한도를 초과하는 금액은 손금불산입합니다.

공무원은 국가공무원법에 의하여 영리를 목적으로 하는 업무에 종사하지 못하며 소속 기관장의 허가 없이 다른 직무를 겸할 수 없습니다.

04

Q 건설회사 정관 작성 시 어떤 점을 고려해야 하나요?

A 법인 설립 시점부터 건설업에 필요한 사항을 포괄적으로 감안하여 정관규정을 완비해두는 것이 유리합니다.

1. 정관의 중요성

주식회사 설립 시 발기인이 정관을 작성하게 됩니다.

정관이란 회사의 조직과 활동을 정한 근본규칙 또는 이를 기재한 서면을 말합니다. 정관의 기재사항은 아래와 같습니다.

① 정관에 반드시 기재해야 하고 만일 누락될 경우 정관이 무효가 되어 결과적으로 회사설립 자체가 무효로 되는 절대적 기재사항

② 정관에 기재가 누락되더라도 정관의 효력에는 영향이 없지만, 해당 내용이 구속력을 가지기 위해서는 정관에 기재되어야 하는 상대적 기재사항

③ 정관에 기재되어야만 효력이 생기는 것은 아니지만, 그 내용을 기재하면 그 기재대로 효력이 발생하는 임의적 기재사항이 있습니다.

2. 정관의 필요적 기재사항

본점 소재지는 회사설립 무효의 소, 회사설립취소의 소 및 채권자에 의한 설립취소의 소와 같은 회사 관련 소송이 제기될 경우에 소송의 관할 표준지가 됩니다.

아래 항목은 정관의 절대적 기재사항이며, 대부분 등기가 되는 사항입니다.

① 목적

② 상호

③ 회사가 발행할 주식 총수

④ 액면주식을 발행할 경우 1주의 금액

⑤ 회사 설립 시에 발행하는 주식의 총수

⑥ 본점 소재지

⑦ 회사가 공고를 하는 방법

⑧ 발기인 성명, 주민등록번호, 주소

3. 정관의 상대적 기재사항

현물출자란 금전 이외의 재산으로써 하는 출자를 말합니다(예: 토지나 건물과 같은 부동산, 유가증권 등의 동산, 그 밖에 특허권·지상권 등의 무형자산에 의한 출자가 가능).

정관에 꼭 포함되어야 할 내용은 아니지만, 해당 내용이 구속력을 가지기 위해서는 반드시 정관에 기재가 되어야 할 항목을 말합니다.

① 변태설립사항

"변태설립사항"이란 주식회사 설립 당시에 발기인에 의해 남용되어 자본충실을 해칠 우려가 있는 사항으로서, 반드시 정관에 기재해야만 효력이 있는 현물출자등이 있으며, 변태설립사항은 모집주주의 주식청약서에 기재해야 하고, 검사인의 조사를 받도록 하고 있습니다.

② 그 밖의 상대적 기재사항

주식매수선택권의 부여, 종류주식발행, 전환주식의 발행, 서면투표의 채택, 감사위원회 등 이사회 내부위원회의 설치, 이사임기의 총회종결까지의 연장, 대표이사를 주주총회에서 선임하는 것, 이사회소집기간의 단축 등은 **정관에 기재하여야 효력이 있습니다.**

4. 정관의 임의적 기재사항

임의로 정관에 기재하는 사항으로는 주식회사의 본질, 법의 강행규정, 사회질서에 반하지 않는 범위에서 회사운영에 대한 사항(예: 이사·감사의 수, 총회의 소집시기, 영업연도, 지점의 설치·이전·폐지 등) 등을 정관에 기재하면 효력이 발생합니다.

5. 정관작성 및 정비 시 고려사항

주식회사 설립 시 건설업에 필요한 사항을 포괄적으로 감안하여 정관규정을 완비해 두는 것이 유리합니다.

절세 목적을 고려하여 퇴직금, 퇴직위로금, 상여금, 유족보상금, 직무발명제도, 중간배당, 현물배당 등 규정을 고려해야 합니다.

법인세법 중 정관의 규정을 필요로 하는 내용은 사업연도, 퇴직급여, 상여금에 관한 규정이 있습니다.

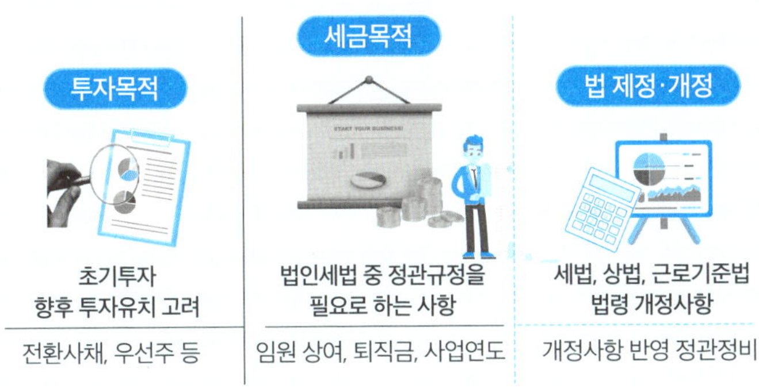

투자를 받아 회사를 설립하거나 법인 운영 중 투자를 유치할 계획이 있다면 정관에 전환사채, 전환상환우선주, 상환우선주, 기타사채, 우선주 등 투자 근거 규정을 갖추어야 합니다.

세법, 상법, 민법, 근로기준법, 자본시장법 등 정관의 근거가 되는 모든 법령은 일정 주기로 계속 개정됩니다.

개정사항을 반영하여 정관 규정을 지속적으로 업데이트해야 합니다.

정관은 공증인의 인증을 받음으로써 효력이 생깁니다.

자본금 총액이 10억 원 미만인 회사를 발기설립(發起設立)하는 경우에는 공증인의 공증을 받을 필요 없이 각 발기인이 정관에 기명날인 또는 서명함으로써 효력이 생깁니다.

정관 변경은 주주총회 특별결의 사항입니다.

주식은 보통주와 종류주식으로 구분됩니다.
종류주식이란 주식의 일부 권한에 대해 제한을 두는 주식을 말합니다.

정관의 규정에 따라 이익의 배당, 잔여재산의 분배, 주주총회 의결권 행사, 상환 및 전환 등에 관하여 내용이 다른 종류주식을 발행한 경우 그 내용을 기재해야 합니다.

05

Q 개인사업자와 법인사업자는 어떻게 다르고 무엇이 유리한가요?

A 건설업은 거의 대부분 법인사업자 형태로 운영됩니다.
매출액이 높은 건설업 특성상 개인사업자가 불리합니다.

1. 개인사업자 VS 법인사업자 의사결정

개인사업자로 사업을 영위하다가 일정규모 이상이 되면 법인전환을 고려하는 것이 바람직합니다.

일반적으로 개인사업자는 쉽게 설립하여 운영이 자유롭고 가지급금 문제 등에서 자유롭다는 점에서 선호되는 경향이 있습니다. 그러나 매출액과 이익의 규모가 커지면 고율의 누진과세 문제가 발생하므로 법인전환을 고려하게 됩니다.

법인사업자는 종합소득세율에 비하여 낮은 세율 면에서 유리하다고 느낄 수 있지만, 가지급금 문제 등으로 운영에 불편한 부분을 호소하기도 합니다.

개인사업자는 이익금을 사업소득으로 분여받지만 법인은 대표자의 근로소득, 배당소득, 퇴직소득으로 지급받아야 합니다.

개인사업자로 할지 법인사업자로 할지 사업자 형태 결정을 위한 의사결정은 향후 매출액과 이익의 규모를 토대로 결정해야 합니다.

구분	개인사업자	법인사업자
설립	간단	복잡
세율	6~45% 세율	10~22% 세율
이익금	사용이 자유로움	급여, 상여, 퇴직금
가지급금	자유로움	제약이 많음

2. 건설업과 사업자 형태

종합건설업, 전문건설업 면허를 가진 대부분의 업체는 법인형태로 운영이 되고 있습니다.

법인전환 시 회사의 이익규모, 업종, 자산구성 등을 검토하여야 합니다.

법인사업자가 개인사업자에 비하여 외견적으로 신뢰성 면에서 유리하다는 것은 고전적 고정관념이긴 하지만, **건설업은 타업종에 비하여 거래금액이 크고 자금조달 면에서도 법인사업자가 다소 유리하기 때문에 장기적으로 보면 법인사업자 형태가 답**이 될 수밖에 없습니다.

구분	개인사업자	법인사업자
대외신인도	불리	유리
책임	무한책임	유한책임
자금조달	한계가 있음	다소 유리

3. 개인사업자 성실신고확인대상

건설업의 경우 성실신고확인대상 기준금액은 7.5억 원입니다.
일반적으로 건설업을 하는 개인사업자는 7.5억 원 기준금액에 해당합니다.
비주거용 부동산 개발업의 경우 기준금액은 15억 원입니다.
비주거용 건물을 자영 건설하여 판매하는 경우와 부동산 개발 및 공급업이 비거주용 부동산 개발업에 해당하는 것입니다.

4. 개인사업자의 법인전환

개인사업자의 법인전환 과정에서 영업권 평가를 통하여 절세를 도모할 수 있습니다. 그러나 건설업의 경우 영업권을 평가하여 법인전환하는 경우 영업권 평가에 의한 기타소득과 무형자산 상각을 통하여 절세를 도모할 수 있지만 **영업권은 실질자산으로 평가되지 않고, 미지급금의 급격한 증가는 부채비율 증가로 이어지게 되므로** 건설업의 경우 영업권을 활용한 법인전환이 무조건 정답이라고 볼 수 없습니다.

개인사업자의 경우, 부동산을 보유하는 경우, 법인전환을 하는 경우 양도소득세와 취득세를 검토해야 합니다.

건설업 양수도의 절차는 매우 복잡하고 민감한 부분이 있습니다. 법인전환 절차 과정에서 실수가 발생하면 개인사업자 단계의 시공능력평가액이 법인으로 승계가 되지 않아서 매우 곤혹스러운 상황이 발생하므로 각별히 주의해야 합니다.

5. 개인사업자로 건설업을 영위하는 경우 고려사항

건설업의 경우 매출액의 규모가 크기 때문에 **세율문제, 성실신고 기준금액 하향조정, 대외신인도, 건설사업의 높은 사업 리스크** 등을 감안할 때 계속해서 개인사업자 형태로 사업을 영위하기엔 한계가 있기 때문에 적정한 시점에 법인전환을 고민할 수밖에 없습니다.

개인사업자가 성실신고확인대상이 된 이후에 법인전환할 경우 법인으로 전환 후 3년간 법인성실신고확인대상이 됩니다.

06

Q 건설업 개인사업자 법인전환이 고민인데 어떻게 해야 하나요?

A 건설업은 거의 대부분 법인사업자 형태로 운영됩니다. 매출액이 높은 건설업 특성상 개인사업자가 불리합니다. 법인전환 시 건설산업기본법상 절차를 엄격히 준수해야 합니다.

1. 건설업 개인기업의 법인전환

개인사업자 건설업 성실신고확인대상 기준금액은 7.5억 원입니다(향후 하향조정 가능성 높음).

개인이 경영하던 기업을 주식회사 등 회사조직으로 기업조직을 바꾸는 것을 개인기업의 법인전환이라고 합니다.

아무래도 건설업의 경우 매출액의 규모가 크기 때문에 **세율문제, 성실신고 기준금액 하향조정, 대외신인도, 건설사업의 높은 리스크 등으로 계속해서 개인기업으로 운영하기엔 한계가 있기 때문에 어느 순간 법인전환을 고민**할 수밖에 없습니다.

개인사업자의 경우, 부동산을 보유하는 경우, 법인전환을 하는 경우, 양도소득세와 취득세를 검토해야 합니다.

개인사업자 성실신고 기준금액이 하향조정되고 있으며, 기타소득 필요경비율도 하향조정되고 있으므로 법인전환을 고려하는 개인사업자는 빠르게 전환할수록 좋습니다.

개인사업자가 성실신고대상자가 된 후에 법인전환을 하게 되면 3년간 법인성실신고 대상이 됩니다.

2. 영업권을 활용한 법인전환 고려사항

개인기업의 법인전환은 여러 가지 방식이 있으나 부동산 자산이 없는 경우로서 개인사업 영위기간 중 영업이익이 높았던 경우라면 영업권 평가를 통한 사업 포괄양수도 방식의 법인전환이 절세목적에서 유리합니다.

영업권 평가를 통한 포괄양수도의 경우 기타소득 필요경비를 활용한 개인 소득세 절세, 향후 영업권 무형자산 상각을 통한 법인세 절세효과를 극대화 할 수 있습니다.

그러나 **건설업의 경우 영업권은 실질자산으로 평가되지 않고, 미지급금의 급격한 증가는 부채비율 증가로 이어지게 되므로, 건설업의 경우 영업권을 활용한 법인전환은 다각적으로 사전검토**가 이루어져야 합니다.

3. 건설업 법인전환 절차

구분	공급자
개인사업자 순자산가액 예측	순자산가액 이상 자본금 결정
법인설립 등기 후 사업자 등록	순자산가액 이상 자본금 납입 설립
개인사업자 기업진단	개인사업자 등록기준 충족 여부 진단
건산법상 양도절차	협회공고, 양수도계약서, 의견서, 동의
법인사업자 기업진단	법인사업자 등록기준 충족 여부 진단
개인사업자 폐업	양도절차 마무리 후 개인사업자 폐업
후속조치	금융자산, 부채, 유형자산 등 명의변경

법인전환으로 인한 후속 조치로 양도소득세 및 취득세 납부의무가 발생하는 경우 잊지 않도록 주의해야 합니다.

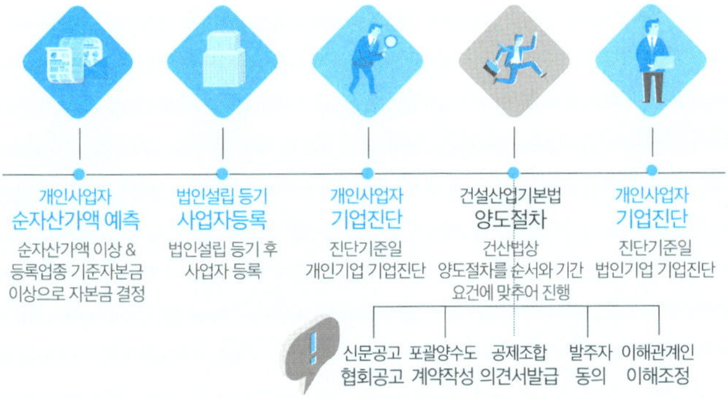

건산법상 정해진 건설업 양도절차가 잘못되는 경우 시공능력평가액 승계가 불가능하므로 각별히 주의해야 합니다.

4. 건설산업기본법상 법인전환 시 유의사항

개인기업의 법인전환 일반절차는 **개인사업자 순자산가액을 예측하여 설립할 법인의 자본금을 결정**하여야 합니다. 그 후 **신설법인의 자본금을 납입하여 법인을 설립 등기 후 사업자등록을 하고, 기업진단은 신설법인의 자본금이 납입된 후** 30**일간 평균잔액을 유지한 후 개인사업자와 법인사업자에 대하여 기업진단**을 해야 합니다.

건설업자인 개인이 법인사업으로 전환하는 경우 건설업 양수도에 관한 내용을 국토부에 신고하도록 하고 있습니다. **건설업 양도절차를 순서대로 빠짐없이 진행해야 실적승계가 되므로 주의**해야 합니다. 30일 이상 신문공고 및 협회에 공고를 내고 포괄양수도계약서를 작성합니다. 그 후 공제조합 의견서 발급, 발주자의 동의서 및 이해관계인 의견조정 내용 서류작성 등 양도신고에 필요한 절차가 마무리되면 건설업 양도신고서를 제출합니다. 건설업 양수도가 마무리되면 협회에 시공능력평가를 신청하는 것도 잊지 말아야 합니다.

07

Q 건설업 양수도(M&A) 시 고려할 사항은 무엇인가요?

A 건설업 실무에서 M&A라고 불리는 건설업 양도 · 양수는 주식 양수도계약 및 대표자 변경 등기로 처리하는 경우가 대부분입니다.

1. 주식 양수도계약과 대표자 변경

건설업의 경우 면허 양수도를 통해 사업을 시작하는 경우가 종종 있습니다. 시공능력 평가나 신용등급 문제로 기존 면허업체를 인수하는 경우가 대부분입니다. **건설업 사업 양수도는 실무에서는 거의 법인의 주식을 인수하고 대표자 변경등기를 하는 방식이 가장 흔하게** 이루어지고 있습니다.

2. 건설업 양수도 시 검토사항

양수하려는 업체의 **면허사항, 시공능력평가액, 신용평가등급을 확인하는 것 외에도 업체의 행정처분이력과 양도제한 사유가 있는지 여부 및 하자보수청구 가능성 등을 검토**해야 합니다.

양수도 협상이 이루어지는 과정에서 과거 재무제표를 공개하고 가결산 재무제표를 검토하게 됩니다. 이 과정에서 정보가 제한된 상태에서 쉽지 않지만 부외부채와 우발채무 및 가지급금 등에 대하여 면밀하게 검토가 이루어져야 합니다.

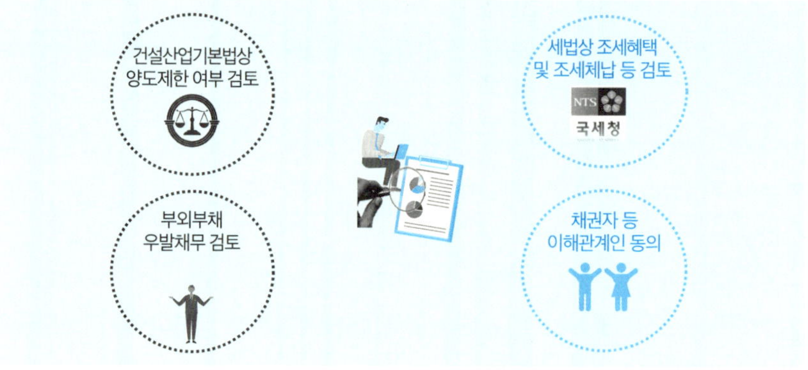

주식 양수도계약에 의하여 회사를 인수한 경우 세무대리인에게 반드시 주식양수도계약서와 변경 전후 주주명부를 전달해야 법인세 신고 오류가 없습니다.

3. 주식 양수도계약서 작성 및 양도소득세 및 증권거래세 납부

양수도계약이 체결되면 이에 근거해서 양도인은 주식 양도소득세 및 증권거래세를 납부하게 됩니다.

간혹 양도소득세를 절세할 목적으로 양도가액이 아닌 액면가액으로 양도세 신고를 하는 경우가 발생하고 추후 양수인에게 불리하게 작용할 수 있으므로, 사후확인을 반드시 해야 합니다.

4. 양수인 세무적 검토사항

① 자금출처조사

주식 양수도 계약서상 양수인으로 등재된 자가 소득 재산상태에 비추어 자금출처가 의심되는 경우 확인 및 조사를 통해 증여세가 과세될 수 있음에 주의해야 합니다.

주주로 등재되는 자가 자금출처가 불분명한 경우 증여세가 부과될 수 있습니다.

② 납세의무의 승계

납세의무 승계란 일정한 사유로 인하여 본래의 납세자로부터 다른 자에게로 납세의무가 이전되는 것을 말합니다. 본래의 납세의무가 소멸하고 권리·의무의 포괄승계가 일어나는 법인합병이나 상속의 경우에 조세의 납부책임도 의무의 하나로서 승계시키고자 하는 것이며, 이러한 승계는 당사자의 의사에 관계없이 법정요건의 충족에 의해 강행적으로 이루어지며, 법정요건이 충족되면 국세기본법에 의해 별도의 지정조치 없이 당연 승계되는 것입니다. 따라서 건설업 양수도 과정에서 양수인의 제2차 납세의무에 대하여 면밀한 검토가 필요합니다.

③ 양수인의 출자자 제2차 납세의무

법인은 개인과 분리된 별도의 인격이지만 법인의 주주는 국세기본법상 출자자의 제2차 납세의무를 부담하게 됩니다. 법인의 재산으로 그 법인에 부과되거나 그 법인이 납부할 국세·가산금과 체납처분비에 충당하여도 부족한 경우에는 그 국세의 납세의무 성립일 현재 과점주주나 무한책임사원에 해당하는 자는 그 부족한 금액에 대하여 제2차 납세의무를 지게 됩니다.

과점주주의 경우에는 그 부족한 금액을 그 법인의 발행주식 총수 또는 출자총액으로 나눈 금액에 해당 과점주주가 실질적으로 권리를 행사하는 주식수 또는 출자액을 곱하여 산출한 금액을 한도로 합니다. **과점주주는 특수관계에 있는 집단의 지분을 전부 합산하여 50%를 초과하면 해당**됩니다.

법인을 양수한 후에 국세청으로부터 체납한 세금에 대한 납부서를 받게 되면 매우 당황하게 됩니다. 양수도 과정에서 국세완납증명원 등을 확인한다고 하여도 세무적으로 리스크가 없는 것은 아닙니다. 소득세 및 법인세, 부가세는 과세기간이 끝나는 때가 납세의무 성립일이 됩니다. 따라서 과거의 문제로 인하여 세금이 고지되는 경우 납세의무 성립일 현재 출자자가 누구였는지, 과점주주에 해당되는지 여부에 따라 세무 리스크가 달라집니다.

④ 주식 저가양수 증여의제

양도인과 양수인이 특수관계가 아니더라도 저가양수의 경우 양수자가 증여받은것으로 간주하여 증여세가 과세될 수 있습니다. 시가(비상장주식 평가액)와 거래대가(양수도 금액)의 차액이 시가(비상장주식 평가액)의 30% 이상 차이가 나는 경우 시가와 거래대가의 차액에서 3억 원을 차감한 금액을 증여재산가액으로 계산합니다.

주식양수도 거래가 저가양도, 저가양수에 대항되는 경우 이익 증여의제 규정에 의하여 특수관계자가 아니더라도 증여세가 부과될 수 있습니다.

08

Q 건설업 분할 · 합병 절차 및 주의점은 어떤 것이 있나요?

A 건설업을 운영하다가 분할 · 합병을 하는 경우 건산법상 건설업 양수도 절차를 준수해야 무리 없이 분할 · 합병 작업이 이루어집니다.

분할법인 주주 의제배당, 적격 · 비적격분할, 이월결손금 자산 부채 승계 이슈를 검토해야 합니다.

건설업 분할의 경우 분할법인으로부터 건설업 시공능력평가액(실적)이 승계되도록 주의하는 것이 핵심입니다.

1. 건설업 분할

건설업과 다른 사업을 겸업하는 경우 또는 종합건설업과 전문건설업을 겸업하는 경우 등은 어느 한 분야의 사업실적이 다른 분야에 의도치 않게 부정적인 영향을 주는 경우 재무구조 개선의 필요성으로 분할을 하게 되는 경우가 있습니다.

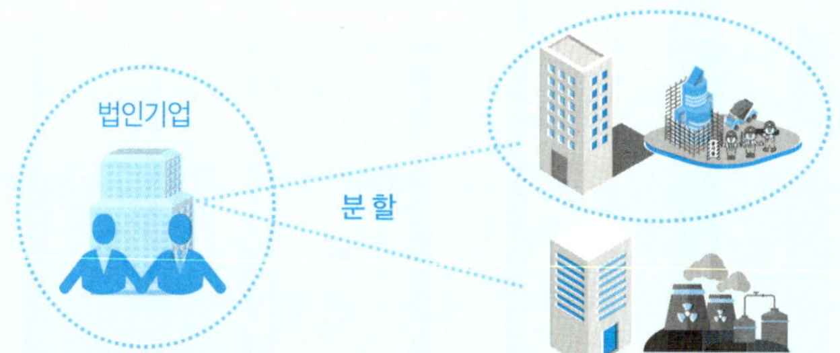

건설업과 다른 업종을 겸업하는 경우
어느 한 분야의 실적이 부정적 영향을 주는 경우
경영상태 개선을 위한 분할이 주로 발생함.

불공정합병에 의한 이익의 증여, 피합병법인 주주 의제배당, 적격 · 비적격합병 여부, 이월결손금 자산 부채 승계 이슈를 검토해야 합니다.

2. 건설업 합병

건설업 면허를 새로 취득하지 않고 실적이 있는 시공능력 등이 필요하여 기존 건설업체를 합병하게 되는 경우가 있습니다. 건설업 합병은 일반적인 경우와 달리 **상법상의 요건과 건설산업기본법상 요건을 모두 충족하도록 해야 하며, 절차가 복잡하고 합병 후 경영상태 및 시공능력의 재평가를 통하여 해당 기업이 추구하는 목적을 달성**할 수 있는지 여부에 대해 충분히 검토 후 진행해야 합니다.

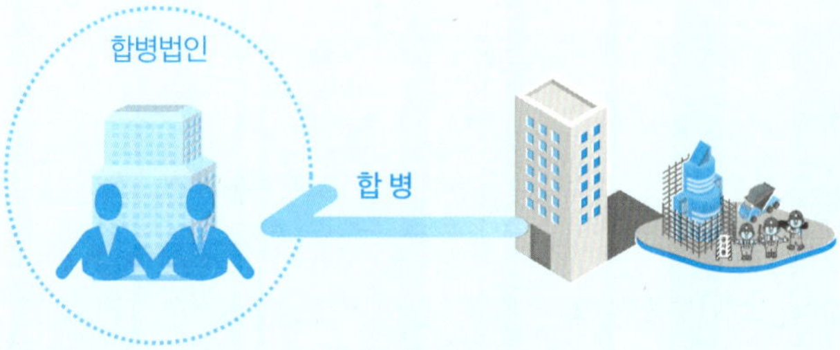

건설업 면허를 새로 취득하지 않고 시공능력(실적)이 필요한 경우
기존 건설업체를 합병하는 경우가 주로 발생함.

3. 건설업 분할 · 합병 시 사전 검토사항

건설업 분할이나 합병의 경우는 상법상 요건, 건설산업기본법상 요건 등을 종합적으로 고려하여 다음의 사항을 기본적으로 검토해야 합니다.

① 건설산업기본법상 양도 제한 여부
② 조세체납으로 추징과 강제집행 발생 가능성
③ 금융기관 및 채권자의 동의 가능성
④ 고정자산 분할에 따른 조세지원 해당 여부 및 조세부담 여부
⑤ 공제조합 보증사항 중 연대보증인의 동의 가능 여부
⑥ 분할 과정에서 분할차익 또는 합병차익과 의제배당 등 조세문제

건설업 행정처분 기간 중에는 양도가 제한됩니다.

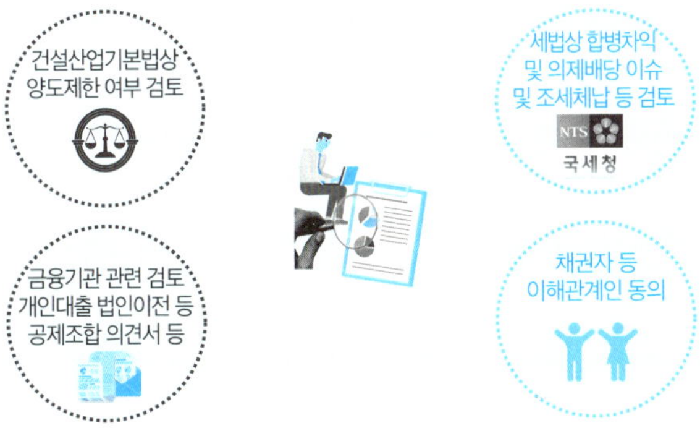

4. 건설업 분할 · 합병 절차 및 검토사항

시공능력평가액(실적)이 문제없이 승계되기 위해서는 건설산업기본법상 건설업 양도에 대하여 정하고 있는 규정을 시간순서대로 엄격히 준수해야 합니다.

분할 및 합병의 상법상 절차를 진행하면서 동시에 기업진단과 건설업 양도절차를 거칩니다.

30일 이상 신문공고 및 협회에 공고를 내고 포괄양수도계약서를 작성합니다. 그 후 공제조합 의견서 발급, 발주자의 동의서 및 이해관계인 의견조정 내용 서류작성 등 양도신고에 필요한 절차가 마무리되면 건설업 양도신고서를 제출합니다.

분할회사가 건설업 면허를 여러 개 가진 경우, 면허별로 여러 개의 회사를 분할하는 방법으로 실적승계는 불가능합니다.

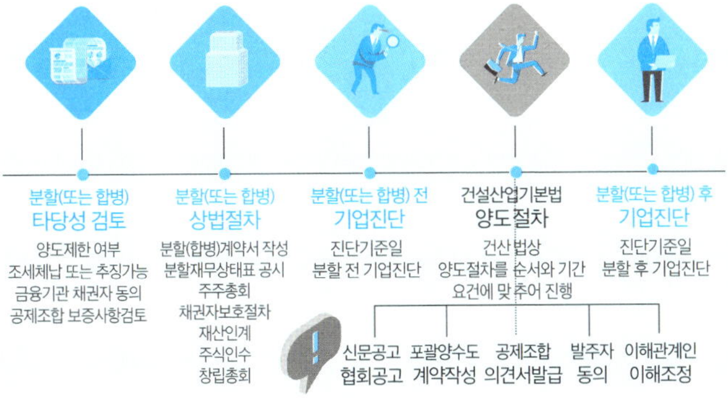

Ⅱ편

건설회사 수익과 비용

1장

건설공사 수익과
매출인식

01

Q 건설공사 계약특성 및 대금지급 시스템 특징은 어떤 것이 있나요?

A 도급, 하도급계약 및 관급, 민간공사에 따라 계약의 특수성과 다양성이 존재합니다.

하도급이란 도급받은 건설공사의 전부 또는 일부를 다시 도급하기 위하여 수급인이 제3자와 체결하는 계약입니다.

도급계약은 낙성·유상·쌍무계약이나 건설공사의 도급계약에 관하여는 일정한 요건을 이재한 서면이 요구됩니다.

계약서는 당사자 대등의 원칙과 신의성실 원칙에 입각하여 작성되어야 합니다.

도급이란 원도급, 하도급, 위탁 등 명칭에 관계없이 건설공사를 완성할 것을 약정하고, 상대방이 그 공사의 결과에 대하여 대가를 지급할 것을 약정하는 계약을 말합니다.

1. 건설공사 계약특성

건설공사 도급 및 하도급계약의 법률적 성질은 도급 또는 하도급에 해당하지만 일반적인 (하)도급 계약과 달리 특수성이 존재하고, **같은 건설공사라 하더라도 대형공사와 소규모공사, 관급공사와 민간공사 사이에 커다란 차이가 존재하여 각각의 (하)도급계약의 법적효과가 달리 해석되는 특수성과 다양성이 존재**합니다.

건설도급계약의 당사자는 **도급인과 수급인이나 하나의 건설 프로젝트가 생산되기 위해서 설계자, 수급자(종합건설업자), 하수급자(전문건설업자), 건설근로자, 자재 · 장비업자 등 다양한 주체가 참여하여 공동작업을 통해 시설물의 생산**이 이루어집니다.

타업종에 비해 **참여자가 다양하고 생산구조가 복잡하므로, 수직적 생산구조에 기초한 계약 관계 참가자 전체를 당사자**로 보아야 합니다.

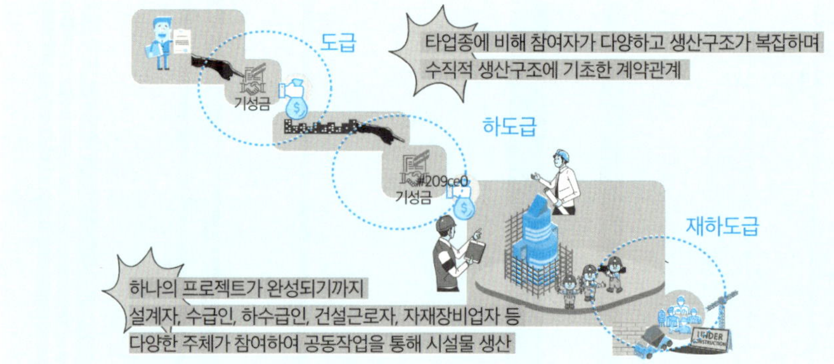

2. 도급계약 당사자

발주자는 수급인(종합건설사)에 건설공사를 일임하고, 수급인은 일의 완성을 약속하고, 발주자는 대가를 지급하게 됩니다.

원수급자와 발주자의 도급계약을 원도급(원수급)계약이라 합니다.

원수급인은 공정에 따라 하수급인(전문건설사)에게 도급계약을 체결하고 일의 완성 정도에 따라 원수급인은 하수급인에게 대가를 지급하게 됩니다.
하도급사는 재하수급인, 일용직근로자, 자재 · 장비업자와 계약을 체결하고 협력 업체들은 노무, 자재 등을 제공하고 대가를 지급받게 됩니다.

3. 관급공사와 민간공사

국가, 지자체, 공기업 등이 사인 지위에서 체결하는 공사도급계약을 관급공사라 합니다.
관급공사계약은 민법상 일반원칙이 적용되어 민사법의 원리에 따라 해결되는 것이 원칙이지만, 특정 부분에 대해서는 국가계약법, 지방계약법이 적용되어 일반 민사법 원리의 적용이 배제됩니다.
관급공사의 경우 예산상의 문제로 장기계속공사에 관하여 총괄계약과 차수별 계약을 체결하게 되는데, 총괄계약과 차수계약과의 관계에 대하여 문제가 됩니다.
관급공사의 경우는 최근 하도급지킴이 통장 등 다양한 공사계약 당사자들에 대한 직불제도를 확대하고 있습니다.
민간공사는 관급공사계약 이외의 일반 사인이 체결하는 공사도급계약을 말합니다. 민간공사의 대부분은 법인이 발주자이지만 일반 소비자인 개인이 발주자인 공사도 있습니다.
민간공사는 불공정계약, 도급(하도급)대금 지급지연, 불공정행위 등의 문제가 관급공사에 비하여 자주 발생하게 됩니다.

4. 건설공사 대금지급시스템

관급공사의 경우 국가계약법, 지방계약법 등의 법령에 의하여 건설공사 대금의 지급 및 수령의 안전성이 확보됩니다.
선급금의 지급, 중도금 기성금의 지급, 지연이자, 어음할인료, 준공금 지급 등의 모든 내용들이 관련법령에 규정되어 발주자 및 수급자를 규제하고 있으므로 공공공사의 경우 발주자의 대금 미지급 문제는 거의 발생하지 않고 있습니다.
민간공사의 경우 사적자치(계약)를 이유로 대금지급을 포함한 모든 계약의 내용들이 당사자인 발주자와 수급자 사이의 계약에 의해서 결정되고, 이 내용에 대해 규제 등이 매우 미흡한 상태입니다.
민간공사는 하도급법과 건산법에 의해 하수급자의 대금 수령이 제도적 장치로 보호되고 있기는 하지만, 공공공사에 비교하면 사각지대라 할 수 있습니다.
발주자가 준공금 지급 기한을 과도하게 늦추거나 추가공사나 설계변경 시 공사비를 미반영하거나 계약이행보증금 및 하자보수보증금률 또는 지체상금률을 과도하게 설정하는 등 불공정특약이 난무하고 있는 현실입니다.

민간공사대급지급보증제도:
민간건설공사를 도급받은 경우 수급인이 발주자에게 계약의 이행을 보증하는 때에는 발주자도 수급인에게 공사대금의 지급 보증 또는 담보제공을 해야 합니다.

02

Q 건설공사 표준도급계약서와 표준하도급계약서를 사용해야 하나요?

A 건설산업기본법에 의한 표준도급계약서와 하도급공정화에관한법률에 의한 표준하도급계약서 사용을 권장하고 있습니다.

건설공사는 계약해지, 공사중단, 공기지연, 대금 미지급 등 분쟁이 자주 발생하므로 계약서는 매우 중요합니다.

계약서는 향후 발생할 수 있는 각종 분쟁의 기본이 되기 때문에 공사내용, 도급금액, 지급시기와 지급방법, 공사기간, 계약보증금, 위약금, 천재지변 시 위험부담, 지체상금, 하자담보책임 등에 관하여 구체적으로 명시하여 사전적으로 분쟁을 예방하고 계약 당사자의 권리와 의무를 명확히 하는 것이 가장 바람직합니다.

1. 건설공사 도급계약의 원칙

도급인:
건설공사를 건설업자에게 도급하는 자

도급:
당사자 일방이 건설공사를 완성할 것으로 약정하고, 상대방이 그 일의 결과에 대하여 대가를 지급할 것을 약정하는 계약

수급인:
도급인으로부터 건설공사를 도급받는 건설업자

도급계약의 당사자는 계약을 체결할 때 도급금액, 공사기간 등 필수사항을 계약서에 분명하게 적어야 하고, 서명 또는 기명날인한 계약서를 서로 주고받아 보관하여야 합니다.

계약당사자가 대등한 입장에서 공정하게 계약을 체결하도록 하기 위하여 건설공사의 도급 및 건설사업관리위탁에 관한 표준계약서(하도급의 경우는 하도급거래 공정화에 관한 법률에 따라 공정거래위원회가 권장하는 건설공사표준하도급계약서를 포함)의 작성 및 사용을 권고하고 있습니다.

건설사업자가 의무적으로 부담하여야 하는 사회보험 소요비용을 (하)도급계약 산출내역서에 명시해야 합니다.

2. 공사도급 계약내용 필수기재사항

① 공사내용

② 도급금액과 도급금액 중 임금에 해당하는 금액

③ 공사착수의 시기와 공사완성의 시기(착공일자와 준공일자)

④ 도급금액의 선급금이나 기성금의 지급에 관하여 약정을 한 경우에는 각각 그 지급의 시기·방법 및 금액(선급금, 기성금, 준공금)

⑤ 공사의 중지, 계약의 해제나 천재지변의 경우 발생하는 손해의 부담에 관한 사항

⑥ 설계변경·물가변동 등에 기인한 도급금액 또는 공사내용의 변경에 관한 사항

⑦ 하도급대금지급보증서의 교부에 관한 사항(하도급계약의 경우)

⑧ 하도급대금의 직접지급사유와 그 절차

⑨ 산업안전보건관리비의 지급에 관한 사항

⑩ 건설근로자퇴직공제가입에 소요되는 금액과 부담방법에 관한 사항
⑪ 산업재해보상보험료 및 고용보험료 부담금액과 부담방법
⑫ 당해 공사에서 발생된 폐기물의 처리방법과 재활용에 관한 사항
⑬ 인도를 위한 검사 및 그 시기
⑭ 공사완성 후의 도급금액의 지급시기
⑮ 계약이행지체의 경우 위약금·지연이자의 지급 등 손해배상에 관한 사항
⑯ 하자담보책임기간 및 담보방법
⑰ 분쟁발생 시 분쟁의 해결방법에 관한 사항
⑱ 고용 관련 편의시설의 설치 등에 관한 사항

3. 계약문서의 범위

계약문서는 민간건설공사 도급계약서, 도급계약 일반조건, 공사계약 특수조건, 설계서 및 산출내역서로 구성되며, 상호 보완의 효력을 가집니다.

① 계약 일반조건(공사와 관련된 일반적인 내용)
② 계약 특수조건(공사와 관련된 특수한 내용)
③ 설계서라 함은 공사시방서, 설계도면(물량내역서를 작성한 경우 이를 포함한다) 및 현장설명서
④ 물량내역서란 물량내역서에 “수급인”이 물량을 기재하여 “도급인”에게 제출한 내역서
⑤ 산출내역서란 물량내역서에 “수급인”이 단가를 기재하여 “도급인”에게 제출한 내역서

4. 건설공사 표준도급계약서와 표준하도급계약서

민간부문 건설공사를 발주함에 있어 **발주자와 건설업자 간에 상호 대등한 입장에서 공정한 계약체결을 권장**하고, 건설공사계약의 표준 모델을 보급하기 위하여 건설산업기본법에 따라 고시하여 사용을 권고하고 있습니다.

하도급 계약의 경우는 공정거래위원회가 고시한 건설공사표준하도급계약서 사용을 권장하고 있습니다. 주된 목적은 **불공정 하도급행위의 방지**에 있습니다.

5. 건설업 계약서 관리방안

계약서 작성 시 필수적인 기재사항에 대해서 세부적인 사항을 명시하여 서면계약을 체결하고, 공사 진행 중 공사기간, 계약금액 등 공사내용의 중대한 변경이 있는 경우 변경(추가)계약을 체결하는 것이 바람직합니다.

변경(추가)계약을 체결하기 어려운 경우 합의서, 회의자료, 녹취록 등 입증자료를 구비하는 노력이 필요합니다.

하도급:
도급받은 건설공사의 전부 또는 일부를 다시 도급하기 위하여 “수급인”이 제3자와 체결하는 계약

하수급인:
수급인으로부터 건설공사를 하도급받은 자

처분문서:
계약서, 합의서, 각서 등 계약당사자 간에 행한 통지문서

보고문서:
회의록 등 문서 작성자가 보고, 듣고, 느끼고, 판단한 내용을 기재한 문서

03

Q 건설공사 (하)도급계약서 체크포인트는?

A (하)도급계약서 중요사항은 반드시 검토하여 향후 분쟁가능성을 예방하고 경영상 리스크를 줄일 수 있습니다.

1. 착공일, 준공일(공사기간)

공사기간을 체크하여 단기공사, 장기공사 여부를 판단하여 진행률(완성기준) 회계처리 기준 및 법인세법상 공사수입의 귀속시기를 판단합니다.

① 단기공사: 진행률에 의하여 인식(공사완공일에 인식 가능)

② 장기공사: 진행률에 의하여 인식

공사를 준공예정일을 넘겨서 진행하는 경우 지체상금이 발생하게 됩니다.

2. 계약금액

계약금액은 공급가액과 부가세를 합산한 금액입니다.
공급가액의 110%가 계약금액이 아닌 경우 과세건설용역과 면세건설용역이 동시에 있는 경우입니다.

공사를 수행하고 반대급부로 받기로 한 금액으로, 계약 이후에는 수급인은 이 이상의 금액을 청구할 수 없습니다.
구분 표기된 노무비는 근로자에게 지급하여야 할 임금에 상당하는 금액으로, 다음과 같은 의미가 있습니다.

① 계약 내역서상 노무비 합계액

② 고용·산재보험료 산출근거

③ 근재보험료 산출근거

④ 표기된 노무비는 압류 금지

3. 대가의 지급

선급금 또는 기성금 수령과 관련해서는 지급시기, 방법을 계약서에 반드시 명기해야 합니다. 대부분의 경우 공사수행을 하면서 월단위로 수행한 공사부분에 대하여 기성금을 청구하고 수령하게 됩니다. 대가의 지급방법에 따라 중간지급조건부인지 완성도기준지급조건부인지 판단하여 세금계산서 공급시기를 체크해야 합니다. **계약서상 대가를 지급하기로 약정한 시기가 부가가치세법상 공급시기가 됩니다.**

4. 지급자재

하자가 발생한 원인이 재료상 하자인지 시공상 하자인지 분쟁이 발생할 여지가 있습니다.

도급인이 구입한 자재로서 하도급인의 회계 및 세무처리 대상이 아니며, 재료성 하자는 시공자의 하자담보책임에 포함되지 않습니다.

5. 보증금

① 계약이행보증금

계약이행보증금률은 계약금액의 10%가 원칙이지만, 보증채권자에 따라 20%를 요구하는 경우도 있습니다.

② 하도급대금지급보증금

도급인이 하도급인에게 하도급대금을 지급하지 않은 경우 이를 보증하는 것으로서, 대체로 계약이행보증금률과 동일하게 설정됩니다.

③ 하자이행보증금

하자보증금률은 계약금액의 3~5%에서 정해지지만 보증채권자에 따라 10%를 요구하는 경우도 있으며, 건설산업기본법상 하자담보책임기간을 초과하여 보증기간을 요구하는 경우도 있습니다.

④ 공제조합보증서 VS 서울보증보험보증서

보증금은 현금 대신 보증기관에서 보증서를 발급하여 제출하고 있으며, 보증채권자에 따라 보증사고 발생 시 보증금 지급이 쉬운 서울보증보험 증권을 지정해서 요구하기도 합니다.

선급금보증:
계약조건에 따라 수령한 선급금의 반환사유 발생 시 이를 보증

계약이행보증:
계약상의 의무를 이행하지 않아 계약보증금 지급 사유 발생 시 이를 보증

하도급대금지급보증:
하도급계약의 대금 미지급 시 이의 지급을 보증

하자이행보증:
건설공사 준공 후 발생한 하자에 대한 보수의무 발생 시 이를 보증

6. 지체상금

예정준공일자를 초과한 경우 공사지연일수에 대하여 매 1일당 지체상금률에 계약금액을 곱한 금액을 공사지연에 대한 손해배상금조로 지급하는 것을 지체상금이라 합니다.

손해배상에 대한 약정으로서 실제 발생한 손해액과 무관하게 지체일수를 적용한 금액을 지급해야 하며, 지체상금은 세금계산서 발행대상이 아닙니다.

7. 지연이자

도급인이 공사대금 지급기일을 경과하여 수급인에게 대가를 지급하는 경우 대가지급 지연일수에 대하여 적용하는 이자입니다.

공정거래위원회가 고시하고 있는 이자율은 15.5%이며, 이는 세금계산서 발행대상이 아닙니다.

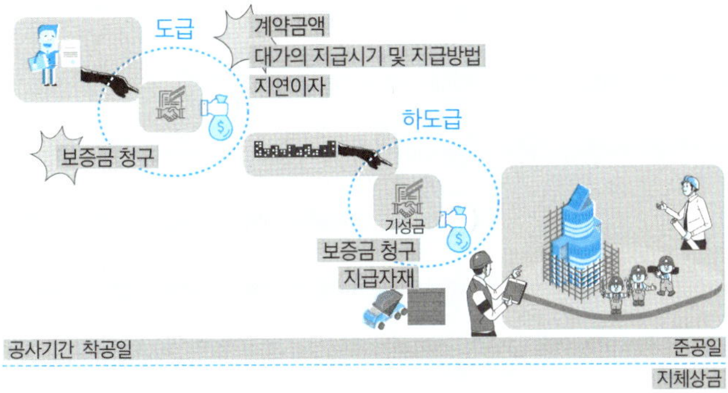

04

Q 선급금 수령 및 정산과 세금계산서 발행은 어떻게 하나요?

A 선급금은 본공사의 수행을 준비하는 과정에서 발생하는 비용을 충당하기 위하여 선지급 받은 금액으로써 기성고에 따라 정산하게 됩니다.

선급금이 정산될 때마다 계약서 및 선급금 정산합의서를 보증기관에 제출하여 선급보증수수료를 반환받거나 보증 해제하도록 관리하는 것이 좋습니다.

1. 선급금

선급금은 자금 사정이 좋지 않은 수급인으로 하여금 자재 확보, 노임지급 등에 어려움이 없이 공사를 원활하게 진행할 수 있도록 하기 위하여 도급인이 장차 지급할 공사대금을 수급인에게 미리 지급하여 주는 선급 공사대금이며, 구체적인 기성고와 관련하여 지급된 공사대금이 아니라 전체 공사와 관련하여 지급된 선급 공사대금입니다.

2. 선급금의 지급

도급인은 계약서의 정함에 따라 수급인에게 선금을 지급하도록 하고 있으며, 수급인이 청구한 날로부터 14일 이내에 지급하도록 정하고 있습니다.
선급금을 수령한 경우 수급인은 보증기관의 선급금보증서를 제출해야 합니다.
선급금은 계약 목적달성을 위한 용도(노임지급 및 자재확보) 이외의 타목적으로 사용할 수 없으며, 이 경우 선급금 반환사유가 될 수 있습니다.

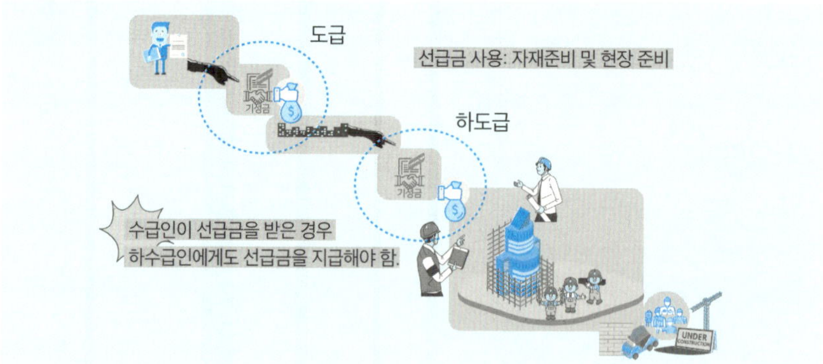

3. 선급금의 정산

선급금은 기성부분의 대가를 지급할 때마다 다음 산식에 의하여 산출한 금액을 정산합니다.

선급금정산액 = 선급금액×(기성부분 대가상당액/계약금액)

선급금을 지급한 후 도급계약이 해제 또는 해지되는 등의 사유로 수급인이 도중

에 선급금을 반환하여야 할 사유가 발생한 경우에도 위 산식에 의한 정산금액을 제외하고 반환해야 합니다.

4. 선급금 공급시기(부가가치세법)

선급금의 공급시기는 원칙적으로 기성대금에 충당되는 때이지만, 대가를 받은 경우에 한하여 받은 때를 공급시기로 하여 세금계산서를 발행할 수 있습니다.

선급금의 지급의무는 하도급법에 의하여 법적으로 강제되어 있고, 이를 면제하는 계약은 무효입니다.

원사업자가 발주자로부터 받은 선급금을 15일을 초과해 지급하는 경우, 그 초과기간에 대해서는 연 15.5%의 지연이자를 지급해야 합니다.

선발행 세금계산서 특례에 따라서 공급시기 이전에 대가의 일부 또는 전부를 받고, 그 대가를 받을 때 세금계산서를 발급하면 그 발급시기를 공급시기로 봅니다.

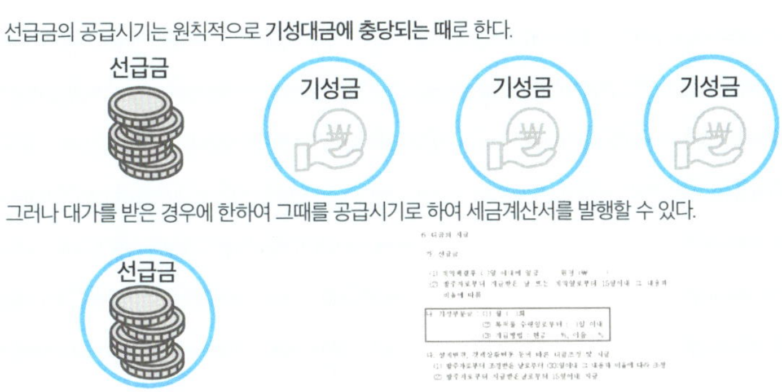

선급금을 부동산 등 대물변제의 방식으로 지급한 경우에는 하도급법에서는 금지하고 있으나 대물변제 자체를 무효로 하고 있지는 않습니다.

결론적으로 선급금은 수령한 때에 세금계산서를 발행해도 되고, 기성대금에 충당되는 때를 공급시기로 하여 발행해도 됩니다.

5. 계약의 해제(해지)와 선급금 반환

선급금은 선급 공사대금의 성질을 가지므로 선급금을 지급한 후 도급계약이 해제 또는 해지되거나 선급금 지급조건을 위반하는 등의 사유로 수급인이 도중에 선급금을 반환하여야 할 사유가 발생하였다면, 특별한 사정이 없는 한 별도의 상계의 의사표시 없이도 그때까지의 기성고에 해당하는 공사대금 중 미지급액은 정산되고 나머지 금액은 반환해야 합니다.

05

Q 기성금 청구 및 세금계산서 발행은 어떻게 하나요?

A 대부분의 건설공사는 매월 단위로 기성부분에 대한 대가를 청구하고, 세금계산서를 발행하고, 기성금을 수령하게 됩니다.

건설도급계약에 의한 건설용역의 완료시기는 실제로 공사용역의 제공이 완료되는 때이지만, 건설용역제공의 완료 여부가 불분명한 경우에는 준공검사일을 완료된 날로 봅니다.

부가세법상 통상적인 용역의 공급시기는 역무의 제공이 완료된 때입니다.

대가의 각 부분을 실제로 받은 때가 아닌, 받기로 약정한 날(계약서)이 공급시기가 됨에 주의해야 합니다.

1. 지급시기를 정하지 않은 통상적인 건설용역

건설공사의 공급시기는 원칙적으로 용역 제공을 완료한 날(공사 완료일)로 하며, 용역제공 완료일이 불분명한 경우 준공검사일을 완료한 날로 보게 됩니다.
그러나 계약서상 대금지급 조건이 중간지급조건부 또는 완성도기준지급조건부인 경우에는 **대가의 각 부분을 받기로 한 때가 공급시기**가 됩니다.

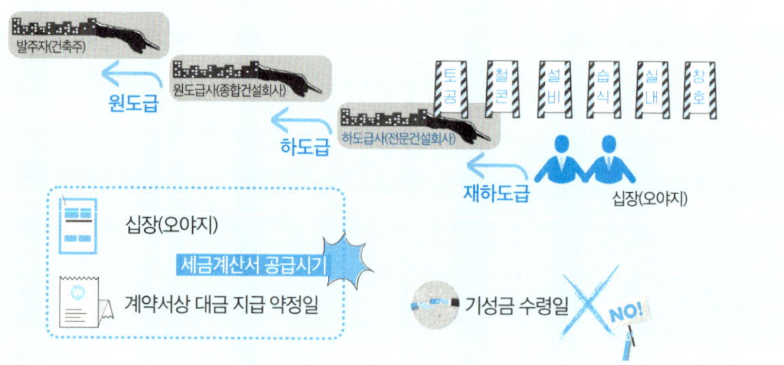

2. 중간지급조건부

중간지급조건부란 계약금을 받기로 한 날의 다음 날부터 재화를 인도하는 날 또는 재화를 이용가능하게 하는 날, **용역제공이 완료되는 날까지의 기간이 6개월 이상인 경우로서 그 기간 이내에 계약금 외의 대가를 분할하여 받는 경우**를 말합니다.
주의할 점은 6개월 미만의 공사로서 완성도에 따라 완성비율에 해당하는 대가를 받는 경우 완성도기준지급조건부에 해당하게 됩니다.

3. 완성도기준지급조건부

완성도기준지급조건부란 건설공사 등 도급에 대한 대금지급조건으로서 당해 건설용역의 제공이 완료되기 전에 그 대가를 당해 역무의 완성도에 따라 분할하여 받기로 하는 약정에 의하여 공급하는 경우를 말합니다.
완성도기준지급조건부 공급시기는 대가의 각 부분을 받기로 한 때인 기성청구 시점에서 세금계산서를 발행하게 됩니다.

기성금을 월 1회 받기로 약정하고 수령한 경우 특정일자를 약정하지 않았더라도 완성도기준지급으로 보아 대가의 각 부분을 받기로 한때 세금계산서를 발급하여야 합니다.

4. 공급시기가 잘못된 세금계산서 불이익

공급시기를 도과하여 세금계산서를 발행한 경우 과세기간 이내인지 이후인지 여부에 따라 공급자와 공급받는 자의 불이익이 달라집니다.

구분	공급자	공급받는자
과세기간 이내 발급	가산세(지연발급)	매입세액공제+가산세
과세기간 이후 발급	가산세(미발급)	매입세액 불공제

공급자:
세금계산서 지연발급가산세

공급받는자:
세금계산서 지연수취가산세

공급시기 이전에 발행한 세금계산서에 대해서는 불이익이 없으나, 공급시기를 넘겨서 발행된 세금계산서에 대해서는 공급자와 공급받는자 양자 모두 불이익을 받게 됩니다.

5. 공사대금 청구와 세금계산서

건설공사를 진행하는 과정에서 기성대금은 부분금으로 나누어 지급하는 경우가 대부분입니다.

수급인은 기성대금을 청구하고 발주자의 확인에 의하여 기성금이 확정되고, 기성 부분금을 지급하기로 약정한 때(계약서)를 공급시기로 세금계산서를 발행해야 합니다.

부가세법상 공급시기는 계약서를 확인하여 중간지급조건부인지 완성도기준지급조건부인지 반드시 확인하여 대가의 수령 여부와 무관하게 공급시기로 하여 세금계산서를 발행해야 합니다.

부가가치세 신고 후 확인 과정에서 세무서로부터 법인통장, 기성금의 청구 공문, 기성확인 문서 등 제출을 요구받는 경우가 있습니다.

06

Q 완성도기준지급조건부 재화·용역의 공급이란 무엇인가요?

A 건설용역의 제공이 완료되기 전에 용역의 완성도에 따라 완성비율만큼 대가를 지급하기로 한 계약에 의한 공급을 말합니다.

세금계산서 작성일자는 재화나 용역의 공급시기를 말합니다.

세금계산서 발급일자는 실제로 세금계산서를 발행한 날짜를 말합니다.

완성도기준지급조건에 의한 용역의 공급은 당해 용역의 제공이 완료되기 전에 용역의 완성도에 따라 그 완성비율만큼 대가를 지급하기로 한 계약에 의한 공급을 말합니다.

대부분의 건설공사 기성금 청구방식에 의한 경우가 완성도기준지급조건부에 해당합니다.

1. 완성도기준지급조건부 세금계산서 공급시기(작성일자)

완성도기준지급조건부의 경우 기성금을 청구하고 확정되어 **대가를 받기로 한 때를 공급시기로 하여 교부**하게 됩니다.

2. 완성도기준지급조건부 건설용역

다음의 조건을 충족하는 경우 완성도기준지급조건부 건설용역에 해당합니다.

① 대가의 수령방법은 건설공사의 완성도에 따라 대가를 분할수령합니다.

② 대가 지급시기는 도급계약서에 정합니다.

③ 공사기간 또는 계약 기간 등 기간요건은 없습니다.

예를 들어 기성금 청구는 월 1회이며 지급 약정 시기는 목적물 수령일로부터 30일 이내인 경우 6월 말일에 기성금을 청구하고 7월 15일에 수령한 후 세금계산서를 발행한 경우 올바른 세금계산서입니다.

반대로 지급약정일 7월 30일을 넘겨서 8월 10일에 기성금을 수령하고 이 날짜로 세금계산서를 발행한 경우는 잘못 발급된 세금계산서로써 당초 약정일인 7월 30일을 작성일자로 세금계산서를 발행해야 합니다.

따라서 **실무에서 지급하기로 약정한 시기를 경과해서 대금을 수령한 경우 본래의 약정한 시기를 해당일자로 세금계산서를 발급해야 함을 주의**해야 합니다.

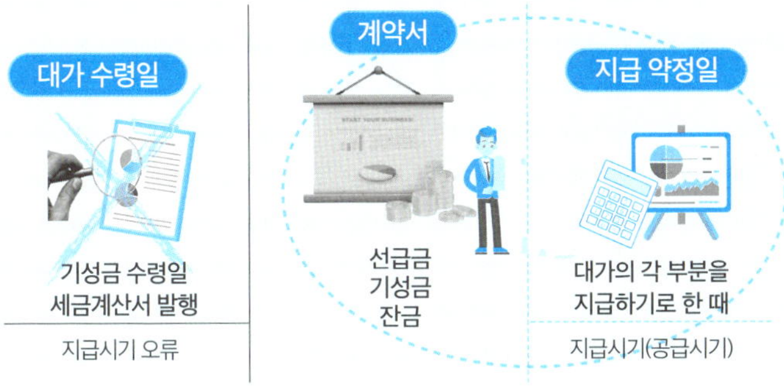

전자세금계산서 발급기한은 공급시기가 속하는 달의 다음 달 10일까지입니다.

3. 완성도기준지급조건부 세부적용 기준

① 기성금 청구 및 수령

사업자가 완성도기준지급 또는 중간지급조건부 건설용역의 공급계약서상 특정 내용에 따라 해당 건설용역에 대하여 검사를 거쳐 대가의 각 부분의 지급이 확정되는 경우에는 검사 후 대가의 지급이 확정되는 때를 그 공급시기로 봅니다.

기성부분에 대한 대가를 기성고 확정일로부터 약정된 날까지 지급받지 못한 때에는 그 약정일의 종료일이 공급시기가 됩니다.

② 준공금 청구 및 수령

완성도기준지급조건부로 건설용역을 공급함에 있어 당사자의 약정에 의하여 준공검사일 이후 잔금을 받기로 한 경우 해당 잔금에 대한 공급시기는 건설용역의 제공이 완료되는 때로 합니다.

③ 법원 소송 중인 경우

완성도기준지급조건부로 건설용역을 공급하면서 당사자 간 기성금 등에 대한 다툼이 있어 **법원의 판결에 의하여 대가가 확정되는 경우 해당 건설용역의 공급시기는 법원의 판결에 의하여 대가가 확정되는 때**로 합니다.

07

Q 잔금 수령 및 세금계산서 발행은 어떻게 하나요?

A 건설용역이 완료되는 시기에 세금계산서를 발행해야 하며, 완료일이 불분명한 경우 준공감사일을 완료일로 봅니다.

잔금에 대한 공급시기는 공사완료일이며 건설용역 제공의 완료 여부가 불분명한 경우에는 준공검사일(사용승인일)을 공급시기로 보고 있으며, 공급시기가 도래하면 세금계산서를 발급하도록 되어 있습니다.
잔금 정산 시점에서 준공 지연, 분쟁 발생 등의 사유로 세금계산서 발급을 미루는 경우 공급시기가 잘못되므로 주의해야 합니다.

준공검사:
건축물의 건축 또는 공작물의 설치, 토지의 형질변경, 토석의 채취에 대한 개발행위허가를 받은 자는 그 개발행위를 마치면 특별시장·광역시장 ·특별자치시장·특별자치도지사·시장 또는 군수의 준공검사를 받게 됩니다.

사용승인:
법령 등에 의해 규제를 받고 있는 토지나 건물 등의 사용을 특히 인정하는 것, 혹은 신축된 건물이 건축 기준법 등에 적합하다는 것을 확인하여 사용을 인정하는 것을 말합니다.

1. 공사완료일과 준공검사일이 다른 경우

실질적으로 건설용역의 제공이 완료된 시기가 공급시기가 되며, 당초 계약서 및 변경계약서와 거래내용 등을 종합하여 사실판단하게 됩니다.
공사가 실질적으로 완료되었고 잔금을 지급한 시기가 공사완료일로 되어 있다면, 당초 계약서상 대금을 지급하기로 한 때가 공급시기가 됩니다.
공사 완료시점이 불문명한 경우 준공검사일(사용승인일)을 공급시기로 본다는 의미입니다.

2. 공사완료일이 늦추어지고 있는 경우(공기지연)

겨울철 공사 또는 돌관공사 등의 사유로 준공예정일에 준공이 되지 않은 경우로서 공사가 계속되는 경우는 실제 건설용역의 제공이 완료되는 때를 공급시기로 하여 세금계산서를 발행하게 됩니다.

3. 준공일 이후 대가를 지급하기로 한 경우

건설용역이 완료된 시점에는 모든 세금계산서가 교부되어야 하는 것으로, 대가를 건설용역이 완료된 이후 30일 이내에 받기로 하는 계약이라 할지라도 건설용역이 완료된 때에 모든 세금계산서를 교부해야 합니다.
당사자의 약정에 의해 준공검사일 이후에 잔금을 받기로 한 경우라도 건설용역의 완료시기가 공급시기가 되는 것입니다.

4. 준공 이후 하자보수공사가 진행 중인 경우

신축건물에 대한 사용승인일 이후에 단순한 하자보수나 마무리공사가 계속되는 경우 해당 사용승인일을 건설용역이 완료된 공급시기로 보게 됩니다.

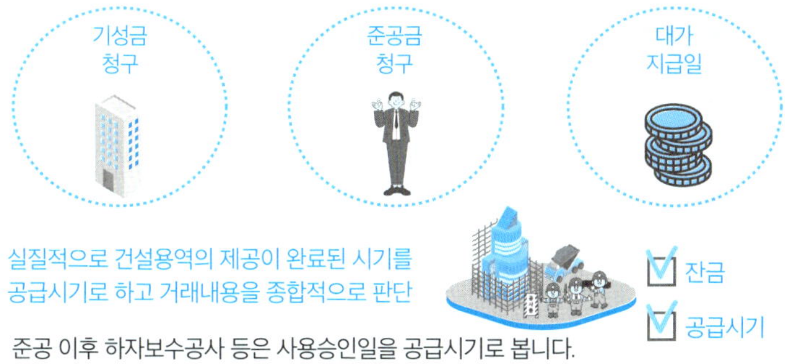

실제 공사완료일에 대한 추후 입증의 필요성을 감안하여 작업일보, 현장사진 등을 구비하는 것이 좋습니다.

5. 준공검사(사용승인) 후 추가공사가 진행 중인 경우

준공검사일 이후에 실제로 추가공사 및 보완공사를 진행한 것이 확인되는 경우에는 마무리 및 보완공사가 완료된 날을 공급시기로 봅니다.

추가공사: 당초의 계약 이외의 공사로, 계약 성립 후의 계약공사

6. 준공 이후 공사대금이 증액 또는 감액된 경우

공사가 완료된 이후에 당사자 간 합의에 의하여 공사대금이 증액되거나 감액된 경우 합의일을 작성일자로 하여 증액(감액)된 만큼 수정세금계산서를 발급하면 됩니다.

계약의 변경에 따라 공급가액이 추가되거나 차감되는 금액에 대해서 증감 사유가 발생한 날을 작성일자로 적고 추가되는 금액은 검정색으로, 차감되는 금액은 붉은색으로 표기하여 수정세금계산서를 발행하게 됩니다.

7. 준공 이후 공사대금 관련 소송 진행 중인 경우

공사진행 중에 도급금액에 대한 다툼이 있어 사용승인 이후에 도급금액 변경소송을 제기하여 도급금액이 판결에 의하여 확정되는 경우 공급시기는 대법원 확정판결일이 됩니다.

다만, 하급심에서 소송이 종결되는 경우에는 상고기한 종료일이 공급시기가 됩니다.

08

Q 국민주택 건설공사는 면세 대상인가요?

A 건설업 면허를 보유한 건설회사가 수행하는 국민주택 이하 규모 건설용역은 면세 대상으로 계산서 발행 대상입니다.

1. 건설용역 면세 대상

주택법에 의한 국민주택 규모 이하의 주택에 대하여 면세 대상으로 규정하고 있으므로 건축법 등에 의한 주거용 건축물 중 85제곱미터 이하의 경우 과세 대상입니다.

주택법에 의한 국민주택규모 이하의 주택 건설공사 용역의 공급은 부가세법상 면세 대상으로 규정하고 있습니다.

수도권의 경우 85제곱미터 이하, 읍 · 면지역의 경우는 100제곱미터 이하인 주택이 대상이며, 콘도 · 별장 · 농가주택 등은 제외됩니다.

그러나 주의할 점은 **건설산업기본법등 법률에 의하여 건설업 등록을 한 자가 공급하는 건설용역이며, 시공범위가 보유면허에 적합한 경우만 면세 대상**입니다.

따라서 **무등록 건설업자의 건설용역 또는 보유면허와 무관한 건설용역은 과세 대상**입니다.

종전에는 등기면적을 기준으로 과세되었으나 현재는 가구당 전용면적 기준으로 85m² 이하의 경우는 면세, 85m² 초과하는 경우는 과세로 판단을 합니다.

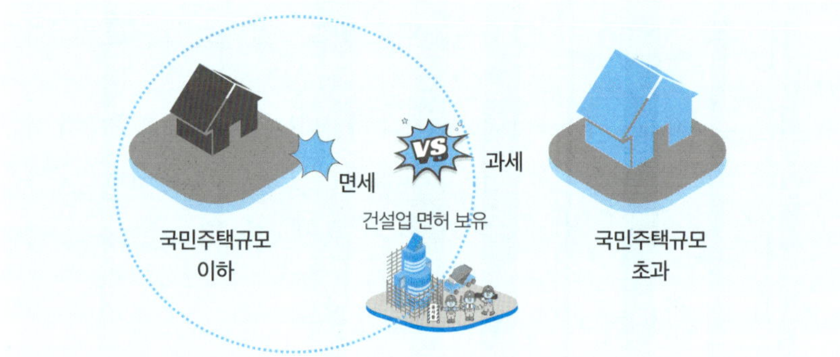

2. 다가구주택 면세

다가구주택이란 주택으로 쓰이는 층수(지하층 제외)가 3개층 이하이고, 1개 동의 주택으로 쓰는 바닥면적(지하주차장 면적 제외)의 합계가 660제곱미터 이하이며, 19세대 이하가 거주할 수 있는 주택을 말합니다.

다가구주택의 층수를 산정함에 있어서 1층의 전부 또는 일부를 필로티 구조로 하여 주차장으로 사용하고 나머지 부분을 주택 외의 용도로 쓰는 경우에는 해당 층을 주택의 층수에서 제외합니다.

다가구주택은 건축법에 의한 용도는 건축물의 종류상 단독주택에 해당합니다.

다가구주택의 경우는 가구별로 등기가 되지 아니하고 전체 면적에 대하여 등기됨으로써 사실상 층별 가구원별로 소유하고 있음에도 불구하고 등기부상에는 지분으로만 표시되고 있습니다.

3. 다세대주택 면세 대상

다세대주택이란 주택으로 쓰이는 층수(지하층 제외)가 4개층 이하이고, 연면적이 660제곱미터 이하이고, 1개 동의 주택으로 쓰는 바닥면적(지하주차장 면적 제외)의 합계가 660제곱미터 이하이며, 19세대 이하가 거주할 수 있는 주택을 말합니다.

다세대주택은 각 세대별로 등기를 별도로 하여 소유나 분양이 가능하며 세대별로 구분등기가 되므로, 1세대당 전용면적 기준으로 과세면세 판단을 합니다.

4. 다중주택 면세 대상

다중주택이란 다음의 요건을 갖춘 주택을 말합니다.

① 학생 또는 직장인 등 다수인이 장기간 거주할 수 있는 구조로 되어 있을 것

② 독립된 주거의 형태가 아닐 것

③ 연면적이 330제곱미터 이하이고 층수가 3층 이하일 것

다중주택의 경우 국민주택규모의 해당 여부는 1동 전체의 전용면적을 기준으로 판단합니다.

단독주택의 경우도 마찬가지로 1동 전체의 전용면적을 기준으로 판단합니다.

다중주택:
건물의 연면적이 330㎡ 이하이고 층수(지하층은 제외)가 3개층 이하인 단독주택형 주거용 건축물로서 다수인이 장기간 거주할 수 있도록 각 주거 구획별로 독립공간을 확보하되 화장실, 샤워실 등 주거생활의 일부는 공동으로 사용할 수 있도록 설치된 주택을 말합니다.

5. 도시형생활주택 면세 대상

300세대 미만의 국민주택규모에 해당하는 주택으로서 국토의 계획 및 이용에 관한 법률에 따른 도시지역에 건설하는 원룸형 주택, 단지형 연립주택, 단지형 다세대주택을 말합니다.

도시형생활주택은 당연히 국민주택규모에 해당하여 면세 대상입니다.

도시형 생활주택의 경우 하나의 건축물에는 도시형 생활주택과 그 밖의 주택을 함께 건축할 수 없습니다.
단, 원룸형 주택과 주거전용면적이 85m^{2}를 초과하는 주택 1세대를 함께 건축하는 것과 준주거지역 또는 상업지역에서는 원룸형 주택과 그 밖의 주택을 함께 건축하는 것은 가능합니다.

6. 기타사항

국민주택을 건축하는 자로부터 직접 도급받아 공급하는 원도급 공사뿐만 아니라 하도급을 받아 공급하는 경우에도 부가세가 면세 대상에 해당됩니다.

발주자로부터 자재를 인도받아 건설용역을 제공하거나 노무용역만을 하도급 받아 제공하는 경우도 면세 대상입니다.

국민주택에 부수되는 부대시설 등의 건설용역도 포함되며, 모델하우스 건설용역도 부가세 면세 대상입니다.

국민주택 철거용역에 대해서는 면세가 적용되지만, 건설폐기물 수집 운반 처리 용역에 대해서는 과세됩니다.

국민주택 리모델링 건설용역 역시 면세 대상에 해당하며, 건축사법 등에 의한 국민주택 설계용역은 면세 대상입니다.

09

Q 수정세금계산서 발급사유와 방법은 어떻게 되나요?

A 세금계산서 발행 후 계약의 해제 또는 해지, 공급가액 변동 등 사유로 수정하여 발급할 사유가 발생하면 수정세금계산서를 공급시기에 맞게 발행해야 합니다.

1. 수정세금계산서

수정세금계산서란 발급한 후 그 기재사항에 관하여 착오나 정정 등의 사유가 발생하는 경우 발급하는 것을 말합니다.

2. 재화의 환입 수정세금계산서(자재 반품)

환입(반품)이 발생한 금액에 대하여 마이너스 세금계산서를 발급하고, 공급시기는 환입이 발생한 날이 되며, 당초 세금계산서 발급일자를 부기합니다.
이 경우 발급기한은 환입된 날이 속하는 달의 다음 달 10일까지 발급하여야 하며, 작성일자는 소급하지 않음에 주의해야 합니다.

3. 계약의 해제 수정세금계산서

계약의 해제가 발생한 경우 마이너스 세금계산서를 발급하고, 공급시기는 계약 해제일이 되며, 당초 세금계산서 발급일자를 부기합니다.
이 경우 발급기한을 넘겨서 발급되면 가산세가 있다는 것에 주의해야 합니다.

4. 계약금액 변동 수정세금계산서

당초 계약금액과 다르게 증감의 변동이 발생하면, 증가의 경우는 플러스세금계산서, 감소의 경우는 마이너스 세금계산서를 발급하고 **공급시기는 변동사유 발생일이 되며, 당초 세금계산서 발급일자를 부기합니다.**

재화의 환입 또는 계약의 해제 등으로 사유가 발생한 날 정당하게 세금계산서를 수정 발행한 경우 매출자와 매입자 모두 가산세 적용은 해당 사항이 없습니다.

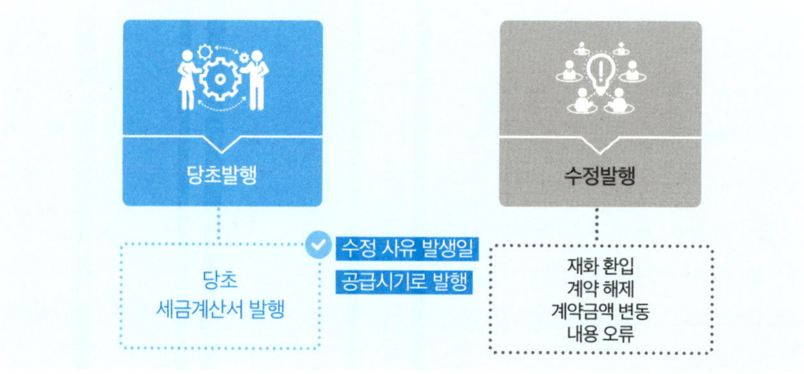

5. 필요적 기재사항 오류 수정세금계산서

필요적 기재사항이란 공급하는 자의 사업자번호 명칭, 공급받는 자의 등록번호, 공급가액과 부가세, 작성연월일을 말합니다.

이러한 필요적 기재사항의 오류가 있는 경우 마이너스 세금계산서 1장, 그리고 정확한 세금계산서 1장이 발행되어야 합니다.

① 필요적 기재사항을 착오로 잘못 입력한 경우

당초 세금계산서 작성일자가 공급시기가 되는 것이며, 착오의 경우는 착오사실을 인식한 날을 공급시기로 하여 발행합니다.

② 필요적 기재사항을 착오 외의 사유로 잘못 입력한 경우

공급받는 자를 잘못 기재한 경우 재화 또는 용역의 공급시기가 속한 과세기간의 확정신고 기한까지 공급받는 자를 수정하는 세금계산서를 발행할 수 있으며, 이 경우 가산세는 적용되지 않습니다.

확정신고 기한 이후 발행하게 되면 미발급에 해당되므로, 공급자는 공급가액의 2% 가산세가 적용되며 매입자는 매입세액 불공제됩니다.

수정사항	착오 여부
공급자의 등록번호 성명 또는 상호	착오
공급받는 자의 등록번호	**착오 외**
공급가액과 부가가치세액	착오
작성연월일	착오

필요적 기재사항 착오로 잘못 입력한 경우라도 아래의 경우는 수정세금계산서를 발행할 수 없습니다.

① 세무조사 통지를 받은 경우
② 세무공무원이 과세자료 수집이나 현지출장이나 확인업무에 착수한 경우
③ 세무서장으로부터 과세자료 해명안내 통지를 받은 경우

6. 착오에 의한 이중발급 수정세금계산서

당초 세금계산서 작성일자를 공급시기로, 마이너스 세금계산서 착오사실을 인식한 날까지 발급하도록 하고 있습니다.

7. 면세 등 발급대상 아닌 거래 발행한 수정세금계산서

당초 세금계산서 작성일자를 공급시기로, 마이너스 세금계산서를 착오사실을 인식한 날까지 발급하도록 하고 있습니다.

8. 세율을 잘못 적용한 경우 수정세금계산서

당초 세금계산서 작성일자를 공급시기로, 잘못 적용한 부분에 대하여 마이너스 세금계산서 1장, 정확한 세금계산서 1장을 착오사실을 인식한 날까지 발급하도록 하고 있습니다.

10

Q 변경계약이 발생하면 수정세금계산서를 발행해야 하나요?

A 건설업 특성상 계약이 체결된 후에도 변수가 발생하는 경우 수시로 변경계약이 체결되므로, 변경계약에 의한 수정세금계산서가 발행되게 마련입니다.

1. 건설공사 계약특성

건설공사 내용에 변경이 발생하는 경우 건설공사 변경도급계약서를 정확하고 상세하게 작성하고, 계약 당사자들은 계약서에 날인하고 각각 1통씩 보관해야 합니다.

건설공사의 도급계약이 유효하게 확정되었다면 그 확정된 계약 내용대로 이행하여야 하며, 계약 체결 후에는 계약금액 등 이미 확정된 계약내용을 변경할 수 없도록 계약금액 사전확정주의를 원칙으로 하고 있습니다.
그러나 실무상 예정공정대로 공사를 진행하고, 변수가 있을 경우 수시로 변경계약을 체결할 수밖에 없는 구조이며 증액계약 · 감액계약이 수시로 체결되고 있습니다.
건설공사 프로젝트는 계약 이후 여러 여건변화와 예기치 못한 계약변경 요인이 발생하며 이에 따라 공법, 기간, 금액 등을 계약당사자 간 청구와 수락의 절차를 통해 합의하게 되며, 합의가 이루어지지 않는 경우에는 분쟁의 해결절차로 이행됩니다.

2. 건설공사 설계변경

추가공사대금 지급에 대하여 분쟁이 발생할 경우 추가공사한 사실과 추가공사대금을 지급하기로 약정한 사실에 대하여 수급인에게 입증책임이 있습니다.

설계변경이란 시공방법의 변경, 투입자재의 변경, 공사량의 증감 등이 발생하는 경우에는 추가공사비가 발생하므로 계약금액을 조정해야 합니다.
수급사업자는 설계변경 사항이 발생할 경우 일반적으로 선시공하고 후정산하므로 고의로 설계변경을 지연하거나 부인한다면 선시공분에 대한 금액을 보전받지 못하여 자금경색이 발생하고, 이러한 현장이 여러 곳이 있으면 바로 부실로 이어지므로 계약관리면에서 가장 유의할 부분입니다.

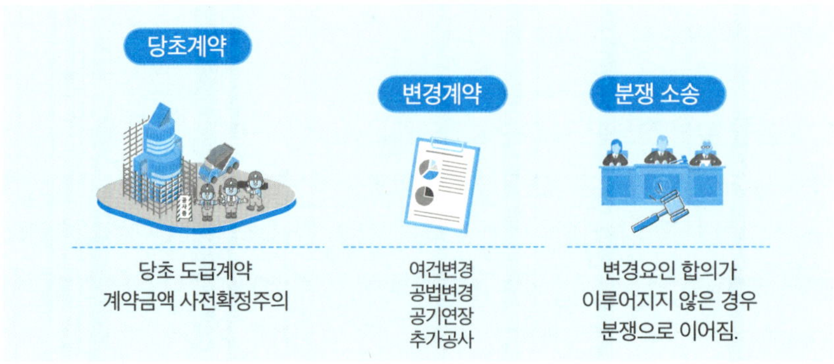

3. 건설공사 공기연장

공기연장이란 건설공사기간이 연장되는 것을 말합니다.

공사기간의 연장으로 인하여 시공자가 그 연장된 기간 동안 당초 계약금액 외에 추가로 지출하는 제비용으로 간접비가 문제됩니다.

공사기간이 연장될 경우 직접공사비는 공사물량 변동이 없는 이상 재료비, 노무비 투입의 조정을 통하여 그 증가를 억제할 수 있지만, 간접비는 공사현장의 유지관리를 위한 간접노무비를 줄이거나 현장사무소를 철수할 수 없으므로 간접비는 본질적으로 고정비적 성격을 갖기 때문에 공기연장에 대해서도 증액계약을 맺지 못하면 손실로 이어지게 됩니다.

4. 물가변동 증감조정(ESC)

ESC란 물가변동으로 인한 계약금액의 증감조정(Escalation / De-Escalation)인데, 공사계약이 체결 후 일정기간이 경과되고 계약금액을 구성하는 각종 품목 또는 비목의 가격이 일정 폭 이상 상승 · 하락하여 물가변동이 있는 경우, 계약금액을 증감 조정함으로써 계약당사자의 부담을 감소시켜주는 제도인데, 이는 관급공사의 경우에만 주로 보게 됩니다.

물가변동으로 인한 계약금액 조정은 국가계약법에 규정한 제도이며, 일명 Escalation이라고도 하며, 약자로 ESC라고 칭합니다.

위와 같은 사유로 증액계약 또는 감액계약이 발생한 경우는 수정세금계산서를 발행해야 합니다.

변동사유가 발생한 날(즉, 변경계약일입니다)을 공급시기로 하여 증감된 부분에 대하여 플러스 또는 마이너스 세금계산서를 변경계약일 익월 10일까지 발급하면 됩니다.

5. 변경계약과 손익의 귀속

당초 건설공사 계약이 체결되고 시간이 지난 뒤 변경사유가 발생하고 이에 대한 계약당사자 간 합의 및 변경계약이 체결될 수밖에 없습니다.

당초 공사계약이 체결된 과세기간을 지나서 변경계약이 확정되는 경우, 확정된 날을 공급시기로 하여 세금계산서를 발행하고 가산세는 적용되지 않습니다.

법인세법상 익금과 손금의 귀속시기는 권리의무 확정주의에 의하고 있습니다.

따라서 변경계약이 체결된 경우 계약금액이 증가하던 감소하던 변동이 확정된 날이 속하는 사업연도의 익금과 손금에 반영하게 되고 가산세 문제는 없습니다.

구분	공급시기 및 손익의 귀속
세금계산서 발행	변경사유 발생일
법인세법상 손익의 귀속	변경계약이 확정된 날

11

Q 건설공사 계약해제된 경우 수정세금계산서 발행은 어떻게 하나요?

A 건설공사 계약이 해제(타절)된 경우 수정세금계산서를 발행해야 합니다.

1. 건설업 계약 해제

> 건설회사가 계약조건에 위반하여 계약해제 통지를 받은 경우에도 건설회사는 그동안 공사를 완성한 기성금에 대하여 청구할 수 있습니다.

건설업 계약의 해제란 상대방에게 채무불이행 등 일정한 사유가 발생한 경우 당사자 일방이 상대방에게 해제의사 표시를 하여, 계약의 효력을 소급적으로 소멸시키는 것을 말합니다.

계약의 해지는 계속적 거래관계에서 상대방에게 의사표시를 하여 계약의 효력을 장래에 향하여 소멸시키는 것을 말합니다.

이러한 계약의 해제는 건설업의 경우 크게 두 가지로 분류됩니다.

약정해제란 도급계약을 체결할 때 해제사유를 계약조건에 규정하고, 이러한 해제사유가 발생할 경우 상대방에게 도급계약을 해제하는 것을 말합니다.

합의해제란 도급계약 쌍방의 합의에 의해 기존계약의 효력을 소멸시키는 것으로, 처음부터 계약이 체결되지 않았던 것과 같은 상태로 복귀시킬 것을 내용으로 하는 새로운 계약을 말합니다.

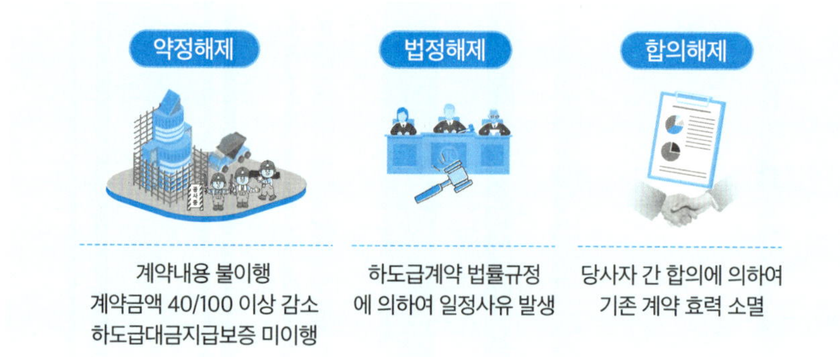

2. 건설공사 계약 해제 사유

① 약정해제

도급계약을 체결할 때 일반적으로 약정해제 사유는 다음과 같습니다.

가. 계약조건에 위반하여 그 위반으로 인하여 계약 목적을 달성할 수 없다고 인정될 때

나. 정당한 이유 없이 계약내용을 이행하지 아니하고 그 위반으로 공사를 완성하는 것이 불가능한 때

다. 공사내용을 변경함으로써 계약금액이 40/100 이상 감소한 때

라. 정당한 이유 없이 하도급대금지급보증을 하지 아니한 때

이러한 사유가 발생한 경우 서면으로 상당한 기간을 정하여 계약의 이행을 최고한 후 동 기간 내에 계약이 이행되지 않으면 계약을 해제할 수 있습니다.

② 법정해제

하도급계약에 대해 법률의 규정에 의하여 일정한 사유가 발생할 경우 당사자 일방이 상대방에게 도급계약을 해제할 수 있으며, 손해가 발생한 경우 귀책사유 있는 상대방에게 손해배상을 청구할 수 있습니다.

③ 합의해제

당사자가 합의하여 계약의 효력을 소멸시키기로 하는 새로운 계약이므로, 합의해제 시 손해배상청구에 대한 특약이나 당초 계약에 있는 손해배상 조항을 유보하기로 하는 의사표시 등이 없었다면 상대방에게 손해배상을 청구할 수 없습니다.

3. 건설공사 타절 시 유의사항

공사포기와 관련하여 당사자는 일체의 민 · 형사상 이의를 제기하지 않는다는 내용과 공제조합 계약보증서에 대한 권리를 주장하지 않기로 한다는 내용을 담아서 공사타절 합의서 작성을 해야 합니다.

공사 도급계약이 해제가 된 경우 해제한 때의 상태 그대로 공사목적물을 인도하여야 하며, 환성도 등을 참작하여 인도받은 공사목적물에 상당한 보수를 지급해야 합니다.

도급계약서상 계약보증에 관한 사항을 꼼꼼히 확인해야 합니다.
또한 계약보증서 보증약관이 위약벌, 귀속 조항인지 실손보상 조항인지 확인해야 합니다.

4. 계약 해제와 수정세금계산서

계약이 해제된 경우 음(−)의 세금계산서를 발급하며, 공급시기는 계약 해제일로 하며, 비고란에 당초 세금계산서 발급일자를 부기합니다.

발급기한은 해제일이 속하는 달의 다음 달 10일까지이며, 이 기한을 넘기면 가산세가 부과되므로 주의해야 합니다.

법인세법상 손익의 귀속은 권리의무 확정주의에 의하여 도급계약이 해제된 경우 도급계약이 해제된 날이 속하는 사업연도의 익금과 손금으로 반영합니다.

건설업의 경우 계약해제에 대비하여 계약 보증서가 발행되고, 해제 시 계약보증금이 청구됩니다.

12

Q 세금계산서를 착오로 발행한 경우 수정 발행은 어떻게 하나요?

A 세금계산서 기재사항에 착오가 있는 경우 최대한 신속하게 수정세금계산서를 발행해야 합니다.

공급받는 자 사업자등록번호를 잘못 기재한 경우는 착오 외 사유에 해당되므로 수정세금계산서는 당초 발행일이 속하는 과세기간의 확정신고 기한까지 발행해야 하며, 그 이후 발급하는 경우 미발급에 해당됨에 주의해야 합니다.

1. 착오에 의한 세금계산서

과세관청에서 경정결정하기 전까지 수정세금계산서를 발급할 수 있는 것으로, 당초 공급가액 등 필요적 기재사항 착오에 의해 수정세금계산서를 발급하는 경우에는 처음에 발급한 세금계산서의 내용대로 부(−)의 세금계산서를 발급하고, 수정한 세금계산서를 발급하는 것을 말합니다.

2. 착오에 의한 경우와 착오 외의 경우

① 필요적 기재사항을 착오로 잘못 입력한 경우

당초 세금계산서 작성일자가 공급시기가 되는 것이며, 착오의 경우는 착오사실을 인식한 날을 공급시기로 하여 발행합니다.

② 필요적 기재사항을 착오 외의 사유로 잘못 입력한 경우

공급받는 자를 잘못 기재한 경우 재화 또는 용역의 **공급시기가 속한 과세기간의 확정신고 기한까지 공급받는 자를 수정하는 세금계산서를 발행**할 수 있으며, 이 경우 가산세는 적용되지 않습니다.

확정신고 기한 이후 발행하게 되면 미발급에 해당되므로 공급자는 공급가액의 2% 가산세가 적용되며, 매입자는 매입세액 불공제됩니다.

수정사항	착오 여부
공급자의 등록번호 성명 또는 상호	착오
공급받는 자의 등록번호	착오 외
공급가액과 부가가치세액	착오
작성연월일	착오

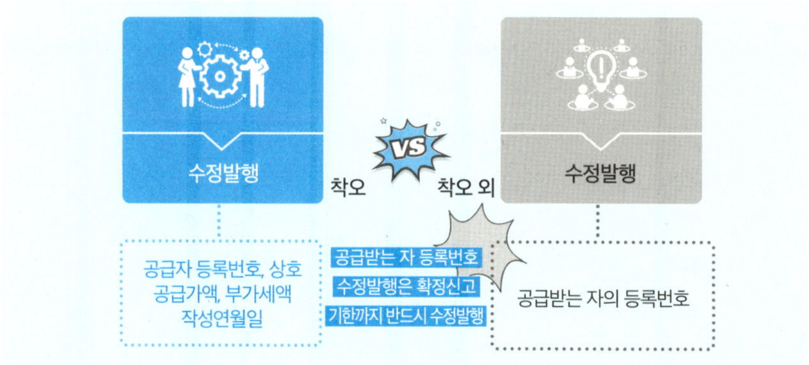

3. 착오에 의한 세금계산서와 가산세

당초 공급가액을 착오로 기재한 경우 당초 세금계산서 내용대로(공급가액 등 당초 내용과 동일하게 기재) 부(-)의 세금계산서를 발급하고 정정하고자 하는 내용을 기재한 세금계산서를 발급한 경우 세금계산서 관련 가산세는 적용되지 않습니다.

공급받는 자의 사업자 등록번호를 당초 잘못 기재하여 발행하고 추후 수정할 경우 세금계산서 지연발급(수취) 및 미발급(미수취)에 해당하므로 주의해야 합니다.

단, 공급가액을 착오 기재한 세금계산서에 의해 부가가치세를 신고납부한 이후 수정세금계산서를 발급하여 당초 부가가치세 신고 시에 과세표준 및 세액을 과소신고 납부한 경우에는 신고불성실 및 납부불성실가산세는 적용됩니다.

20×1년 3월 10일에 공급받는 자를 잘못 기재하여 공급가액 2억 원, 부가세 2천만 원으로 발행한 경우 수정발행은 확정신고기한인 7월 25일까지 발행해야 합니다. 만일 8월 10일 수정발행했다면 세금계산서 미발급에 해당되어 공급가액 2억 원의 2%인 400만 원이 가산세로 적용되고, 매입자는 2천만 원 매입세액을 공제받을 수 없습니다.

구분	매출자	매입자
지연발급 (지연수취)	1% 가산세	0.5% 가산세
미발급 (미수취)	2% 가산세	매입세액 불공제

4. 폐업한 자에 대한 수정세금계산서

폐업일 전에 세금계산서를 발행하였으나, 폐업 후 수정세금계산서 발급사유가 발생한 때에 공급받는 자 또는 공급자가 폐업한 경우에는 공급일이 속하는 과세기간에 대한 확정신고기한까지 수정세금계산서를 발행할 수 있으며, 확정신고기한까지 수정세금계산서를 발행한 경우 가산세 적용은 없습니다.

확정신고기한을 경과한 경우에는 세금계산서 수정발행이 불가능하므로 공급가액 변동사유 발생일이 속하는 과세기간의 매출 과세표준에서 차감하여 신고하여야 하며, 이 경우 세금계산서불성실가산세가 적용됩니다.

5. 과세 면세 착오발행

최초에 발행한 세금계산서의 내용대로 음의 표시를 하여 발행합니다.

부가가치세가 면제되는 용역을 공급하면서 계산서를 교부하는 대신 부가가치세가 과세되는 것으로 착오하거나 부지로 부가가치세법상 세금계산서를 교부한 경우에는 법인세법 제121조 제6항에 따라 계산서를 작성·발급한 것으로 보아 같은 법 제76조 제9항에 따른 계산서 미발급가산세를 적용하지 않습니다.

13

Q 건설업 분쟁(중재, 소송)의 경우 세금계산서 발행은 어떻게 하나요?

A 건설공사 분쟁으로 인하여 세금계산서를 발행하지 못한 경우 확정판결일을 공급시기로 하여 세금계산서를 발행하면 됩니다.

1. 건설업 분쟁과 세금계산서

소송절차의 어느 단계에서든 다툼이 있는 사건의 경우 1회 이상 화해권고 결정을 하거나 조정에 회부하여 분쟁을 해결하는 것을 권장하고 있습니다.

건설업은 계약금액이 크고 용역이 제공되는 기간도 상당히 길기 때문에 다양한 케이스의 분쟁이 발생하게 됩니다. 건설업 분쟁이 발생하고 당사자 간 합의가 이루어지지 않는 경우 소송 전단계로 상사중재원 또는 공정거래위원회의 중재절차에 의해 분쟁이 해결되는 경우가 있습니다.

건설용역을 제공하고 도급금액 증가에 대한 다툼이 발생하여 상사중재원 등의 중재판정에 따라 도급금액이 증감된 경우 세금계산서는 **중재판정의 정본이 각 당사자에게 정당하게 전달되는 때를 공급시기로 하여 수정세금계산서를 발행**합니다.

2. 법원의 확정판결과 수정세금계산서

분쟁 이전 당초 건설용역의 공급에 대한 세금계산서는 각각의 공급시기에 맞게 발행되어야 합니다. 그 후 공급가액의 증감이 발생한 부분에 대하여 확정판결일 등을 공급시기로 하여 수정세금계산서를 발행하는 것입니다.

분쟁이 발생한 경우 당사자 간 합의나 중재가 불가능한 때에는 결국 소송에 돌입하게 됩니다.

법원은 특별한 사정이 없는 한 소송 계속 중인 사건을 조정에 회부하여 당사자 사이의 상호 이해와 양보를 바탕으로 원만하게 해결되도록 유도하고 있습니다.

조정이 성립하지 않은 경우 조정회부 사건이 소송절차로 이행된 경우에는 재판부로 회부되어 원래의 소송절차를 속행하게 됩니다.

도급계약에 의하여 신축 완공 후 추가 건설공사 금액 등 당사자 간 다툼이 있어서 법원의 조정 또는 확정판결에 의하여 공급가액이 확정되는 경우에는 **조정조서정본이 송달된 날 또는 확정판결일자를 공급시기로 하여 수정세금계산서를 발행**하면 됩니다.

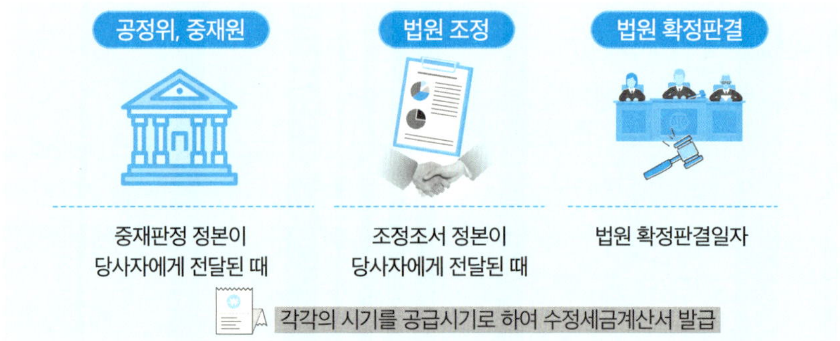

3. 공급자가 일방적으로 세금계산서를 발행한 경우

공급자가 일방적으로 발행하고 대가를 요구하는 경우 법적효력은 없지만 매입자가 이를 반려하거나 취소할 수 없어서 실무상 어려움을 겪게 됩니다.
이 경우 계약의 변경 및 당사자 간 합의 또는 판결에 의하여 공급가액 증감이 발생하는 경우 증감사유 발생일에 수정세금계산서를 발행하여야 합니다.

4. 공급자가 세금계산서를 발행하지 않는 경우

대가를 전액 지급하였음에도 불구하고 세금계산서를 수취하지 못한 경우는 매입자세금계산서발행제도를 활용하여 세금계산서를 수취하면 됩니다.
재화 또는 용역의 공급시기가 속하는 과세기간의 종료일로부터 6개월 이내에 거래사실을 확인할 수 있는 계약서, 출금증 등 객관적 서류를 첨부하여 거래사실 확인신청서를 신청인 관할 세무서장에게 제출하여 거래사실의 확인을 신청합니다.
거래사실 확인 통지를 받은 경우 공급자 관할 세무서장이 확인한 거래일자를 공급시기로 하여 매입자발행세금계산서를 교부받게 됩니다.

세금계산서를 발행해야 함에도 불구하고 거부한 경우 공급가액의 2% 가산세가 부과되고, 부가세 신고·납부 불성실가산세가 부과되며 법인세(소득세) 신고·납부 불성실가산세로 이어지게 됩니다.

5. 세금계산서가 발행되었으나 공사대금이 회수되지 않는 경우

건설용역을 제공하고 세금계산서를 발행하였으나 단순히 대금을 수령하지 못한 경우 부가세 환급대상은 아니고, 아래의 부가세법에 의해 대손세액공제 사유에 해당하는 경우에만 부가세 환급이 가능합니다.
① 상법에 의한 소멸시효(5년 → 민법단기소멸시효 3년)가 완성된 경우
② 어음법에 의한 소멸시효(3년)가 완성된 어음
③ 수표법에 의한 소멸시효(6개월)가 완성된 수표
④ 민법에 의한 소멸시효(10년)가 완성된 대여금 및 선급금
⑤ 회생계획인가(면책) 결정에 따라 회수불능으로 확정된 채권

6. 도급금액이 미확정된 경우 및 지급기일이 명시되지 않은 경우

이 경우 공급시기는 용역의 제공이 완료되고 그 공급가액이 확정되는 때로 합니다.
대가의 지급시기가 정하여지지 않은 경우는 용역 제공완료일을 공급시기로 하고, 용역 제공완료일이 불분명한 경우 준공검사일을 완료일로 보게 됩니다.

14

Q 건설공사대장 키스콘(KISCON) 입력(통보)은 반드시 해야 하나요?

A 원도급 및 하도급업자가 통보한 건설공사대장 기재사항을 체크하여 법령 위반 여부를 확인하고, 미통보 시 행정처분 대상이 됩니다.

건설업자는 도급계약을 체결한 날 또는 통보한 사항에 변경이 발생하거나 새로이 기재사항이 발생한 날로부터 30일 이내에 KISCON 건설공사대장에 입력 및 발주자에게 통보해야할 의무가 있습니다.

1. 건설회사 공사대장 KISCON 통보 및 제재

원(하)도급업자가 통보한 건설공사대장 기재사항을 상호 크로스 체크하여 법령 위반 여부를 확인하고 법령위반 여부가 발견되거나 허위로 통보한 경우 또는 미통보한 경우 건설업 행정처분의 대상이 됩니다. 발주자가 민간인지 공공인지, 상호, 법인등록번호, 이메일, 연락처 등 발주자 정보를 입력하게 됩니다.

도급의 종류, 계약방법, 입찰방법, 계약성질, 계약연월일, 착공연월일, 준공연월일, 도급금액 등의 내용을 입력하게 됩니다.

공사개요, 수급업체, 보증금, 공사대금수령, 현장기술인, 재하도급계약, 건설기계대여업체 등 해당하는 사항은 모두 입력해야 합니다.

공사명, 발주자, 공사개요 등 기본사항과 함께 도급계약내용, 발주자의 확인, 하도급 상황, 공사진척 및 공사대금수령상황, 사후관리 외에 하수급인 및 시공참여자 현황에 관한 사항을 작성합니다.

국토교통부장관이 지정 고시하는 정보통신망(건설산업정보시스템, http://www.kiscon.net)을 이용합니다.

2. 원도급 공사대장

원도급 공사의 경우 도급금액이 1억 원 이상인 건설공사를 도급받은 건설업자가 통보의무자가 됩니다.

도급계약 체결한 날 또는 통보한 사항에 변경이 발생하거나 새로이 기재사항이 발생한 날로부터 30일 이내에 입력 통보해야 하며, 의무 불이행 시 500만 원 이하의 과태료 부과대상이 됩니다.

도급금액 계산 시 부가세 포함 금액이며, 관급자재는 미포함 기준입니다.

원도급 공사대장에 하도급내역은 4천만 원 미만도 기재해야 합니다.

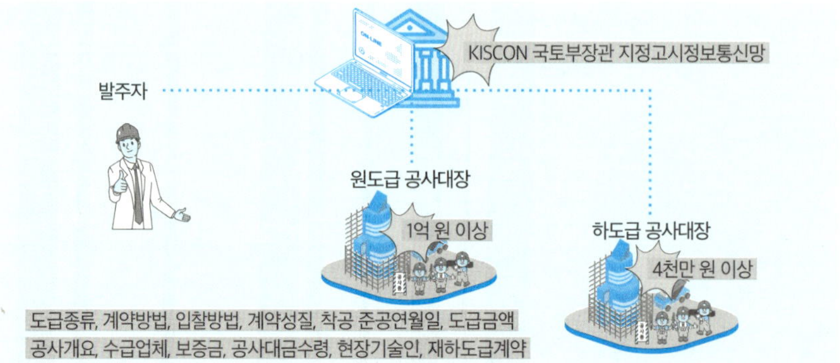

3. 하도급 공사대장

하도급 공사의 경우 도급금액이 4천만 원 이상인 건설공사를 도급받은 건설업자가 통보의무자가 됩니다.
도급계약 체결한 날 또는 통보한 사항에 변경이 발생하거나 새로이 기재사항이 발생한 날로부터 30일 이내에 입력 통보하여야 합니다.
의무 불이행의 경우 500만 원 이하의 과태료 부과대상이 됩니다.
종합 · 전문건설 업종을 불문하고 원도급받은 공사는 원도급 공사대장에, 하도급받은 공사는 하도급 공사대장에 통보하게 됩니다.

변경계약으로 인하여 1억 원 이상 또는 4천만 원 이상이 된 경우 통보대상이 됩니다.

건설공사와 비건설공사가 모두 있는 복합공사의 경우는 건설공사대장 작성하여 통보해야 합니다.

4. 통보대상 제외공사

다음의 경우 건설공사대장 통보대상에서 제외됩니다.
① 자기공사: 도급계약을 체결하지 않으므로 제외됨.
② 재하도급받은 공사: 건설산업기본법 규정없음.
③ 외국공사: 건설산업기본법의 적용을 받지 않음.
④ 전기, 통신, 소방, 문화재 공사 등 비건설공사

5. 건산법 위반 공사 및 공사대장 허위통보 제재

면허대여, 재하도급, 일괄하도급 공사는 건설산업기본법에서 금지하고 있지만 실무에서는 빈번하게 발생하고 있습니다.
키스콘 공사대장 목적 자체가 법령위반 여부를 확인하는 목적이 있기 때문에 건산법을 위반한 공사에 대해서는 공사대장 통보를 안하고, 실적신고를 안하고 있는 것이 현실입니다.
주의할 점은 하도급사의 경우 원도급사 요청에 따라 키스콘에 미통보한 경우 양 당사자가 협의하여 제출하지 않더라도 공제조합 계약보증서 발급 내역 등을 KISCON은 파악 가능하므로 미통보한 내역을 적출할 수 있습니다.
건설공사 이중계약 등 편법으로 발주관청에 하도급계약 내용을 허위로 통지한 경우 6개월 이내의 영업정지 또는 1억 원 이하의 과징금을 부과할 수 있습니다.

15 Q 건설업 실적신고는 언제 어떻게 하나요?

A 1차 실적신고(매년 2월)를 통해 공사실적을 신고하고, 2차 실적신고(매년 4월)를 통해 재무제표를 제출하고 시공능력평가액과 경영상태 평균비율이 기재됩니다.

건설업 실적신고를 통해 시공능력평가를 받고 경영상태 평균확인서를 발급받을 수 있습니다.

국토부장관은 발주자가 적정한 건설업자를 선정할 수 있도록 하기 위하여 건설업자의 신청이 있는 경우 건설업자의 건설공사실적, 자본금, 건설공사 안전, 환경 및 품질관리 수준 등에 따라 시공능력을 평가하여 공시하게 됩니다.

1. 공사실적신고(1차 실적신고)

건설공사실적은 부가세를 포함한 금액으로 신고합니다.

매년 2월 중순까지 전년도 공사실적을 신고하게 됩니다.

보유 업종별로 건설공사 기성실적 내역 신고서 및 실적 증명서를 작성해서 제출해야 합니다.

실적신고 서류제출 시 협회에서 요구하는 증빙서류가 정확하게 첨부되어 있는 경우에만 시공능력평가에 반영됩니다.

2. 재무제표 제출(2차 실적신고)

재무제표와 매출처별세금계산서합계표는 세무대리인의 확인(각장 날인 또는 간인)받은 서류로 제출해야 합니다.

실적신고 내용은 국세청에 통보되어 과세 기초자료로 활용되므로, 실적신고 내용과 세무서 신고 내용은 상이한 내용이 없어야 합니다.

결산과 세무신고가 종료된 후 재무제표와 매출처별세금계산서합계표를 제출하게 됩니다. 법인의 경우 4월 15일까지, 개인의 경우 5월 20일까지, 성실신고확인 대상 개인의 경우 6월 20일까지 제출해야 합니다.

제출된 재무제표를 토대로 시공능력평가 시 경영평가 요소로 활용되며, **평가된 경영상태 평균비율이 매년 7월 1일 공고되어 1년 동안 입찰참가자격 사전심사 등에 사용**됩니다.

3. 시공능력 평가요소

시공능력평가액 = 실적평가 + 경영평가 + 기술평가 + 신인도평가

① 공사실적평가: 3년간 가중평균액
② 경영평가: 실질자본금
③ 기술능력평가: 기술자
④ 신인도: 가점사항

한국기술인협회에 경력 신고한 경력자 자격등급을 취득한 건설기술자는 기술인협회 자료로 평가하므로 자격증 사본 제출이 불필요합니다.

4. 실적신고 유의사항

보유면허가 다수인 경우 업종별로 구분하여 신고해야 합니다.
기성실적증명서는 실적증명자(발주자 또는 수급인)의 정보(상호, 대표자, 전화번호, 법인사업자번호)가 누락없이 기재된 경우만 인정되므로 주의해야 합니다.
일괄하도급 공사, 재하도급 공사, 면허대여 공사, 직접시공의무 위반공사, 영업정치 처분위반 공사 등 **건설산업기본법을 위반한 공사실적은 실적으로 인정받을 수 없으며, 관할 등록관청에 행정처분을 의뢰**하도록 정하고 있습니다.
공사실적이 없는 경우에도 반드시 무실적 신고를 해야 시공능력평가액이 표기됩니다.

5. 최초 시공능력평가

신규로 건설업 면허 등록한 업체는 수시시공능력평가를 통해 최초로 시공능력평가를 받게 됩니다.
시공능력평가금액이 있어야 입찰참가자격 및 협력업체 등록이 가능하므로 건설업 등록 시 진행해야 합니다.

6. 경영상태 평균비율

종합건설업체와 전문건설업체의 경영상태 평균비율 항목은 아래와 같이 차이가 있습니다.

구분	전문건설업
전문건설업	유동비율, 부채비율
종합건설업	유동비율, 부채비율 차입금의존도 영업이익대비이자보상배율 매출액영업이익률, 매출액순이익률, 총자산순이익률 총자산대비영업현금흐름비율 최근연도자산회전율 건설부분기술개발투자비율

유동비율은 유동자산을 유동부채로 나누어 계산합니다.

부채비율은 부채총계를 자본총계로 나누어 계산합니다.

연구 및 인력개발비 세액공제를 받은 경우 기술개발투자비확인서를 세무대리인 확인받아 제출해야 합니다.

16

Q 공동수급(도급) 공사 세금계산서 발행은 어떻게 하나요?

A 공동수급업체 각자의 지분대로 세금계산서를 발행하는 것도 가능하고, 간사회사가 전부 발행하고 정산하는 것도 가능합니다.

1. 공동도급(수급)

공동도급이란 1개의 사업현장에서 둘 이상의 사업자(공동수급체)가 각각 자기의 지분 또는 공동의 지분에 대하여 사업을 수행하는 형태를 말합니다.

2. 공동도급계약의 유형

① 공동이행방식

건설공사 계약이행에 필요한 자금과 인력 등을 공동수급체 구성원이 공동으로 출자하거나 파견하여 건설공사를 수행하고 이에 따른 이익 또는 손실을 각 구성원의 출자비율에 따라 배당하거나 분담하는 공동도급계약을 말합니다.

공동이행방식의 경우 공동수급체의 대표회사가 단독명의로 체결한 하도급공사계약에 대해 공동수급체 구성원 전원이 하도급대금지급에 대한 연대책임을 부담하기 때문에 하수급인과 하도급공사계약을 체결하지 않은 공동수급체의 다른 구성원도 하수급인에게 하도급공사대금에 대해 지급 의무가 있습니다.

공동수급체 각 구성원이 자금을 출자하고 인원, 기자재를 동원하여
공사, 물자 또는 용역에 대한 계획·입찰·시공 등을 위하여 **공동연대하여 사업을 이행하는 방식**
(공동수급협정서에 의하여 각 구성원의 출자비율과 손익안분에 관한 사항 약정)

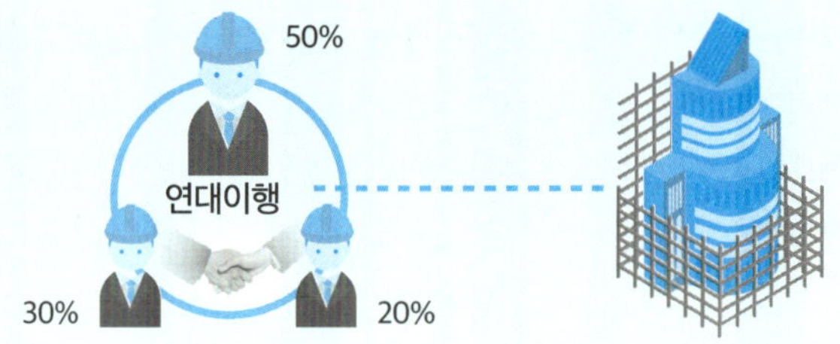

② 분담이행방식

건설공사를 공동수급체 구성원별로 분담하여 수행하는 공동도급계약을 말합니다.

공동수급체 각 구성원이 계약의 목적물을 분할하여 각각 그 **분할부분에 대하여 책임을 이행하고 손익을 계산**하고 **공동경비만을 분담공사 비율에 따라 각각의 구성원이 분담하여 공사를 이행**하는 방식
(공동수급협정서에 의하여 각 구성원의 공통경비 분담에 관한 사항 명시)

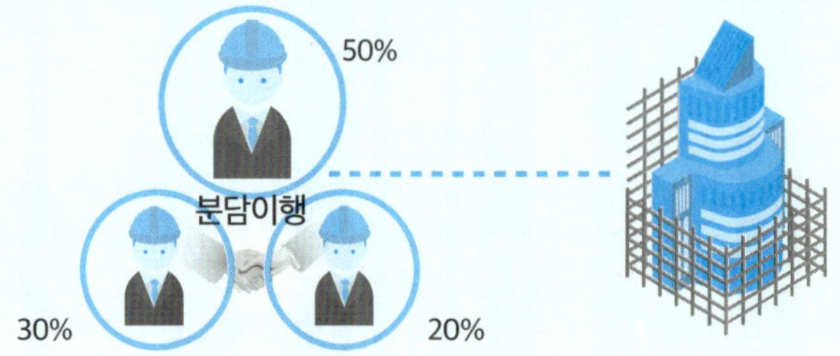

③ 주계약자관리방식

공동수급체 구성원 중 주계약자를 선정하고 주계약자가 전체 건설공사의 수행에 관하여 종합적인 계획·관리·조정을 하는 공동도급계약을 말합니다.

3. 공동도급(수급)과 세금계산서

① 매출세금계산서

공동수급체의 구성원 각자가 해당 용역을 공급받는 발주처에게 자기가 공급한 용역에 대하여 세금계산서를 발급하는 것이 원칙이나, 공동수급체의 대표사가 그 대가를 지급받는 경우에는 해당 공동수급체의 구성원은 각자 공급한 용역에 대하여 공동수급체의 대표사에게 세금계산서를 발급하고, 그 대표사는 발주처에게 세금계산서를 일괄하여 발급할 수 있습니다.

이 경우 발급한 세금계산서는 재화 또는 용역을 공급한 것이 아니므로 부가가치세 과세표준에 포함되지 아니하지만, 세금계산서합계표는 제출하여야 합니다.

대표 주간사가 발주자에게 기성금 청구 및 대금수령 후 수급체 구성원에게 출자지분별로 기성대금 지급

→ 대표 주간사는 발주자에게 세금계산서 발행
공동수급체의 구성원사는 공동수급체의 대표사에게 세금계산서 발행

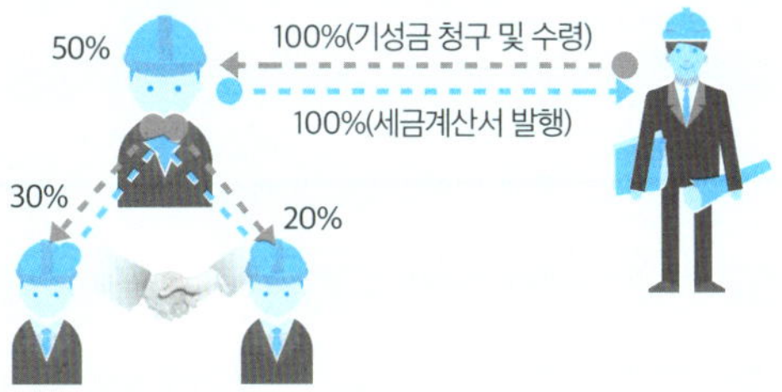

② 매입세금계산서

공동비용에 대한 세금계산서는 각각 발급받을 수 있는 경우에는 그 지분금액대로 각각 발급받을 수 있으며, 대표사가 전체를 발급받아 각 공동지분에 따라 나머지 구성원에게 세금계산서를 발급할 수 있습니다.

공사에 소요되는 재화 또는 용역을 다른 사업자로부터 공급받고 공동수급체의 주간사가 세금계산서 또는 영수증을 교부받은 경우 각각의 지분비율에 따라 안분하여 구성원에게 교부

→ 공동매입에 대하여 대표사가 세금계산서 수령
대표사가 공동수급체에게 세금계산서 발행

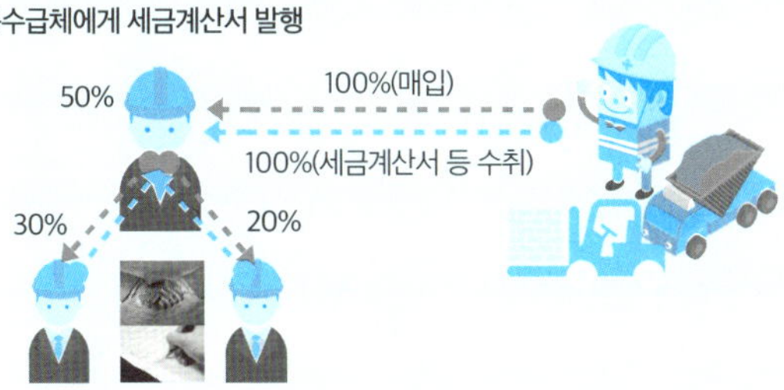

17

Q 하도급대금 직불 시 세금계산서 발행은 어떻게 하나요?

A 발주자가 하도급인에게 직접 공사대금을 지급하는 경우에도 하수급인은 원수급인에게 세금계산서를 발행해야 합니다.

하도급대금 직접지급합의 제도는 발주자가 하도급대금을 직접 수급사업자에게 지급하기로 한 발주자, 원사업자 및 수급사업자 간에 합의는 지명채권의 양도로 해석합니다.

1. 하도급대금 직불

하도급대금 직접지불이란 발주자가 수급인을 대신하여 하수급인에게 대금을 직접 지불하는 것입니다.

발주자의 하도급대금 직접지급의무의 범위는 특별한 사정이 없는 한 종합건설회사에 대한 대금지급의무 범위 안에서 부담하기 때문에, 종합건설회사가 발주자에게 받을 공사대금보다 초과하여 전문건설회사가 종합건설회사에게 받아야 할 공사대금이 있더라도 발주자는 종합건설회사에게 지급하여야 할 공사대금 범위 안에서 전문건설회사에게 하도급대금을 직접 지급할 의무가 있습니다.

2. 하도급대금 직불사유

하도급대금을 직접지불하여야 하는 사유는 다음과 같습니다.

① 발주자가 하도급대금을 직접 하수급인에게 지급하기로 발주자와 수급인 간 또는 발주자·수급인 및 하수급인이 그 뜻과 지급의 방법·절차를 명백하게 하여 합의한 경우

② 하수급인이 시공한 부분에 대한 하도급 대금지급을 명하는 확정판결을 받은 경우

③ 수급인이 하도급대금 지급을 2회 이상 지체한 경우로서 하수급인이 발주자에게 하도금대금의 직접 지급을 요청한 경우

④ 수급인의 지급정지, 파산, 그 밖에 이와 유사한 사유가 있거나 건설업 등록 등이 취소되어 수급인이 하도급대금을 지급할 수 없게 된 경우로서 하수급인 발주자에게 직접 지급을 요청한 경우

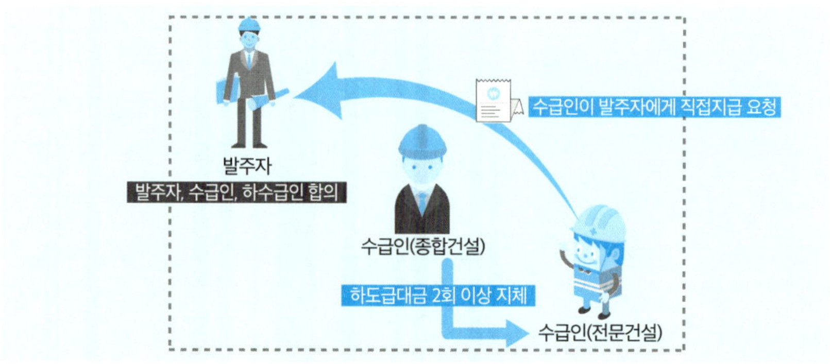

3. 하도급대금 직불과 세금계산서

건설용역의 공급에 대하여 공급자가 매입자에게 세금계산서를 교부하게 됩니다. 일반적인 경우 하수급인은 수급인에게 발행하고, 수급인은 발주자에게 세금계산서를 발행합니다.

하도급대금 직불의 경우에도 마찬가지로 수급인은 발주자에게, 하수급인은 수급인에게 세금계산서를 발행해야 합니다.

하도급대금 직접지불은 도급대금을 발주자가 수급인을 대신하여 하수급인에게 직접 지불한 것이고, 하수급인은 수급인에게 건설용역을 공급하였기 때문입니다. 세금계산서는 그 대가를 누구로부터 수령하는지에 상관없이 계약상 · 법률상 원인에 의하여 실제 용역을 공급하는 사업자가 그 공급시기에 실제 용역을 공급받는 자에게 발급하여야 하는 것으로 정하고 있습니다.

하도급대금 직접지불은 대금이 수급인을 거치지 않고 하수급인에게 직접 지불됨을 의미합니다. 하수급인은 수급인에게 세금계산서를 발행함은 물론 하수급인이 고용한 인건비는 하수급인이 세무신고를 진행하게 됩니다.

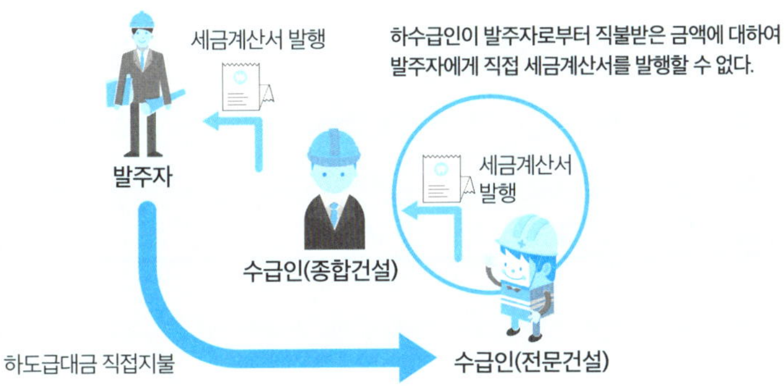

하도급대금 직불이 발생한 경우 직불과 관련된 합의서 등 관련내용을 세무대리인에게 반드시 전달해야 합니다.

4. 하도급지킴이 통장

관급공사에 대하여 하도급대금 및 노무비, 자재비, 장비대 등 체불을 방지하기 위하여 하도급지킴이 통장 등을 통하여 직접 지불하는 사례가 늘고 있습니다.

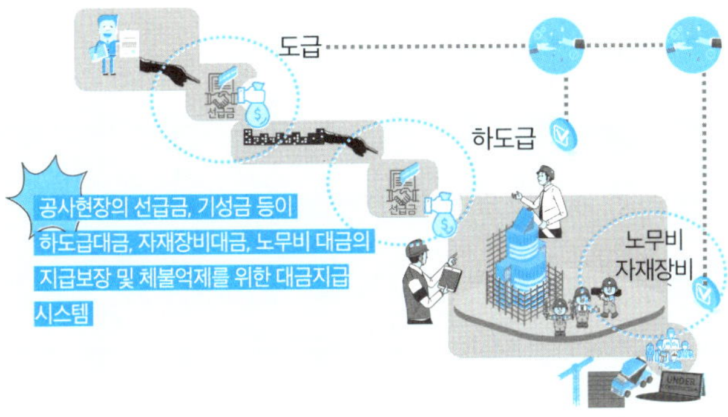

18

Q 건설공사대금 대물변제 시 세금계산서 발행은 어떻게 하나요?

A 공사대금을 대물변제받은 경우 수급인은 건설용역 공급에 대하여 발주자에게 세금계산서를 발행하고, 발주자는 대물변제 재화의 시가를 과세표준으로 수급인에게 세금계산서를 발행해야 합니다.

1. 대물변제

대물변제란 자기가 공급한 재화 또는 용역의 대가로서 금전이 아닌 대물로 변제받는 것을 말합니다.

발주자(원청사)의 자금사정이 여의치 않거나 분양 리스크 관리목적으로 대물변제가 발생합니다.

대물변제는 재화, 재화와 용역의 교환거래에 해당되며, 세금계산서 발행에 유의해야 합니다.

2. 대물변제와 세금계산서

재화의 이동이 필요하지 않은 부동산의 공급시기는 당해 건물이 이용가능하게 되는 때이며, 이 경우 "이용가능하게 되는 때"라 함은 원칙적으로 소유권이전등기일을 말하는 것이나 매매잔금 미지급금 등의 사유로 당사자 간 특약에 의하여 당해 부동산에 대해 잔금지급이전까지 사용·수익 등 이용을 제한하고 있는 경우에는 실제로 사용·수익이 가능한 날을 공급시기로 보는 것입니다.

건설용역을 제공한 용역에 대하여 공급받는 자에게 세금계산서를 발급하여야 합니다. 하수급인이 수급인에게 건설용역을 제공한 것에 대하여 세금계산서를 발행합니다.

주의할 점은 **공급하는 자는 공급하는 재화 또는 용역의 시가를 과세표준으로 공급자에게 세금계산서를 발급**하여야 합니다.

수급인이 건설용역에 대한 대가로 대물을 지급하는 경우 재화의 공급에 해당되므로 재화의 시가를 과세표준으로 하여 세금계산서를 발행합니다.

또한 대물변제 시가미달액은 채권 포기액에 해당하므로, 접대비에 해당함에 유의해야 합니다.

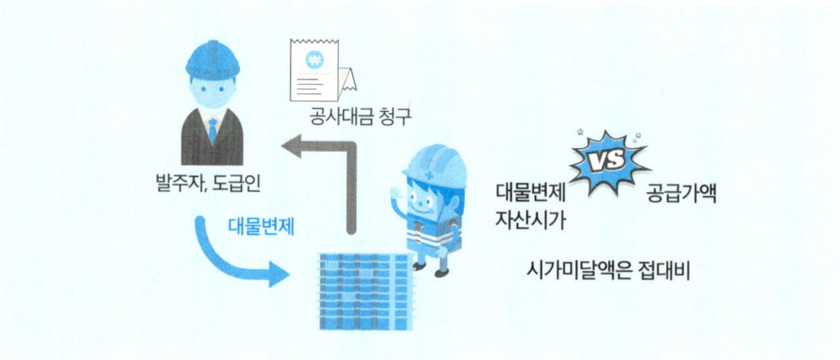

3. 대물변제받은 부동산 검토사항

① 취득세

주택의 시공사가 공사대금 회수과정에서 대물변제로 취득한 미분양 주택에 대해서는 취득세 중과 적용이 배제됩니다.

② 실질자산 인정 여부

건설공사 대물변제로 취득한 부동산으로, 2년 이내의 것은 실질자산으로 인정됩니다.

③ 종합부동산세

시공자가 대물변제받은 미분양 주택으로서, 공사대금으로 받은 날로부터 5년이 미경과한 주택은 종부세 합산배제 신청이 가능합니다.

④ 처분이익 법인세(소득세)

부동산 매각으로 인하여 처분이익이 발생한 경우 법인세(소득세)가 과세됩니다. **대물변제 등 부득이한 사유로 취득한 비사업용 토지 등 양도에 대해서는 토지 등 양도소득에 대한 법인세는 제외됩니다.**

부동산매매업 및 임대업을 영위하는 사업자가 당해 사업과 관련된 건물신축 건설용역을 제공받고 그 대가를 신축건물의 준공일 후 60일까지 신축건물이 판매되면 현금으로 지급하고, 준공 후 60일까지 분양되지 아니하면 신축건물의 일부 소유권을 이전등기하기로 약정한 경우(대물변제)에 당해 대물변제로 양도되는 건물의 공급시기는 부가가치세법 제9조 제1항 제2호의 규정에 의하여 당해 건물이 이용가능하게 되는 때로 하는 것입니다.

4. 대물변제받은 부동산 처분 시 세금계산서 발행

하수급인이 이후 대물로 변제받은 자산을 처분하는 경우에도 역시 매수자를 거래상대방으로 하여 세금계산서를 발행해야 합니다.

토지에 대해서는 계산서, 건물에 대해서는 세금계산서 발행대상이고 국민주택에 대해서는 토지와 건물 모두 계산서 발행대상이지만 발급하지 않아도 되는 예외 규정이 있습니다.

국민주택규모를 초과하는 주택을 양도하는 경우 원칙적으로 토지는 계산서, 건물은 세금계산서 발행대상입니다.

토지에 대해서는 예외규정에 의하여 계산서 발급을 하지 않아도 됩니다.

19

Q 건설업 면허(등록증) 없이 공사하는 경우 불이익은 어떤 것이 있나요?

A 건설업 면허가 없는 경우 경미한 건설공사(1,500만 원 미만)만 가능합니다.

건산법상 경미한 건설공사업이란 종합공사 5천만 원 미만, 전문공사 1,500만 원 미만 공사만 가능합니다.

사업자등록증에도 경미한 건설공사업으로 표기됩니다.

1. 건설업 면허와 경미한 건설공사

종합공사를 도급받으려는 자는 해당 종합공사를 시공하는 업종을 등록하여야 합니다. 다만, 다음 각호의 어느 하나에 해당하는 경우에는 해당 종합공사를 시공하는 업종을 등록하지 아니하고도 도급을 받을 수 있습니다.

① 종합공사로 1건 공사의 공사예정금액이 5천만 원 미만인 건설공사
동일한 공사를 2 이상의 계약으로 분할하여 발주하는 경우에는 각각의 공사예정금액을 합산한 금액으로 하고, 발주자(하도급의 경우에는 수급인을 포함한다)가 재료를 제공하는 경우에는 그 재료의 시장가격 및 운임을 포함한 금액으로 하며, 이하 "공사예정금액"이라 합니다.

② 전문공사로서 공사예정금액이 1천 5백만 원 미만인 건설공사. 다만, 다음 공사 를 제외
가스시설공사, 철강재설치공사, 강구조물공사, 삭도설치공사, 승강기설치공사, 철도·궤도공사, 난방공사

③ 조립·해체하여 이동이 용이한 기계설비 등의 설치공사(당해 기계설비 등을 제작하거나 공급하는 자가 직접 설치하는 경우에 한한다)

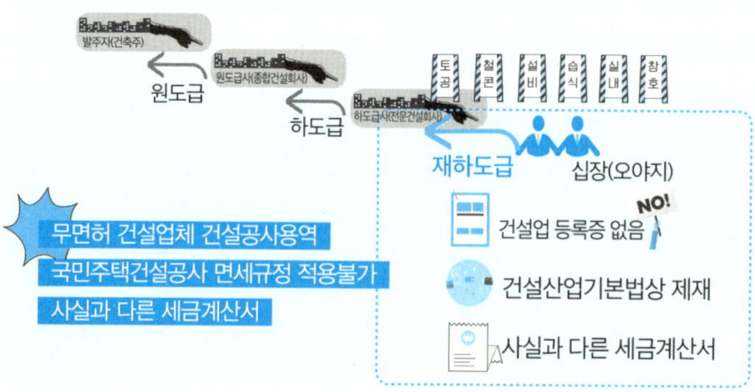

2. 건설업 등록

전문공사를 도급받으려는 자는 해당 전문공사를 시공하는 업종을 등록하여야 합니다.

실내건축공사업을 등록한 건설회사가 금속창호 면허 없이 공사한 경우도 무면허 건설공사에 해당됩니다.

다만, 다음 어느 하나에 해당하는 경우에는 해당 전문공사 시공하는 업종을 등록하지 아니하고도 도급받을 수 있습니다.

① 종합공사를 시공하는 업종을 등록한 건설업자가 이미 도급받아 시공하였거나, 시공 중인 건설공사의 부대 공사로서 전문공사에 해당하는 공사를 도급받는 경우

② 발주자가 공사품질이나 시공상 능률을 높이기 위하여 필요하다고 인정한 경우로서 기술적 난이도, 공사를 구성하는 전문공사 사이의 연계 정도 등을 고려하여 대통령령으로 정하는 경우

대통령령으로 정하는 경우:
신기술 또는 특허권 등록된 공법이 적용되는 공사의 공사예정금액이 전체 공사예정금액의 100분의 70 이상인 경우, 전문건설업자가 이미 도급받아 시공하였거나 시공 중인 전문공사의 부대공사로서 다른 전문공사를 도급받는 경우

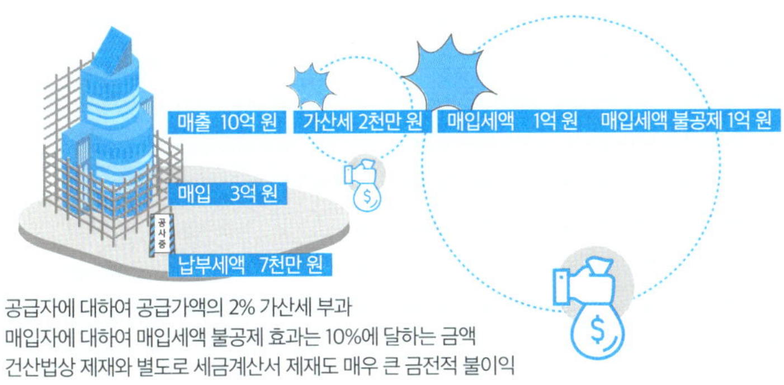

3. 무면허건설업과 면허등록

건설업 등록기준이 기존에 비해 70% 수준으로 자본금도 완화되었으므로 건설업 등록을 고려하는 것도 한 방법입니다.

경미한 건설공사를 업으로 하던 경우 사업자가 보유한 자산과 부채는 건설업 실질자산으로 인정받습니다.

개인사업자에 대한 성실신고 기준금액이 지속적으로 하향 조정되고 있으므로 무면허 건설업을 개인사업자로 영위하던 분이라면 법인전환 후에 건설업 면허등록을 하는 것이 좋습니다.

개인사업자로 건설업 면허를 등록한 이후 사업이 확대됨에 따라 법인전환을 하게 된다면, 개인사업자가 보유한 시공능력 평가액을 법인이 승계하기 위해서는 상당히 복잡한 절차를 거쳐야 하기 때문입니다.

20

Q 명의대여(면허대여) 건설공사의 경우 세제상 불이익은 어떤 것이 있나요?

A 건설업 등록증이 없는 경우 면허가 있는 회사의 명의로 건설용역을 제공하고 세금계산서 등을 발행한 경우 사실과 다른 세금계산서에 해당하며, 건설산업기본법 위반입니다.

사실과 다른 세금계산서의 경우 매입자(소비자)는 선의의 제3자임을 입증하는 경우에 한하여 매입세액공제를 받을 수 있습니다.

1. 건설업 면허대여(명의대여)

건설업 면허대여(명의대여)란 건설업 등록증을 대여하고 면허가 없는 자가 공사를 수행하는 것을 의미합니다.

건산법상 다른 사람에게 자기의 성명이나 상호를 사용하여 건설공사를 수급 또는 시공하게 한 건설사업자와 그 상대방, 건설업 등록증이나 건설업 등록수첩을 빌려준 건설사업자와 그 상대방은 건설업 등록말소 또는 5년 이하의 징역 또는 5천만 원 이하 벌금에 처하도록 하고 있습니다.

세법상 건설업 면허대여는 세금계산서상 공급자와 실제 용역을 제공한 자가 다른 경우에 해당하는 사실과 다른 세금계산서 규정을 적용받게 됩니다.

사실과 다른 세금계산서를 발행한 경우 공급가액의 2%가 가산세로 부과됩니다.
발주자 또는 도급인의 경우 매입세액공제를 받을 수 없습니다.

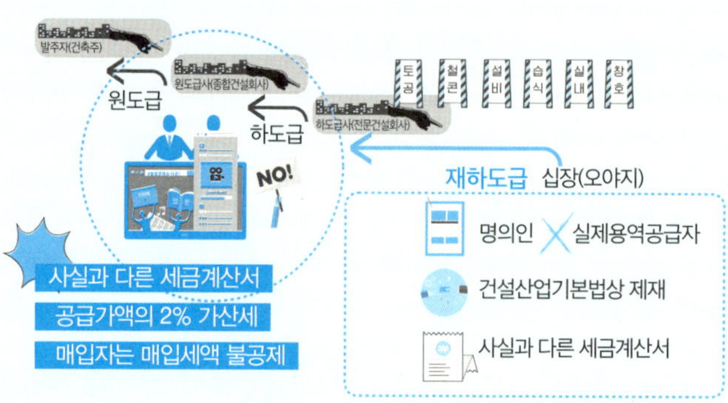

2. 명의대여계약의 효력

건설업면허 명의대여계약의 효력에 대해 판례는 건설업면허 명의대여계약 자체는 무효라고 보고 있습니다.

따라서 부금이사가 공사대금을 도급인으로부터 받고도 명의대여 회사에 부금을 지급하지 않는 경우 명의대여 회사는 부금이사에게 부금을 청구할 수 없습니다.

그러나 부금이사가 명의대여 회사에게 부금을 이미 지급하였다면 이는 불법원인

급여로서 부금이사가 명의대여 회사에게 이미 지급한 부금에 대하여 반환을 청구할 수 없습니다.

① 명의대여자 계약상 책임

명의차용자가 명의대여자의 명의로 제3자와 하도급 계약 등을 체결한 경우 계약의 성질·내용·목적·체결경위 등 그 계약체결 전후의 구체적인 제반사정을 토대로 명의차용자 또는 명의대여자를 계약 당사자로 결정하게 됩니다.

② 명의대여자의 공사 도급계약상 책임

명의를 대여하여 공사도급계약을 체결하게 한 자는 명의대여자를 계약상대방으로 오인하여 계약 체결한 자에 대하여 명의를 차용한 자와 연대하여 공사도급계약상의 책임을 부담하게 됩니다.

예를 들면, 명의를 대여받아 시장 신축공사를 하기로 한 개인이 제3자를 현장소장으로 임명한 후, 그 제3자로 하여금 공사자금을 차용하여 오도록 지시하여 현장소장 명의의 차용증을 받고 돈을 대여한 사안에 대해 명의대여자에게 대여금을 변제할 책임이 없습니다.

③ 명의대여자의 책임 범위

명의대여자는 명의차용자의 피용자가 한 행위에 대해서는 명의 대여자로서의 책임이 없습니다.

예를 들면, 명의를 대여받아 건물 신축공사를 하기로 한 개인이 제3자를 현장소장으로 임명한 후, 그 제3자로 하여금 공사자금을 차용하여 오도록 지시하여 현장소장 명의의 차용증을 받고 돈을 대여한 사안에 대해 명의대여자에게 대여금을 변제할 책임은 없습니다.

④ 하도급거래상 명의대여자의 책임

종합건설업 면허를 차용한 자를 대리 또는 대행한 자가 면허대상자(종합건설회사) 명의로 전문건설회사와 하도급거래를 한 경우, 면허대여자와 면허차용자는 전문건설 회사에게 연대하여 하도급 공사계약에 따른 채무를 이행하여야 합니다.

종합건설회사가 명의대여자인 경우 하도급인이 명의대여자가 종합건설회사인 것으로 기망 오인케 한 공동불법행위자로서 전문건설회사가 지급받지 못한 하도급 공사대금을 지급하거나 그 손해를 배상하여야 할 의무가 명의대여자에게 있습니다.

3. 건설업 명의대여 공사계약

실무에서 명의대여가 이루어진 후 명의차용자의 계약 및 자금집행 등에 관리 미비로 연대책임을 지거나 과세관청으로부터 명의위장 세금계산서 등 세무상 불이익을 받고 뒤늦게 후회하는 경우가 종종 있습니다.

21

Q 재하도급 · 일괄하도급 건설공사의 경우 세제상 불이익은 어떤 것이 있나요?

A 동일업종 재하도급, 일괄하도급은 건설산업기본법 위반사항이며, 기본법을 위반한 공사의 경우 사실과 다른 세금계산서에 해당됩니다.

1. 건설산업기본법 하도급행위제한 제도

재하도급, 일괄하도급 금지 위반 시 1년 이내의 기간을 정하여 영업정지를 명하거나, 위반공사 하도급금액의 100분의 30 상당금액 이하 과징금을 부과할 수 있습니다.
또한 3년 이하의 징역 또는 3천만 원 이하의 벌금, 형사처벌이 가능합니다.

① 일괄하도급 금지(법 제29조 제1항)

건설사업자는 당해 건설공사의 전부 또는 주요부분의 대부분을 다른 건설 사업자에게 하도급할 수 없습니다.

예외적으로 도급받은 건설공사를 계획 · 관리 · 조정하면서 2인 이상의 전문건설업자에게 업종별로 분할하여 하도급하는 경우는 허용하고 있습니다.

도급받은 공사 중 부대공사에 해당하는 부분을 제외한 주된 공사의 전부를 하도급하는 경우이며, 도급받은 공사가 여러 동의 건축공사인 경우에는 각 동의 건축공사별로 부대공사에 해당하는 부분을 판단하게 됩니다.

② 전문공사의 하도급 제한(법 제25조 제2항)

도급받은 공사 중 전문공사에 해당하는 부분을 하도급하고자 할 때에는 해당 전문 건설사업자에게 하도급하여야 합니다.

③ 동일업종 간 하도급 제한(법 제29조 제2항)

수급인은 도급받은 건설공사의 일부를 동일한 업종에 해당하는 건설사업자에게 하도급할 수 없습니다.

예외적으로 발주자가 공사의 품질이나 시공상 능률의 제고를 위하여 필요하다고 인정하여 사전 서면승낙한 경우 동일업종 간 하도급이 가능합니다.

발주자의 사전 서면 승낙이므로 발주자의 사후승인이나 추인은 인정되지 않습니다. 또한 서면에 의한 승낙은 공사의 품질이나 시공상의 능률을 높이기 위하여 필요한 경우라야 하며, 이 경우 부분하도급만을 인정하는 것일뿐 일괄하도급은 금지됩니다.

④ 재하도급의 금지(법 제29조 제3항)

건설공사를 하도급받은 자는 다른 사람에게 다시 하도급할 수 없습니다.

예외적으로 전문건설사업자가 하도급받은 경우로서 다음의 요건을 모두 충족하여 하도급받은 전문공사의 일부를 다른 전문건설사업자에게 다시 하도급하는 경우는 예외적으로 허용하고 있습니다.

가. 수급인의 서면승낙을 받을 것

나. 공사의 품질이나 시공상 능률을 높이기 위해 필요한 경우로서 국토교통부령이 정한 요건에 해당할 것

하수급인은 재하도급하는 것을 승낙한 날로부터 30일 이내에 발주자에게 통보해야 합니다.
하도급계약 또는 재하도급계약 등을 변경하는 경우에도 통보해야 합니다.

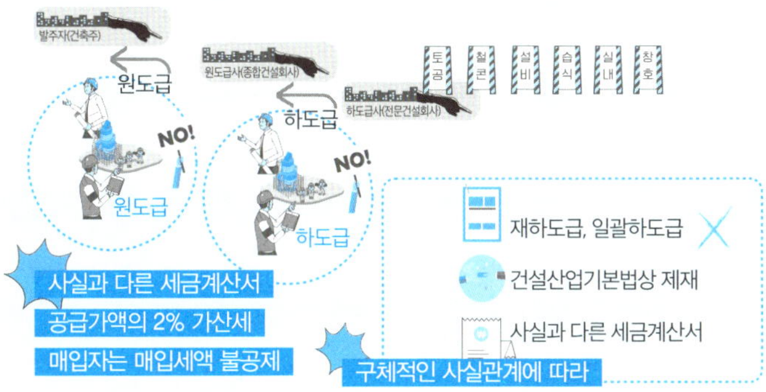

2. 재하도급 및 일괄하도급 제제와 세금계산서

건산법상 건설사업자가 재하도급, 일괄하도급 제한을 어길 경우 1년 이내의 기간을 정하여 건설사업자와 수급인, 하도급한 자에 대하여 영업정지를 명하거나 영업정지에 갈음하여 위반한 공사 도급금액의 100분의 30에 상당하는 금액 이하로 과징금을 부과할 수 있습니다.
재하도급 및 일괄하도급의 경우 구체적인 사실관계에 따라 달라질 수 있지만, 사실과 다른 세금계산서 불이익을 적용받게 됩니다.
사실과 다른 세금계산서에 해당하는 경우 매출자는 2% 가산세, 매입자는 10% 매입세액 불공제 받게 됩니다.

행위제한	내용	위반 시 제재
직접시공의무제	70억 원 미만 건설공사를 도급받은 자는 일정비율 이상 직접시공해야 함.	영업정지
일괄하도급금지	도급받은 공사의 전부 또는 대부분을 다른 건설공업자에게 하도급할 수 없음.	영업정지
재하도급 금지	하수급인은 하도급받은 공사를 다른 사람에게 하도급할 수 없음.	영업정지
하도급 내용통보	하도급 시 30일 내에 발주자에게 하도급내용을 서면통보하여야 함.	허위통보: 영업정지 미통보: 과태료

직접시공비율:
3억 원 미만(50% 이상), 3억 원 이상~10억 원 미만(30% 이상), 10억 원 이상~30억 원 미만(20% 이상), 30억 원 이상~70억 원 미만(10% 이상)

2 장

건설공사 원가(비용)

01

Q 건설공사 원가 계산은 어떻게 하나요?

A 건설공사원가는 재료비, 노무비, 외주공사비, 경비(간접비) 합계로 계산하며 매출원가를 구성하게 됩니다.

1. 건설 공사원가의 구성

건설업 공사원가는 재료비, 노무비, 외주공사비, 경비로 구성됩니다. 분양공사업을 하는 종합건설업의 경우는 용지비가 추가됩니다.

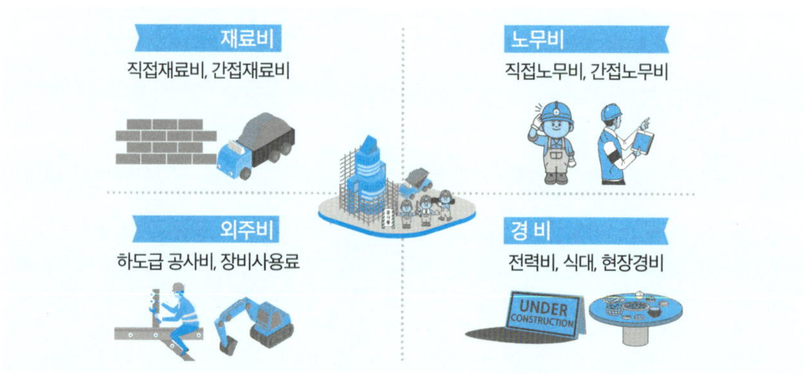

2. 재료비

원재료 구입 시 신용카드로 결제하고 세금계산서를 수취한 경우 부가세 신고 시 매입세액공제가 중복되지 않도록 주의해야 합니다.

건설업 자재 구입 시 반드시 적격증빙을 수취해야 합니다.

상품, 원재료, 부재료 등 재고자산을 구입 시 당해 물품이 부가세 과세 재화인 경우 세금계산서, 면세재화인 경우 계산서를 수취해야 하며, 수입하는 경우에는 세관장으로부터 수입세금계산서 또는 수입계산서를 수취해야 합니다.

자재를 구입하면서 세금계산서를 늦게 수취하는 등 세금계산서상 공급시기를 주의하지 않으면, 매입세액 불공제 또는 매입세금계산서 관련 지연수취 가산세를 부담할 수 있습니다. 현장에서 관리가 제대로 이루어지지 못한 경우 자재대금은 지급되었음에도 불구하고 세금계산서 등 적격증빙을 수취하지 못한 경우 선급금으로 회계처리를 하지만, 장기적으로 증빙을 수취하지 못하면 가지급금에 해당하므로 주의해야 합니다. 재료는 구입 시에는 원재료 재고자산으로 처리하고 공사현장에 투입되면 재료수불부에 의하여 계산한 금액을 재료비 계정으로 대체하고, 기말 현재 현장에 투입되지 않고 남아있는 금액은 원재료 재고자산으로 계상합니다.

기업진단지침상 재고자산은 원칙적으로 부실자산이지만 구입한지 1년 이내의 원재료로서 세금계산서, 대금증빙, 원재료수불부 등으로 실재성이 입증되는 경우 실질자산으로 인정됩니다.

3. 노무비

건설업은 노동집약적 산업으로서 노무비가 건설원가에서 차지하는 비중이 매우 높습니다.

노무비는 계약목적물 완성작업을 위하여 공사에 직접 참여하는 종업원 및 노무자와 작업현장에서 시공을 보조하는 현장소장, 현장공무자(총무, 경리, 급사 등), 기획·설계부분 종사자, 노무관리자, 자재·구비관리원, 공구담당원, 시험관리원, 교육·산재담당원, 복지후생부문종사자, 경비원, 청소원 등의 기본급과 제수당, 상여금, 퇴직급여충당부채의 합계액으로 계산됩니다.

또한 노무자들의 구성도 직영팀, 외주팀, 직업소개소 인부, 오야지, 부금이사 등 다양하여 인건비 처리에 어려움을 겪고 있는 것이 현실입니다.

일용직 노무비 또한 국민연금, 건강보험 개정으로 인하여 한달 이상 계속 근로하고 월 8일 이상 근무한 경우 4대보험 가입대상이 되므로 건설회사의 이윤을 악화시키는 요인으로 작용하고 있습니다.

또한 내국인 건설인력 확보가 갈수록 어려워짐에 따라 불법체류자들을 고용할 수밖에 없는 현실에 있으나, 각종 법률은 건설 사업자를 범법자로 내몰고 있는 것이 현실입니다.

원재료수불부는 재료의 구입일자, 재료의 종류, 재료의 입고·출고·재고 수량과 금액이 파악될 수 있도록 각 공사현장에서 작성 비치되어야 하며, 재료의 구입과정에서 당해 재료에 직접 관련되어 발생하는 운임, 보험료, 보관비 등의 부대비용은 재료비로서 계산합니다.

원재료와 미완성공사, 완성건물 등은 기업진단지침상 원칙적으로 부실자산으로 분류됩니다.
예외적으로 실질자산으로 인정받기 위해서는 계약서, 대금증빙, 재고자산 수불부, 현장별 원가계산 등 관리가 이루어져야 합니다.

4. 외주비(외주공사비 및 장비대)

외주공사비 및 외주공사로 추정되는 거래를 발췌하여 노무비율에 해당하는 노무비 추정액에 보험료율을 곱한 만큼 보험료가 추가징수되므로 외주공사비성을 부인할 수 있는 계약서, 거래내역서, 견적서 등의 자료를 준비하여 소명이 가능합니다.

외주공사비를 재료비로 처리하는 경우는 대표적으로 고용·산재 확정정산 조사시 자주 부인 및 추징당하는 내용입니다.

자재납품계약을 체결한 경우라 하더라도 납품계약서 견적서 등 그 실질을 기준으로 공사를 포함하는 계약에 대해서는 외주공사로 분류하고 있습니다.

따라서 실제로 원재료 구매계약인 경우 물품계약서 내역서를 통해 소명이 가능하도록 준비해야 합니다.

5. 경비

공사시공을 위하여 소요되는 공사원가 중 재료비, 노무비, 외주비를 제외한 비용으로 운반비, 보험료, 식대, 전력비, 수도광열비, 안전관리비, 가설비, 환경관리비 등을 말합니다.

02

Q 적격증빙을 수취하지 않으면 가지급금이 되나요?

A 사업과 관련하여 재화나 용역을 공급받고 그 대가를 지급하는 경우 적격증빙을 수취해야 합니다. 법인이 지출한 자금으로 적격증빙이 없는 경우 가지급금에 해당됩니다.

1. 적격증빙 수취의무

법인세의 납세의무가 있는 법인은 모든 거래에 대하여 거래증빙과 지급규정, 사규 등의 객관적인 자료에 의하여 이를 당해 법인에게 귀속시키는 것이 정당함을 입증하여야 합니다.

사회통념상 부득이하다고 인정되는 범위 내의 비용과 당해 법인의 내부통제기능을 감안하여 인정할 수 있는 범위 내의 지출은 그러하지 아니합니다.

2. 적격증빙

적격증빙이라 함은 아래에 해당하는 것을 말합니다.

① 여신전문금융업법에 따른 신용카드 매출전표
② 현금영수증
③ 부가가치세법에 따른 세금계산서
④ 부가가치세법에 따른 계산서

3. 적격증빙 수취 예외

다음과 같은 거래 상대방과의 거래에서는 적격증빙 수취의무가 면제됩니다.

① 비영리법인(수익사업에 해당하는 부분은 제외)
② 국가 및 지방자치단체
③ 금융보험업을 영위하는 법인
④ 국내사업장이 없는 외국법인
⑤ 간이과세자
⑥ 소득이 있는 비거주자

간이과세자로부터 수령하는 현금영수증 및 신용카드매출전표는 21년 7월 1일 이후 개시하는 과세기간부터 매입세액 공제됩니다.

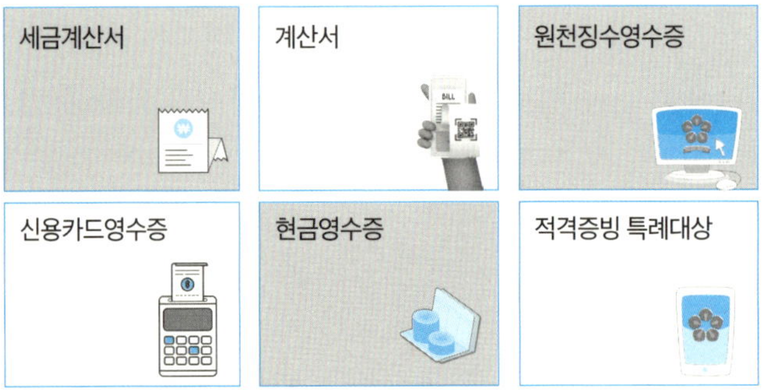

4. 지출건당 거래금액(부가세 포함) 3만 원 이하인 경우

공급받은 재화 또는 용역의 건당 거래금액이 3만 원 이하인 경우에는 적격증빙을 수취하지 않아도 적격증빙미수취가산세가 적용되지 않습니다.

5. 농 · 어민과 직접 거래한 경우

사업과 관련하여 농어민(통계청장이 고시하는 한국표준산업분류상의 농업 중 작물생산업 · 축산업 · 복합농업 · 임업 또는 어업에 종사하는 자를 말하며, 법인을 제외)으로부터 재화 또는 용역을 직접 공급받은 경우에는 증빙불비가산세가 적용되지 않습니다.

이 경우 거래 사실을 확인할 수 있는 증빙서류(계약서, 확인서, 입금증, 신분증 등)를 갖추어 사업자의 필요경비로 처리하면 됩니다.

6. 원천징수하는 사업소득의 경우

부가세가 면제되는 개인 인적용역자(3.3% 프리랜서)로부터 용역을 제공받은 경우로서 원천징수된 것에 한하여 적격증빙미수취가산세가 적용되지 않습니다.

용역의 공급자가 원천징수영수증을 발급받은 경우에는 계산서를 발급한 것으로 보기 때문입니다. 그러나 사업소득세의 원천징수를 못한 경우에는 반드시 계산서를 수취해야 합니다.

7. 기타 적격증빙 특례적용대상

① 항만공사가 공급하는 화물료징수용역
② 사업의 포괄양수도
③ 방송용역, 전기통신용역
④ 국외거래(세관장이 수입세금계산서 또는 계산서를 교부한 경우 제외)
⑤ 공매, 경매, 수용
⑥ 토지 또는 주택의 구입과 주택임대의 경우
⑦ 택시운송용역, 항공기 항행용역, 철도 여객운송용역
⑧ 주택 외 부동산 구입하는 경우로서 매매계약서 사본을 제출
⑨ 금융, 보험 용역
⑩ 간주임대료
⑪ 연체이자
⑫ 유료도로통행료
⑬ 경비 등 송금명세서를 제출하는 경우

정규증명서류 특례적용 대상에 해당하는 경우 적격증빙 이외에 영수증 등 거래사실을 입증하는 서류를 수취하는 것이 허용됩니다.

간주임대료는 세금계산서 교부의무가 면제됩니다.

지체상금에 대하여 적격증빙 수취 및 보관 규정을 적용하지 않습니다.

03

Q 건설업 자재(재료비) 매입 시 세금계산서를 반드시 받아야 하나요?

A 건설업 자재로 사용하기 위한 재화를 공급받고 적격증빙 수취를 해야 하며 거래명세서, 금융증빙, 작업일보, 재고수불부 등으로 재고관리가 이루어져야 합니다.

1. 공사원가 재료비

재료비는 공사원가를 구성하는 직접재료비 및 간접재료비가 해당됩니다.

세금계산서, 거래명세서, 금융증빙, 재고수불부, 작업일보 등을 통해서 실재성을 입증해야 합니다.

공사원가 계산 시 재료비는 아래 산식에 의해서 계산됩니다.

재료비 = 기초 원재료 재고액 + 당기 원재료 매입액 – 기말 원재료 재고액

기업진단 지침상 원재료 재고액은 원칙적으로 부실자산으로 보지만, **구입한지 1년 이내 원재료로 실재성을 입증할 수 있는 재고자산은 실질자산으로 평정**됩니다.

2. 선급금

결산기준일(12월 31일) 현재 법인 통장에서 자재대 등으로 인출되었으나 적격증빙을 수취하지 않은 경우 선급금으로 회계처리 됩니다.
기업진단지침상 원칙적으로 부실자산으로 평정되지만 계약서, 거래명세서, 금융증빙 등으로 실재성을 입증할 수 있는 선급금은 실질자산으로 평정합니다. 또한 적격증빙 수취가 불가능한 경우 가지급금이 되므로 관리에 유의해야 합니다.

3. 매입자 발행 세금계산서

매입대금을 지불하였음에도 불구하고 세금계산서를 발행받지 못하는 경우, 매입자발행 세금계산서 제도를 활용하면 됩니다.
세금계산서 발급의무 있는 일반과세자로부터 거래건당 공급대가가 10만 원 이상의 재화나 용역을 공급받고 공급자가 세금계산서를 발급하지 아니한 경우 매입자발행 세금계산서 제도를 활용할 수 있습니다.

4. 매입세

과세와 면세 사업이 동시에 있는 경우 매입세 정산 항목으로 원가에 반영하는 경우가 있습니다.

매입세 또는 매입세불공제분 등의 용어로 건설업에서 사용됩니다.

예를 들어 A는 국민주택이하규모(50%), 국민주택규모초과(50%)의 아파트를 도급받아 시공하기로 한 계약의 경우 도급계약체결 시 면세 100억 원, 과세 100억 원, 부가가치세 10억 원 총 210억 원 도급액이 산정되었을 시, A입장에서 원재료 매입 시(공급가 10억 원, 부가세 1억 원) 매입부가가치세 1억 원은 100% 지급하나, 부가세 신고 시 50%는 면세에 해당되어 불공제(5천만 원)되므로 5천만 원의 원가가 상승하는 효과가 있으므로 이에 대하여 시행사로부터 5천만 원을 지급받기로 하고 계약이 체결되며 매입세액 불공제분 5천만 원을 매입세라고 합니다.

이때 **매입세는 세금계산서 발행 시 과세표준에 포함**합니다.

건설용역에 대한 부가가치세 과세표준은 계약에 의하여 지급받기로 한 모든 대가를 포함하는 것이므로 건설업을 영위하는 사업자가 건설공사에 있어 원가계산에 반영되는 산재보험료, 고용보험료 및 건설공사보험료 등의 각종 보험료와 각종 시험료 상당액은 단지 건설회사의 원가구성요소일 뿐이고, 건설용역에 대한 부가가치세 과세표준에서 차감하지 아니하는 것입니다.

5. 수목 등 의제매입세액

사업자가 부가세 면세를 받아 공급받은 농·축·수·임산물을 원재료로 하여 제조 가공한 재화 또는 용역의 공급이 과세되는 경우 아래 산식에 의한 금액을 부가세 매입세액으로 의제하여 부가세 신고 시 공제하게 됩니다.

의제매입세액 = 매입가액×2/102 **(건설업)**

예를 들어 조경공사업을 영위하는 사업자가 조경공사에 사용하기 위하여 면세 사업자로부터 수목을 공급받아 건설용역을 제공하거나 토공사업을 영위하는 사업자가 잔디, 묘목을 구입하여 건설용역을 제공하는 경우 등이 해당됩니다.

04

Q 토지 구입 시 매입세액 불공제 및 적격증빙 수취의무는 어떻게 되나요?

A 건설사업용 토지 또는 본사 사옥 등 토지, 건물을 구입하는 경우 계산서 및 세금계산서 적격증빙을 수취해야 하며, 토지관련 매입세액은 불공제됨에 유의해야 합니다.

2002년 1월 1일 이후 최초로 토지를 공급하는 부분부터는 계산서 작성 발급의무가 면제되므로 계산서를 수취하지 않고 영수증을 수취하면 됩니다.

1. 토지, 건물의 구입 및 매각

법인이 재화 또는 용역을 공급하는 경우에는 계산서 또는 영수증을 발급하여야 하는 것이나, 토지를 공급하는 경우에는 계산서의 교부대상이 아닙니다.

법인이 재화 또는 용역을 공급하는 때에는 계산서 또는 영수증을 작성하여 공급받는 자에게 교부하여야 하지만, 토지 및 건축물을 공급하는 경우는 제외하도록 되어 있습니다. 사업의 양도에 해당하지 아니하는 거래로 사업용 고정자산을 매각하는 경우에는 세금계산서를 발급하여야 하는 것으로, 미발급 시에는 가산세가 적용되는 것입니다.

단, **토지의 공급은 면세 대상으로 계산서를 발급하여야 하는 것이나 법인이 토지를 공급하는 경우에는 계산서 발행의무가 면제**되는 것입니다.

건물을 법인이나 개인사업자로부터 구입하는 경우에는 세금계산서를 수취해야 하며, 사업자가 아닌 개인으로부터 구입하는 경우에는 계약서와 함께 입금증 또는 영수증을 수취하여 보관하면 됩니다.

2. 토지, 건물의 취득가액

법인이 매입·제작·교환 및 증여 등에 의하여 취득한 자산의 취득가액은 아래와 같습니다.

① 매입한 경우

타인으로부터 매입한 자산은 매입가액에 부대비용을 더한 금액

② 제조 · 생산 · 건설한 경우

자기가 제조 · 생산 또는 건설하거나 그 밖에 이에 준하는 방법으로 취득한 자산은 제작원가에 부대비용을 더한 금액

따라서 토지 또는 건물을 취득한 경우 자산가액은 매입가액(제작원가)에 취득 부대비용을 합산한 금액으로 합니다. 토지 및 건물 취득 시 사업자가 지급한 부대비용의 매입세액 중 **토지 취득에 관련된 매입세액은 공제되지 않으며, 불공제세액은 취득부대비용에 포함하게** 됩니다. 토지 관련 매입세액이 명확히 구분되지 않는 경우에는 공통매입세액으로서 안분계산하여야 합니다.

3. 토지관련 매입세액 불공제

토지의 공급은 부가세법에서 면세로 규정하고 있으며, 토지관련 매입세액은 불공제로 정하고 있습니다.

토지 관련된 매입세액이란 토지의 조성 등을 위한 자본적 지출에 관련된 매입세액으로서, 다음 각호의 어느 하나에 해당하는 경우를 말합니다.

① 토지의 취득 및 형질변경, 공장부지 및 택지의 조성 등에 관련된 매입세액

토지의 취득을 위한 직접적인 비용으로 발생한 매출주선 수수료, 공인중개사 수수료, 중개수수료, 감정평가비, 컨설팅비, 명의이전비용 등 토지의 취득에 소요된 것이 명백한 대출금 관련 매입세액 등이 해당합니다.

임야의 형질변경을 위하여 토공사를 하는 경우 해당 공사 관련 매입세액은 불공제됩니다.

② 토지 건물 취득 후, 건축물 철거 후 토지만 사용하는 경우 철거비용 관련 매입세액

건축물이 있는 토지를 취득하여 그 건축물을 철거하고 토지만을 사용하는 경우에는 철거한 건축물의 취득 및 철거비용에 관련된 매입세액은 불공제합니다. 과세사업에 사용하여 오던 자기 소유의 노후 건물을 철거하고 신축하는 경우 해당 철거비용과 관련된 매입세액은 건물관련 매입세액으로 공제대상에 해당됩니다.

③ 토지 가치증가를 위한 매입세액

토지의 조성 등을 위한 자본적 지출은 토지 소유자인 사업자가 당해 토지의 조성 등을 위하여 지출한 것을 의미하는 것으로, 토지소유자가 지불한 토사운반비는 토지의 자본적 지출에 해당되어 매입세액 불공제됩니다.

공사내역이 흙파기, 암석제거, 땅메우기, 토사운반 등 주로 토지를 조성하는 작업임이 확인되므로 토지의 조성을 위한 자본적 지출에 관련된 것으로 분류됩니다.

토지의 조성과 건물·구축물 등의 건설공사에 공통으로 관련되어 그 실지귀속을 구분할 수 없는 매입세액 중 총공사비(공통비용 제외)에 대한 토지의 조성 관련 공사비용의 비율에 따라 계산한 부분을 불공제합니다.

사업자가 금융자문용역을 공급받고 발급받은 세금계산서상의 매입세액 중 토지의 취득과 관련된 매입세액은 불공제해야 합니다.
예를 들어 증권회사로부터 부동산 취득관련 컨설팅을 받고 세금계산서를 수취한 경우 토지 취득 부분은 매입세액 불공제 하게 됩니다.

토지조성 등을 위한 자본적 지출은 토지 매입세액에 해당하는 것이고, 토지와 구분되는 감가상각 자산인 구축물(옹벽, 석축, 하수도, 맨홀 등) 공사 관련 매입세액은 토지관련 매입세액에는 해당하지 않습니다.

4. 취득세 중과 여부 검토

대도시(수도권과밀억제권역) 내에서 법인이 설립되고 난 후 5년이 경과되지 않은 상태에서 대도시 내에서 취득한 부동산에 대해서는 중과세가 됩니다.

그러나 **주택건설업과 주택임대사업자에 대해서는 중과세가 제외**됩니다.

05

Q 매입자발행 세금계산서란 무엇인가요?

A 매입대금을 지불하였음에도 불구하고 세금계산서를 발행받지 못하는 경우 매입자발행 세금계산서 제도를 활용하면 됩니다.

매입자가 공급자에게 대금을 전액 지불하였음에도 불구하고 세금계산서를 발행받지 못하는 경우가 발생합니다.

매입자 입장에서는 부가세까지 부담하였으므로 세금계산서를 발급받아서 부가세 신고 시 매입세액공제를 받을 수도 없고, 법인자금이 인출되었는데 세금계산서등 적격증빙이 없으면 가지급금으로 처리되니 난감한 상황이 되어버립니다.

1. 매입자발행 세금계산서

세금계산서 발급의무 있는 사업자가 재화 또는 용역을 공급한 후 세금계산서를 발급하지 아니한 경우, 공급받는 자의 신청에 의하여 세금계산서를 발급하는 제도를 말하는 것입니다.

① 발행대상 사업자 및 금액

세금계산서 발급의무 있는 일반과세자로부터 거래건당 공급대가가 10만 원 이상의 재화나 용역을 공급받고 공급자가 세금계산서를 발급하지 아니한 경우 매입자발행 세금계산서 제도를 신청할 수 있습니다.

② 신청방법

공급받는 자가 세금계산서 교부시기가 속하는 과세기간 종료일로부터 3개월 이내에 거래사실 확인 신청서에 영수증, 무통장입금증 등 증빙서류를 첨부하여 신청인 관할 세무서장에 신청하여야 하며 거래사실 입증책임은 신청인(회사)에게 있습니다.

거래사실을 입증하기 위하여 계약서나 거래명세서 및 금융증빙을 구비해야 합니다.

③ 세금계산서 발행 및 신고

세무관서의 확인을 거쳐 거래사실 확인통지를 받은 신청인은 매입자발행 세금계산서를 발행하여 공급자에게 발급하는 것입니다.

단, 신청인 및 공급자가 관할 세무서장으로부터 거래사실확인 통지를 받은 경우에는 세금계산서를 발급한 것으로 보는 것입니다.

매입자 및 공급자 관할 세무서장으로부터 확인 통지를 받은 경우 매입자발행세금계산서를 발급한 것으로 봅니다.

2. 당초 공급자에 대한 불이익

세금계산서 발행의무가 있었음에도 불구하고 발행하지 않은 것이므로 공급가액의 2%에 해당하는 가산세 및 신고불성실가산세와 납부불성실가산세가 부과됩니다. 또한 매출누락이 확인되는 경우 소득세, 법인세 신고불성실가산세와 납부불성실가산세가 부과됩니다.

3. 매입자 경정청구

과세기간이 종료되어 이미 신고가 끝난 후에 매입자발행 세금계산서가 발급된 경우 부가가치세 경정청구를 통해 해당 세금계산서에 대한 매입세액공제를 받을 수 있으며, 이 경우 가산세는 해당사항이 없습니다.

매입세액	세금계산서 수 취 분	일반매입	(10)			
		수출기업 수입분 납부유예	(10-1)			
		고정자산 매입	(11)			
	예정신고 누락분		(12)			
	매입자발행세금계산서		(13)			
	그 밖의 공제매입세액		(14)			
	합계 (10)+(10-1)+(11)+(12)+(13)+(14)		(15)			
	공제받지 못할 매입세액		(16)			
	차감계 (15)-(16)		(17)		㉯	
납부(환급)세액 (매출세액㉮ - 매입세액㉯)					㉰	

매입자발행세금계산서에 의하여 발급받은 세금계산서가 있는 경우에는 공급자는 매출 항목의 매입자발행세금계산서란에, 공급받는 자는 매입 항목의 매입자발행세금계산서란에 기재하여 신고하게 됩니다.

4. 공급자가 일방적으로 발행한 세금계산서

실무에서는 공급자가 일방적으로 세금계산서를 발행하고 당사자 간 분쟁이 발생하기도 합니다. 세금계산서의 발급이란 공급자가 재화 또는 용역을 공급하고 그 공급사실에 대하여 공급내용을 기재한 세금계산서를 발행하여 거래상대방에게 넘겨주는 것을 말하므로 상대방이 수령하지 아니한 경우에는 정당한 세금계산서로 볼 수 없는 것이나, 전자세금계산서의 경우에는 공급받는 자가 수신 및 승인과는 별개로 정상적으로 발행된 것입니다.

① 부가가치세 신고 시 제외

사업자가 실제 거래사실과 다른 세금계산서를 발급받은 경우에는 사실과 다른 세금계산서이므로 수령을 거부하거나, 수령한 경우에는 해당 매입세금계산서를 부가가치세 신고 시에 공제하지 않아야 합니다.

② 수정세금계산서 발급

당사자 간에 어느 정도 분쟁이 해결되었다면 수정세금계산서를 발급받는 것을 고려해보아야 합니다.

세금계산서는 원칙적으로 재화 또는 용역의 공급시기에 그 공급가액을 과세표준으로 하여야 하나, 재화 또는 용역의 공급시기에 그 공급가액 중 일부는 확정되고 일부가 확정되지 아니하는 경우 당해 공급시기에 확정된 금액만으로 세금계산서를 교부하고, 확정되지 아니한 공급가액은 추후 확정되는 때에 그 확정된 금액으로 수정세금계산서를 교부할 수 있기 때문입니다.

06

Q 임직원 인건비는 어떻게 책정하고 지급해야 적정한가요?

A 임직원 급여지급기준에 대하여 정관에 정하거나 주주총회 결의에 의하여 지급하고 회의록 등을 구비해야 합니다.

1. 직원급여

근로소득이란 고용관계 기타 이와 유사한 계약에 의하여 근로를 제공하고 지급받는 봉급, 상여, 수당 등 그 명칭에 관계없이 지급받는 모든 대가를 말합니다. 근로소득 중 근로소득으로 보지 아니하는 것과 근로소득 중 비과세되는 것은 과세대상에서 제외하며, 아래의 경우는 비과세되는 근로소득에 해당됩니다.

① 차량운전보조금

종업원 소유의 차량을 종업원이 직접 운전하여 사용자의 업무수행에 이용하고 시내출장 등에 소요된 실제여비를 지급받는 대신 지급받는 금액 중 월 20만 원 이내의 금액

타인명의 차량을 소유한 임직원의 차량보조금은 비과세 적용배제됩니다.

부부공동명의 차량을 소유한 임직원의 차량보조금은 비과세 가능합니다.

② 연구보조비

기업부설연구소나 연구개발전담부서에서 연구활동에 직접 종사하는 자가 받는 월 20만 원 이내의 연구보조비

식사를 제공받고 식대로 15만 원을 지급받는 경우 15만 원은 과세됩니다.

식사를 제공받지 않고 식대로 15만 원을 지급받는 경우 10만 원은 비과세, 5만 원은 과세됩니다.

③ 근로자가 제공받는 식사 또는 기타 음식물

④ 20만 원 이하 식대(식사 또는 기타 음식물을 제공받지 않음)

⑤ 비과세학자금

⑥ 출산보육수당(출산이나 6세 이하 자녀 보육관련 20만 원 이내)

⑦ 생산직근로자 야간근로수당 등(연 240만 원 이내)

⑧ 실업급여, 육아휴직급여, 산전후휴가급여, 장해급여, 유족급여

2. 직원상여

직원의 경우 내부규정에 의하여 지급되는 금액은 한도 없이 법인의 손금으로 인정됩니다. 그러나 **지배주주 등 특수관계에 있는 직원에게 동일지위에 있는 직원보다 높은 금액을 지급하면, 그 초과분은 손금으로 인정되지 않으므로 객관적인 규정과 기준에 의하여 지급이 이루어져야** 합니다.

3. 임원 급여

임원 급여의 한도에 대해서는 법인세법에 정한 특별한 규정은 없습니다.

그러나 법인의 지배주주 등 임원 또는 사용인에 대하여 정당한 사유없이 동일직위에 있는 지배주주등 외 임원 또는 사용인에게 지급하는 금액을 초과하여 보수를 지급하는 경우 그 초과금액은 이를 비용으로 인정하지 않고 상여처분합니다.

따라서 **임원 급여에 대해서는 정관에 금액기준을 정하거나 정관에서 주주총회 결의로 위임한 경우에는 급여 및 상여금 지급에 대하여 반드시 주주총회 결의가 있어야 하므로, 주주총회 결의내용에 대한 회의록을 작성하여 구비**해야 합니다.

비상근 임원에게 지급하는 보수는 당해 법인의 손금에 산입되는 것이지만 실질적으로 업무에 종사지 아니함에도 불구하고 보수를 지급하는 경우 부당행위계산 부인 규정이 적용될 수 있습니다.

대표자의 적정급여는 회사 재무상황에 대한 적정한 관점과 퇴직금 등 은퇴자금 마련 관점을 아울러서 고려할 필요가 있습니다.
따라서 당장의 소득세 및 4대보험을 회피하려는 낮은 급여보다는 적정급여를 지급하면서 배당, 퇴직금 등을 활용하는 방안이 가장 합리적입니다.

4. 임원 상여 및 퇴직금

법인이 임원에게 지급하는 상여금 중 정관, 주주총회 또는 이사회 결의에 의하여 결정된 급여지급기준에 의하여 지급하는 금액을 초과하는 금액은 손금에 산입하지 않습니다.

임원의 보수에 대하여 정관에서 주주총회 결의로 위임한 경우에는 급여 및 상여금 지급에 대하여 반드시 주주총회 결의가 있어야 하므로, 주주총회 결의내용에 대한 회의록을 작성하여 구비해야 합니다.

퇴직 후 받게 되는 직무발명보상금으로 비과세되는 기타소득은 300만 원 한도입니다.

급여지급기준 이내의 금액은 퇴직소득, 초과하는 금액은 근로소득으로 과세됩니다.

5. 사택제공이익

대표이사에게 사택을 제공하는 경우 당해 대표이사가 주주가 아니거나 소액주주에 해당하는 경우로서 제공받는 사택이 근로소득에서 제외되는 사택의 범위에 해당하는 경우에는 세법상 불이익이 없으나, 법인의 출자임원에 해당하는 경우에는 부당행위계산 부인규정에 의하여 사택제공에 따른 이익 등을 계산하여 세무조정 시 익금산입하고 상여로 처분합니다.

6. 직무발명보상금

직무발명이란 종업원, 법인의 임원이 그 직무에 관하여 발명한 것이 성질상 법인의 업무 범위에 속하고 그 발명을 하게 된 행위가 종업원 등의 현재 또는 과거의 직무에 속하는 발명을 말합니다.

법인이 임직원의 직무발명에 대하여 그 보상금을 지급하는 경우 2016년 이전에는 기타소득으로 과세하였으나, 2017년 개정으로 비과세소득(500만 원)을 제외하고는 근로소득으로 과세됩니다.

단, 퇴직자의 경우에는 기타소득으로 과세합니다.

07

Q 퇴직금은 어떻게 계산하고, 퇴직연금은 DB형과 DC형 중 어떤 것이 유리한가요?

A 1년 이상 근무한 근로자에 대해서는 퇴직금 지급의무가 발생하고, 퇴직연금 가입의무자는 DC형과 DB형 중 선택하여 가입해야 합니다.

1. 퇴직금(퇴직소득)

4대보험 가입 여부와 무관하며 일용직, 임시직 근로자라 하더라도 1년 이상 근로하고 퇴직을 하는 경우 퇴직금 지급의무가 발생합니다.

단시간근로자에 대해서는 퇴직금 지급의무가 발생하지 않습니다.

근로기준법에 따라 1년 이상 재직한 근로자가 퇴직하는 경우 재직기간 1년당 30일 이상의 평균임금을 퇴직금으로 지급해야 합니다.

퇴직금 금액 산정은 회사의 퇴직금 규정에 의하고, 별도의 지급 규정이 없는 경우 근로기준법을 따라 계산합니다.

> 퇴직금 = 1일 평균임금×30일×근무일수 / 365
> 1일 평균임금 = 퇴직직전 3개월 임금 / 퇴직직전 3개월간 총일수

평균임금은 이를 산정하여야 할 사유가 발생한 날 이전 3개월간 당해 근로자에게 지급된 임금의 총액을 그 기간의 총 일수로 나눈 금액을 말합니다.

2. 현실적 퇴직과 비현실적 퇴직

법인의 임직원 급여를 연봉제로 전환하고 향후 퇴직금을 지급하지 않더라도 현실적인 퇴직에 해당되지 않습니다.

임직원에게 퇴직금을 지급하면서 적법한 비용으로 처리하기 위해서는 세법의 규정에 따라 임직원이 현실적인 퇴직을 한 경우여야 합니다.

아래의 경우만 현실적인 퇴직으로 인정됩니다.

① 사용인이 임원으로 취임
② 상근임원이 비상근임원이 된 경우
③ 합병, 분할 등 조직변경에 의한 퇴사
④ 근로자퇴직급여보장법에 따른 퇴직금중간정산

비현실적 퇴직인 경우에는 퇴직금은 비용으로 인정되지 않고 업무무관가지급금에 해당합니다.

3. 퇴직금 중간정산 사유

퇴직금 중간정산은 아래에 해당되는 세법에서 허용하는 경우에만 가능합니다.

① 무주택자인 근로자가 근로자 본인 명의로 주택을 구입하거나 주거를 목적으로 전세보증금을 부담하는 경우
② 근로자 본인이나 배우자 부양가족이 질병이나 부상에 의하여 6개월 이상 요양이 필요한 경우

③ 채무자회생및파산에관한법률에 따라 파산선고나 개인회생 절차 개시 결정을 받은 경우
④ 임금피크제를 실시하는 경우
⑤ 근로자 또는 부양가족이 천재지변이나 이에 준하는 재해로 피해를 입은 경우

퇴직연금 의무가입 또는 과태료 규정은 현재는 없습니다.

DB형의 경우 퇴직금 신고를 회사에서 하게 됩니다.

4. 퇴직금 지급시기 및 중도퇴사자 연말정산

근로기준법상 퇴직금은 퇴사 후 14일 이내 지급하도록 규정하고 있으며, 당사자 간 합의에 따라 연장할 수 있습니다.

IRP계좌란 사용자 부담금 외에 근로자가 추가로 부담금을 더 납입가능하도록 한 제도입니다.

직원이 퇴사하는 경우 퇴직금 외에도 중도퇴사자 연말정산을 통해 소득세와 지방세 부분을 정산하게 됩니다. 또한 **4대보험 부분 역시 퇴사자 정산을 통해 퇴직금 지급 시 이를 반영하여 지급**하여야 합니다.

퇴직금을 지급한 때 퇴직소득세를 정산하여 원천징수 후 지급하는 것 이외에 다음해 3월 10일까지 퇴직소득 지급명세서를 반드시 제출해야 합니다.

퇴직은 하였지만 여러 가지 사정상 퇴직금 지급 및 원천징수가 이루어지지 않은 경우 지급시기의제 규정에 따라 1월부터 11월 사이에 퇴직한 경우는 12월 31일에 지급한 것으로 보고, 12월에 퇴직한 경우 2월 말일까지 지급되지 않은 경우 2월 말일에 지급한 것으로 보아 소득세를 원천징수하고 지급명세서를 제출합니다.

5. 퇴직연금

퇴직연금제도는 근로자의 노후생활 보장을 위하여 회사가 근로자에게 지급해야 할 퇴직금을 회사가 아닌 금융회사(퇴직연금사업자)에게 맡기고, 기업 또는 근로자의 지시에 따라 운용하여 퇴직 시 일시금 또는 연금으로 지급하는 제도입니다.

6. DC형과 DB형 비교

DC형과 DB형은 운용수익에 대한 리스크를 회사와 근로자 중 누가 부담하느냐의 문제일 뿐 회사가 일정금액을 외부 운용기관에 계속 납입하는 동일한 구조입니다.

퇴직금 증가에 따른 부담 감소 및 퇴직금 지급에 따른 원천징수 및 세무신고의무가 금융기관에 있다는 장점으로, 기업들은 대체로 DC형을 선호합니다.

구분	DC형	DB형
특성	매년 퇴직급여 100% 금융기관에 예치	퇴직금추계액의 60% 이상을 금융기관에 예치
세무정산	퇴직금 지급과 세무정산을 금융기관에서 이행	퇴직 시 일부는 금융기관, 일부는 사업자가 지급
회계처리	퇴직급여 비용처리	퇴직연금운용자산 처리 실제 퇴직일 비용처리
장단점	직원 급여상승에 따른 누진적 퇴직금 부담 상쇄	직원에게 유리한 편

08

Q 건설업 일용직근로자 인건비 및 퇴직금은 어떻게 지급해야 하나요?

A 건설 일용근로소득은 일단위로 연말정산되며 월 8일 이상 근무하게 되는 경우 연금, 건강보험 가입대상에 해당됩니다.

1. 건설업 일용직근로자 일용근로소득

건설업은 노동집약적 산업이고 일용직 인건비 처리가 업무에서 차지하는 비중이 큰 편입니다.

일용직근로자란 일단위로 근로계약을 체결하여 일당으로 근로대가를 받는 자를 말합니다.

일용직근로자는 일단위 또는 월단위로 채용계약이 이루어지며, 입사와 퇴사가 계속 반복적으로 반복하게 됩니다.

일용직 인건비 지급 후에는 원천세 신고 및 지급명세서 제출 그리고 근로내용확인신고가 매월 단위로 이루어져야 합니다.

근로내용확인신고를 함으로써 일용직근로자의 입사와 퇴사를 신고하게 됩니다.

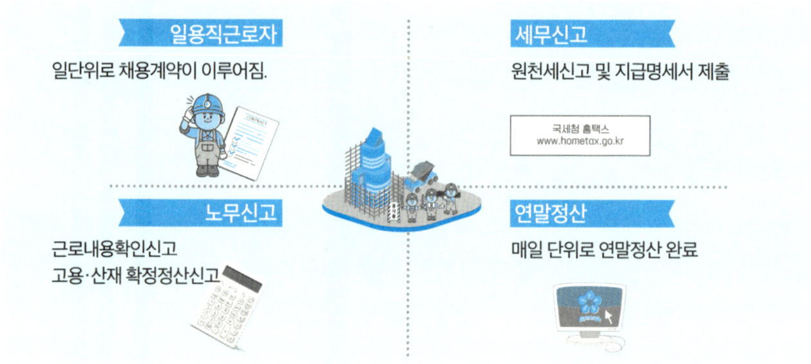

2. 일용직근로자 원천징수와 연말정산

일용직근로자는 사실상 세부담이 높지 않습니다.

일용근로소득은 분리과세대상 소득으로서 배우자가 일용근로자인 경우 연간종합소득금액이 100만 원 이하인 공제대상자에 해당합니다.

소득세 계산방법은 하루 일당에서 비과세소득 15만 원을 공제하고 최저세율인 6%를 적용하여 산출세액을 계산합니다.

산출세액에서 55%는 세액감면하므로, 결국 45%만큼만 부담세액이 됩니다.

예를 들어 하루 일당이 20만 원이라면 "20만 원−15만 원(소득공제)=5만 원"이 과세표준이 되고, 5만 원에 6% 세율을 적용하면 3,000원 산출세액이 계산됩니다. 3,000원 중 55%는 세액감면이 적용되므로 1,350원이 결정세액이 됩니다.

소액부징수로 인하여 비과세되는 일용직근로자의 일당은 187,000원입니다.

원천징수세액이 1천 원 미만인 경우 소액부징수로 0원이 되기 때문입니다.

3. 일용직근로자가 정규직근로자(일반급여자)가 되는 경우

일용근로자에 해당하는 **거주자가 건설업의 경우 1년 이상 계속하여 동일고용주에게 고용되는 경우로서 통상 동일한 고용주에게 계속하여 고용되는 자가 아닌 경우에는 1년 이상이 되는 월부터 일반급여자로 보는 것**이며, 당해 거주자의 종합소득과세표준을 계산함에 있어서 일용근로자로서 받은 급여도 1년 이상이 되는 월이 속하는 과세기간의 근로제공에 대한 것부터 일반급여로 보아 원천징수하고, 해당연도 1월 1일부터 12월 31일까지 지급받은 급여를 합산하여 연말정산해야 합니다.

근로내용확인신고서를 제출한 경우 국세청에 일용근로소득지급명세서를 별도 제출하지 않아도 됩니다.

근로내용확인신고서를 제출하지 않은 경우 300만 원 이하의 과태료가 부과될 수 있습니다.

4. 일용근로자 지급명세서 제출

분기별로 제출하던 일용직 지급명세서는 전국민 고용보험 가입 제도 시행으로 인하여 매월 말일까지 제출하도록 개정되었습니다.

구분	가산세
미제출	지급금액×1%(3개월 이내 0.5%)
불분명(사실과 다른 경우)	지급금액×1%

단시간근로자 및 1년 미만 근무자에 대해서는 퇴직금 지급의무가 발생하지 않습니다.

5. 일용직근로자 퇴직금

일용근로자의 경우도 1년 이상 근무하고 퇴사하는 경우 퇴직금 지급의무가 발생합니다. 건설업 특성상 현장상황 또는 계절적 특성으로 인하여 일정기간의 단절이 발생하여도 계속근로기간에 산입하도록 하고 있습니다.

이 경우 지급하는 퇴직금은 퇴직소득에 해당하고 원천징수합니다.

회사의 퇴직금지급규정에 일용근로자에 대해서도 퇴직금을 지급하도록 규정되어 있지 않으나, 회사가 퇴직금 명목으로 일정금액을 지급하는 경우에는 근로소득에 해당하는 것이므로 이를 일용근무기간으로 안분하여 일용근로소득으로 보아 소득세 등을 원천징수해야 합니다.

6. 근로사실부인 확인서가 제출된 경우

실제 일용근로자가 본인이 근로를 제공하고 대가를 수령하지 않았음에도 불구하고 본인 명의로 지급명세서가 제출된 경우 세무서에 근로소득부인 확인서를 제출하게 됩니다. 실제 근무하였지만 근로장려금 등 수령을 위하여 제출하는 경우도 있고, 현장에서 노임 집계과정 오류로 인한 경우도 있습니다.

세무서에 실제 근무사실 및 대가지급을 입증하기 위하여 평상시 출역일보, 작업일보, 노임대장, 입금증, 대리수령증 등 증빙을 잘 보관해야 합니다.

09

Q 직업소개소를 통하여 공급된 일용직근로자의 경우 임금 지급 및 세금계산서, 계산서 수취는 어떻게 하나요?

A 건설업 일용직근로자를 직업소개소를 통해서 고용하는 경우 회사가 직접 임금을 지급하고 고용내용 신고를 해야 하며, 직업소개소 소개비 해당액은 면세 계산서를 수령해야 합니다.

1. 직업소개소를 통한 건설 일용근로자 채용

직업소개소의 인력알선에 대하여 세금계산서를 발행할 수 없습니다.

직업소개소가 인력파견업(공급업)에 해당되는 경우만 세금계산서를 발행할 수 있습니다.

직업소개소의 경우 실업자와 별도 고용계약 없이 고용알선만 해주고 그 대가인 수수료를 받는 것으로서 부가가치세가 면세 대상에 해당하며 수수료에 대하여 계산서를 교부하게 됩니다.

직업소개소가 단순히 건설회사에 일용근로자에게 일자리를 소개하고 일용근로자로부터 소개비만 받는 경우이거나 또는 직업소개소가 회사와 계약에 의하여 회사에 인력을 공급하고 회사로부터 소개, 알선에 따른 수수료만 수취하는 경우로서 **회사의 책임하에 일용직근로자를 고용하여 인건비를 직접 지급할 경우에는 회사가 원천징수의무자로서 소득세를 원천징수하고 원천세 신고 및 지급명세서 제출 등을 이행**하여야 합니다.

2. 일용직근로자 노임 지급 및 원천징수

직업소개소가 단순히 고용알선만 해준 경우 회사는 근로자에게 직접 임금을 지급하고 관련 세법에 따라 소득세 등을 원천징수하여야 합니다.

현장에서는 직업소개소가 노동자로부터 위임을 받아서 대리수령 후 지급하고 있으므로, 이러한 내용 관련 서류를 직업소개소로부터 수령하는 것이 좋습니다.

회사가 일용직근로자를 직접 고용한 것에 해당되므로 고용보험, 산재보험, 건강보험, 국민연금 등의 징수의무 및 신고납부의무 역시 회사에 있습니다.

직업소개소를 통한 일용직근로자

직업소개소는 단순히 고용만 알선

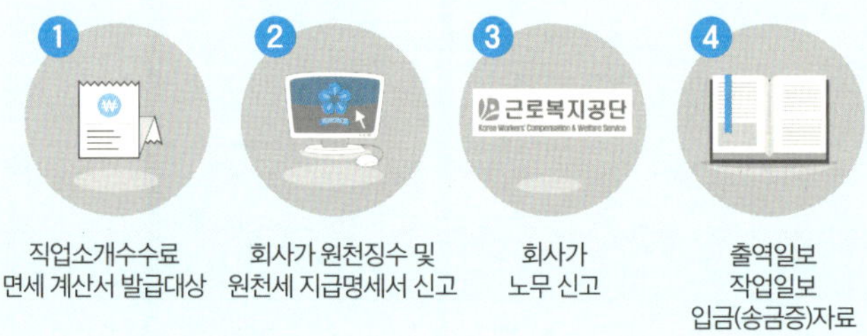

3. 직업소개소 기타 고려사항

직업안정법에 따른 유료직업소개요금 고시는 직업소개소가 건설일용직의 경우 임금의 10%를 초과한 소개비를 받을 수 없도록 규정하고 있습니다.

그러나 대다수 직업소개소는 이런 규정을 알지 못하거나 아는데도 관례를 빙자하여 구직자로부터 일방적으로 10%의 소개비 또는 정액의 금액을 제하고 임금으로 지급하고 있습니다. 회사가 부담한 소개비는 계산서를 수취하여 지급수수료 비용으로 인정받을 수 있습니다.

근로장려금 수급 목적으로 실제 일을 하였음에도 불구하고 사후적으로 근로사실 부인이 늘고 있습니다.

실제 근로사실을 입증하기 위하여 출역일보, 작업일보, 임금 송금증, 수령확인증 등을 잘 보관해야 합니다.

근로자가 본인이 근로를 제공하지 않고 소득을 지급받지 않았음에도 불구하고 등재된 경우 세무서에 방문하여 근로소득부인확인서를 제출하게 됩니다.

4. 인력공급업

노동력을 확보하고 계약에 의하여 타사업체에 임시로 수요인력을 수시로 제공하는 사업은 인력공급업에 해당하므로 부가가치세가 과세되는 것으로, 본인의 책임하에 인력을 공급하는 사업에 해당하는지 또는 단순히 인력고용에 관련하여 알선하는 직업소개업에 해당하는지는 계약내용 및 실제사업내용 등 관련사실을 종합하여 판단하게 됩니다.

인력공급업은 실업자를 계약에 따라 고용한 후 용역이 필요한 업체에 파견하고 동 업체로부터 전체 용역 대가를 받고 실업자에게 직접 급여를 지급하는 것으로서 이는 부가가치세가 과세되는 용역의 공급에 해당되는 것으로, 이 경우 수수료 및 인건비 총액에 대하여 세금계산서를 발급하게 됩니다.

그러나 **건설업의 경우 인력공급업체로부터 인력을 공급받는 것은 금지**되어 있습니다.

아래의 경우 인력파견(공급)업 금지대상에 해당하기 때문입니다.

① 제조업의 직접생산공정업무
② 건설공사 현장에서 이루어지는 업무
③ 항만운송사업법 등에 의한 하역업무
④ 선원법에 의한 선원의 업무
⑤ 산업안전보건법에 의한 유해하거나 위험한 업무
⑥ 진폐예방및진폐근로자보호법 규정에 의한 분진작업을 하는 업무
⑦ 산업안전보건법에 의한 건강관리수첩의 교부대상 업무
⑧ 의료법에 의한 의료인의 업무 및 간호조무사의 업무
⑨ 의료기사에관한법률에 의한 의료기사의 업무
⑩ 여객자동차운송 및 화물자동차운송 운전업무

10

Q 건설업 불법체류 일용근로자 인건비 비용처리 가능한가요?

A 불법체류자 인건비도 실제 지급한 사실이 금융증빙 및 수령증 등으로 객관적으로 확인되고 여권사본 등 신분확인 서류가 구비된 경우 비용처리 가능합니다.

1. 건설업 현장 불법체류 일용직근로자의 현실

외국인근로자 투입인원만큼 내국인의 일자리가 잠식되기에 불법체류자 채용에 대해서 법무부와 고용노동부는 규제를 가하고 있지만, 건설현장에서는 공기가 이윤과 직결되기에 불법체류자를 채용해서라도 공사를 완료해야만 하는 현실입니다.

건설업은 업종기피 현상과 고령화 문제로 건설현장의 인력난은 갈수록 심각해지고 있습니다. 현장에서 부족한 인원은 외국인근로자가 채울 수밖에 없는 구조이지만, 문제는 이들 외국인근로자 중 적지 않은 수가 불법체류 및 불법고용 상태라는 점입니다.

"불법체류자 없이는 집 못 짓는다"라는 말대로 이미 현장의 외국인근로자 비율은 매우 높습니다.

청년층이 건설업 종사를 꺼리는 상황에서 내국인 기능공이 고령화됨에 따라 외국인들의 현장참여는 갈수록 가속화될 수밖에 없는 현실입니다.

건설현장에 외국인근로자를 합법적으로 채용하기 위해서는 첫째, 외국인근로자는 건설업에 취업가능한 체류자격을 갖추어야 합니다.

둘째, 외국인고용허가를 받은 외국인이어야 합니다.

실무적으로 위 두 가지 요건을 충족하기 위해서는 행정적으로나 현실적으로 매우 어렵기 때문에 당장에 급한 현장을 돌리기 위해 불법체류자를 고용하는 것이 업계 현실입니다.

2. 불법체류자 고용에 대한 제재

법무부와 고용노동부는 국민일자리 잠식에 대한 방지차원에서 출입국관리법과 외국인근로자고용에 관한 법률에 의거해서 불법체류자 고용에 대해 제재를 부과하고 있습니다.

불법고용이 적발되면 3년 이하의 징역 또는 2천만 원 이하의 벌금, 고용인원 1인당 150~200만 원의 범칙금 부과, 3년간 외국인근로자 고용제한, 불법체류자 출국비용 부담 등 제재를 가합니다.

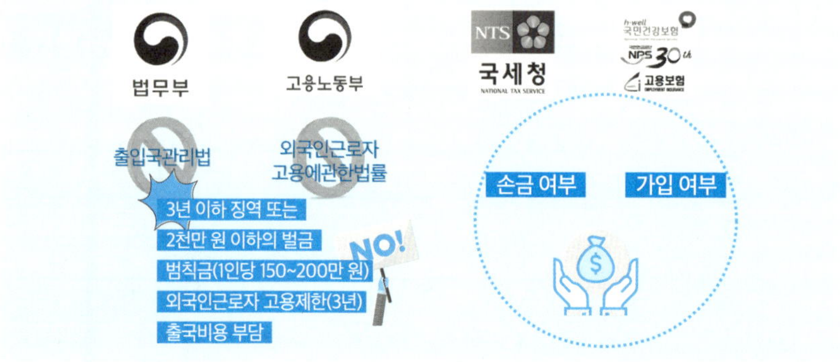

3. 건설업 불법체류자 인건비 손금인정 여부

불법체류자를 고용하였더라도 해당 불법체류자에게 지급한 인건비는 손금산입이 가능하며, 이 경우 법인이 지급한 인건비에 대한 증빙으로서 그 비용이 당해 법인에 귀속되고 실질적으로 결제되었음이 객관적으로 확인 가능한 서류(여권사본, 지급받는 자의 수령증 등)를 보관하여야 합니다.

① 불법체류자의 경우 원천세 및 지급명세서 신고 시 거소번호를 입력할 수 없으므로, 외국인등록번호 또는 여권번호로 신고해야 합니다.

② **원천세 신고 및 지급명세서 신고를 못한 경우 원칙적으로 법인세 계산 시 손금인정 불가능하지만 실질과세 원칙에 따라 법인이 지급한 인건비에 대한 객관적인 증빙으로 여권사본, 지급받는 자의 수령증 등을 보관한 경우로서 지급사실이 확인되는 경우 인건비 처리가 가능**합니다.

외국인을 채용하는 경우에도 4대보험 등의 가입 의무는 발생하게 됩니다. 고용보험의 경우는 비자 종류에 따라 임의가입할 수 있고, 국민연금의 경우 상호주의 원칙에 따라 면제받을 수도 있습니다.

인건비에 대하여 손금을 인정받은 경우 결론적으로 원천세 기한후 신고 납부를 해야 합니다.

4. 원천세 신고 및 지급명세서 제출

일용근로소득을 지급하는 경우 원천세 신고 및 지급명세서를 제출해야 합니다. **원천세 신고를 하지 않은 경우 신고불성실가산세 및 납부불성실가산세가 부과되고 지급명세서를 기한 내에 미제출하거나 제출을 누락한 금액이 있다면 이에 대해서는 지급명세서 보고불성실가산세가 부과**됩니다.

불법체류자에 대하여 인건비 신고를 하지 않은 경우 객관적 사실을 입증함으로써 인건비를 인정받는 경우라도 원천세를 납부해야 하며, 가산세를 부담해야 합니다.

결론적으로 해당 법인의 금융증빙내역 등으로 실제지급한 사실이 객관적으로 확인되고, 수령 상대방의 신분 및 확인서가 있는 경우 원천세 및 지급명세서 신고를 하는 것이 최선입니다.

불가피하게 신고를 하지 못한 경우 인건비를 계상하고 추후 소명을 대비하여 증빙자료를 철저히 구비해야 합니다.

11

Q 건설근로자 퇴직공제부금 및 장애인고용부담금은 의무사항인가요?

A 공사예정금액 기준으로 공공공사 1억 원 이상, 민간공사 50억 원 이상의 경우 퇴직공제부금을 납입해야 합니다.

퇴직공제금은 근로자가 건설업 생활을 청산하고 영원히 떠나게 된 때(사망 포함) 지급하게 됩니다.

1. 건설근로자 퇴직공제제도

일용 임시직 건설근로자가 퇴직공제 가입 대상 건설현장에서 근로하면 건설사업주가 공제회로 근로일수를 신고하고 해당 공제부금을 납부하면 해당 근로자가 건설업에서 퇴직할 때 공제회에서 퇴직공제금을 지급하는 제도입니다.

2. 적용대상 근로자의 범위

퇴직공제 가입현장에서 근로하는 근로계약기간 1년 미만 일용 · 임시직근로자는 퇴직공제 적용대상 근로자입니다.

근로자의 국적, 연령, 소속 및 직종에 제한 없이 적용되기 때문에 외국인근로자도 가입대상이 됩니다. 1일 소정근로시간 4시간 미만이고 1주간 소정근로시간이 15시간 미만인 단시간근로자는 가입대상에서 제외됩니다.

또한 1년 이상의 기간을 정하여 고용된 근로자도 일용근로자가 아니므로 가입대상에서 제외됩니다.

3. 퇴직공제 적용공사 범위

퇴직공제는 무조건 가입대상은 아닙니다.

건설, 전기, 정보통신, 소방, 문화재수리 공사로서 공사예정금액 1억 원 이상인 공공공사와 공사예정금액 50억 원 이상인 민간공사는 퇴직공제에 가입하고 부금을 납부해야 하며 세법상 손금으로 인정됩니다.

구분	범위
국가 지자체가 발주하는 공사	공사예정금액 1억 원 이상
국가 또는 지자체가 출자(출연)한 법인 발주한 공사	
국가 또는 지자체가 출자(출연)한 법인이 납입자본금의 50% 이상을 출자한 법인이 발주한 공사	
민간투자사업으로 시행되는 공사	
공동주택 건설공사	200호실 이상
200호 이상 주상복합건물의 건설공사	
오피스텔의 건설공사	
민간이 발주한 공사	공사예정금액 50억 원 이상

4. 장애인고용부담금

상시근로자 수가 50인 이상인 장애인 의무고용 사업체는 일정한 수의 장애인을 의무적으로 고용해야 하는데, 그렇지 않고 의무고용 인원에 미달할 경우 미달하는 수에 따라 사업주가 부담하는 고용부담금을 말합니다.

단, 상시근로자 수가 50인 이상 100인 미만인 경우는 제외합니다.

노동집약적 산업인 건설업의 경우 부담이 될 수밖에 없습니다.

건설업의 경우 일용근로자를 포함하여 상시근로자 수를 계산합니다.

5. 장애인고용부담금 신고대상 및 납부금액

월 평균 상시 100명 이상의 근로자를 고용하는 사업주는 신고 · 납부해야 합니다.

민간사업주, 국가기관 및 지방자치단체의 장, 교육감, 공공기관 및 지방공기업의 장 모두 신고 대상입니다.

특정 월의 상시근로자 수가 100명 미만이더라도 월 평균 상시근로자가 100명 이상이면 신고 대상입니다.

부담금 납부 금액은 의무고용률에 따라 고용하여야 할 장애인 총수에서 상시 고용하고 있는 장애인 수를 뺀 수에 고용수준별 적용 부담기초액을 곱한 금액의 연간 합계액을 납부해야 합니다.

상시근로자:
매월 임금지급의 기초가 되는 날이 16일 이상인 근로자
다만, 소정근로시간이 60시간 미만인 자(중증장애인 예외)는 제외

구분	의무고용률
민간사업주(월평균 상시근로자 100명 이상)	3.1%

고용 의무의 이행 수준에 따라 전체 미달인원에 달리 정한 부담기초액을 일괄 적용해 부과하게 됩니다.

고용 의무 이행수준	부담기초액	가산율
의무고용인원 3/4 이상 고용한 경우	1,094,000원	-
의무고용인원 1/2.~3/4에 미달하는 경우	1,159,640원	6%가산
의무고용인원 1/4.~1/2에 미달하는 경우	1,312,800원	20%가산
의무고용인원 1/4에 미달하는 경우	1,531,600원	40%가산
장애인을 한 명도 고용하지 않은 경우	1,822,480원	해당연도 최저임금

법령에 따른 의무의 불이행 또는 금지, 제한 등의 위반에 대한 제제로서 부과되는 공과금은 손금불산입됩니다.

6. 장애인고용부담금 손금불산입

장애인고용부담금은 장애인고용촉진및직업재활법에 따라 사업주의 의무고용률에 따라 고용하지 않는 경우 **벌과금 성격으로 납부하는 금액**입니다.

회계처리는 세금과공과로 처리하지만 손금불산입됨에 유의해야 합니다.

12

Q 일용근로소득을 사업소득으로 지급한 경우 4대보험 문제는 해결할 수 있을까요?

A 연금 · 건강보험 개정으로 부담이 증가하면서 일용근로자에 대하여 3.3% 프리랜서 사업소득으로 지급하는 사례가 증가하고 있습니다.

일용직근로자에 대해서도 연금·건강보험 가입대상이 되는 경우 국민연금보험료 9%는 사업자 4.5%, 근로자 4.5% 부담하고, 건강보험료 6.86%는 사업자 3.43%, 근로자 3.43%를 부담하게 됩니다.

1. 일용근로소득과 사업소득

월 8일 이상 근무하는 경우 일용근로자도 연금보험과 건강보험 가입대상이 되면서, 건설업의 4대보험 부담이 급격히 증가하고 있습니다.

2022년 **1월부터는 월** 220**만 원 이상 일용직근로자에 대해서도 국민연금 가입대상**이 되었습니다(소득기준 추가).

현장에서는 궁극적인 해결책이 되지 못함에도 불구하고 일용근로소득 지급 대신 3.3% 사업소득으로 지급하는 사례가 늘고 있습니다.

당장에는 4대보험 부담이 없고 처리가 간단하여 해결책이라고 생각할 수 있지만, 일용근로자는 독립된 지위가 인정되지 않고 근로자성이 인정되므로 향후 4대보험 추징 가능성 및 퇴직금 지급의무에서 자유로울 수 없습니다.

2. 근로자성 인정 여부

형식상 도급계약을 체결하였다 하더라도 도급인이 제공하거나 정한 직업장소와 시간에 도급인의 계획에 따라 작업(또는 공사)을 진행하여 그 지휘감독을 받아 작업을 하고, 노무제공에 대해 근로일수에 따른 급여를 제공받기로 한 자에 불과하다면 당해 수급인(오야지)은 근로기준법상 근로자에 해당한다고 보고 있습니다.

대법원 판례에서도 건축공사의 일부분을 하도급받은 자가 구체적인 지휘감독권을 유보한 채, 재료와 설비는 자신이 공급하면서 시공 부분만을 시공기술자에게 재하도급하는 경우와 같은 노무도급의 경우, 노무도급의 도급인과 수급인은 실질적으로 사용자와 피용자의 관계에 있다는 입장입니다.

3. 보험공단 지도점검과 보험료 추징 리스크

2018년 법이 개정되었고 2년 경과규정 기한도 지났으므로 점차 연금 · 건강보험 공단의 지도점검이 강화될 것이 예상되므로 해당되는 일용근로자의 취득신고를 진행하여 4대보험을 공제하고 일당을 지급해야 향후 보험료를 사업장이 전액 부담하는 리스크를 줄일 수 있습니다.

지도점검을 통해 국민연금 · 건강보험 가입대상에 대하여 추징이 이루어지는 경우 회사 부담분 50%뿐만 아니라 근로자 부담분 50%까지 회사가 부담하게 됩니다.

4. 사업소득 종합소득세 신고

3.3% **프리랜서 사업소득의 기장의무 및 경비율 판단기준은 직전연도 수입금액 기준으로 판단**합니다.

직전연도 수입금액이 7,500만 원 이상인 경우는 복식부기의무자에 해당합니다. 당해연도 수입금액이 5억 원 이상인 경우는 성실신고확인대상자에 해당한다는 점도 주의해야 합니다.

프리랜서의 경우 세금계산서 등 수취를 잘 하지 않고, 본인명의 신용카드 사용액 등 신경을 쓰지 않다 보면 5월 종합소득세 신고 때 당황하게 됩니다.

사업소득자의 경우 평상시 경비 지출 시 신용카드 또는 현금영수증을 사용하는 습관이 중요합니다.

프리랜서가 3.3% 사업소득으로 지급받은 소득은 사업자등록을 하지 않았더라도 사업소득으로 종합소득세를 신고·납부해야 합니다.

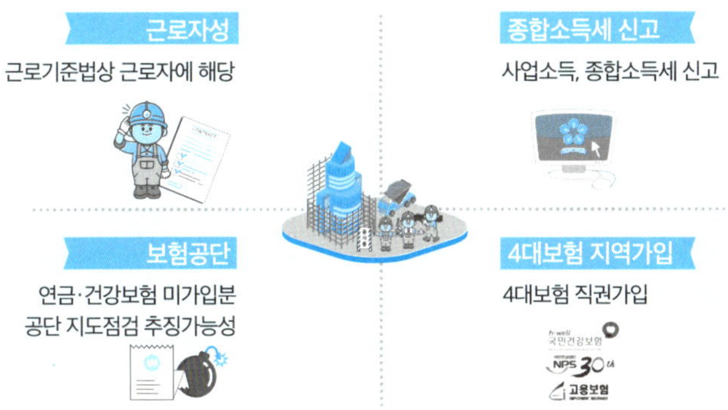

5. 4대보험 지역가입

5월 종합소득세 신고가 이루어지면 과세자료가 4대보험 공단으로 공유가 됩니다. 그 결과 소득**이 일정금액 이상인 경우 건강보험 피부양자 자격상실이 발생하고, 연금 · 건강보험 지역가입자로 보험료를 고지**받게 됩니다.

지역가입자가 되면 회사부담분 없이 본인이 100% 4대보험을 부담해야 하므로 소득세 및 지방세 부담보다 매우 큰 부담이 될 수밖에 없습니다.

직전연도 프리랜서 인적용역으로 사업소득이 발생하였으나 현재 소득활동을 중단한 상태임을 입증하기 위한 해촉증명서를 제출하는 경우 연금 · 건강보험 직권가입 또는 피부양자자격상실을 취소해 주기도 합니다.

13

Q 접대비와 복리후생비, 회의비, 광고선전비 구분은 어떻게 하나요?

A 접대비 과다지출은 사회적으로 바람직하지 않고 재무구조를 악화시키므로 규제하고 있습니다.

1. 접대비

업무무관비용: 신변잡화구입, 가정용품 구입, 업무무관업소(학원 등), 개인적 치료(병원), 공휴일 사용분 등은 국세청에서 데이터를 실시간으로 수집 분석하여 파악하고 있습니다.

접대비, 교제비, 기밀비, 사례금 기타 명목 여하에 불구하고 이에 유사한 성질의 비용으로서 업무와 관련하여 지출한 금액을 말합니다.

접대비란 명칭 여하에 불구하고 실질에 따라 판단하며, 한도 초과액에 대해서는 비용으로 불인정하고 있습니다.

지출의 상대방이 사업에 관련 있는 자들이고 지출의 목적이 접대 등의 행위에 의해 사업관계자들과의 사이에 친목을 두텁게 하여 거래관계의 원활한 진행을 도모하는데 있는 것이라면 접대비입니다.

2. 접대비와 적격증빙 수취의무

부가가치세법상 사업상 증여의 경우에 법인이 부담한 매출세액 상당액은 사업상 증여의 성질에 따라 접대비 또는 기부금 등으로 처리합니다.

한 차례의 접대에 지출한 접대비 중 1만 원을 초과한 접대비로서 신용카드, 현금영수증, 세금계산서, 계산서, 원천징수영수증 등 적격증빙 수취의무가 면제되는 아래의 경우를 제외하고는 적격증빙을 수취하지 않은 접대비는 비용으로 인정되지 않습니다.

① 거래처의 매출채권 포기액

② 법인이 직접 생산한 제품 등으로 제공하는 현물 접대비

③ 법인이 자기 제품이나 상품을 구입할 수 있는 상품권을 지급

④ 국외지역에서 지출한 접대비로서 지출사실이 객관적으로 확인

⑤ 농어민으로부터 직접 구입하고 지출사실이 확인되는 경우

⑥ 경조사비로 20만 원 이내의 금액

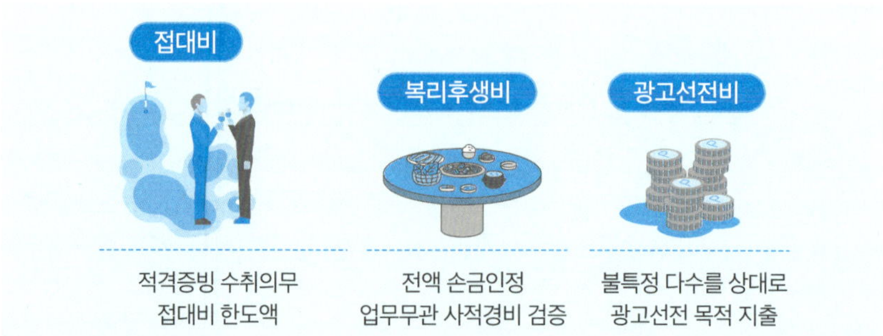

3. 접대비 한도액

접대비는 아래와 같이 비용으로 인정되는 한도가 있습니다.

구분			적용률
기본금액	일반기업 및 소비성서비스업		연 1,200만 원
	중소기업		연 3,600만 원
수입금액	일반 수입 금액	100억 원 이하	0.3%
		100억 원~500억 원	0.2%
		500억 원 초과	0.03%
	문화접대비		일반접대비 지출액 10%

주주 또는 출자자나 임원 또는 사용인이 부담하여야 할 성질의 접대비를 법인이 지출한 것은 이를 접대비로 보지 아니합니다. 이 경우 손금불산입하고 상여처분합니다.

분양업을 영위하는 시행사가 피분양자 중도금 대출이자를 부담하는 경우 접대비에 해당됩니다.

분양업을 영위하는 시행사의 임대수익보장제에 따른 임대소득 보전금액은 접대비에 해당됩니다.

법인이 구입한 상품권에 대해서는 부가가치세가 매입세액 공제되지 않으며 실질에 따라 접대비, 광고선전비, 판매부대비용, 복리후생비로 판단합니다.

4. 복리후생비

복리후생비란 종업원의 작업능률을 향상시키고 복리를 증진시키기 위하여 법인이 부담하는 시설이나 일반관리비 제조경비를 말합니다.

복리후생비와 접대비의 가장 큰 차이는 부가가치세 매입세액 공제가 가능하고 세법상 한도없이 전액 손금으로 인정된다는 것입니다.

그래서 **국세청에서도 법인신용카드 사용금액 중 접대성 경비 또는 업무무관 사적사용 경비를 검증하게** 됩니다.

복리후생비에 해당하더라도 과다하거나 부당하다고 인정되는 금액은 복리후생비로 보지 않고 손금으로 인정되지 않습니다. 급여로 지급하지 않고 복리후생비로 지출한 금액 중 비과세소득에 해당하지 않는 근로소득에 대하여는 과세할 수 있습니다.

고용산재보험 보수총액은 소득세법상 과세소득의 범위와 동일하므로, 근로소득에 포함되는 급여는 보수총액에 포함하여 신고해야 합니다.

5. 광고선전비, 판매부대비용

법인이 **불특정 다수를 상대로 광고선전 목적으로 지출한 비용은 광고선전비에 해당**됩니다. 특수관계자 외의 자에게 지급되는 판매장려금, 판매수당 또는 할인액, 쇼케이스 구입비용지원 등 건전한 사회통념과 상관행에 비추어 정상적인 거래라고 인정된 경우 판매부대비용으로 봅니다.

6. 회의비

정상적인 업무를 수행하기 위해 지출하는 회의비로서 사내 또는 통상 회의가 개최되는 장소에서 제공하는 다과 및 음식물 등의 가액 중 사회통념상 인정될 수 있는 범위 내의 금액은 회의비에 해당하고 비용으로 인정되지만, 통상 회의비를 초과하는 금액과 유흥을 위하여 지출하는 금액은 이를 접대비로 봅니다.

14

Q 업무용 차량 유지비는 차량 구입, 렌트·리스의 경우 각각 다르게 비용처리되나요?

A 업무용 소형승용자동차 구입 및 유지 관련 비용은 연간 1,500만 원 한도로 비용 인정됩니다.

업무용 소형승용자동차는 법인 및 개인 사업자가 취득하거나 임차(리스 포함)한 차량 중 개별소비세 부과대상 차량을 말합니다.
트럭이나 승합차는 적용 대상이 아닙니다.

차량의 유류비는 유류의 종류가 아니라 차종에 따라 공제 여부가 달라집니다.

1. 업무용 소형승용자동차 구입 및 유지 관련 비용

업무용 소형승용자동차 구입 및 유지 관련 비용은 법인세 또는 소득세 계산 시 연간 1,500만 원 한도로 비용 인정됩니다.

승합차나 트럭의 경우는 한도 없이 비용으로 인정됩니다.

업무용 소형승용자동차 관련 비용 손금을 인정받기 위해서는 아래 요건을 충족해야 합니다.

① 업무전용 자동차보험(임직원 전용보험)에 가입

② 5년간 정액법 상각(800만 원 한도)

③ 차량운행일지 작성

업무용 승용차 관련 비용이란 감가상각비, 임차료, 유류비, 보험료, 수선비, 자동차세, 통행료, 주차비, 금융리스의 경우 이자비용 상당액을 말합니다.

2. 차량 관련 부가가치세 매입세액 불공제

업무용으로 사용하지만 비영업용 소형승용차를 사용하는 경우에는 비영업용 소형승용자동차의 취득, 임차 및 유지(유류비 등)에 관련된 부가가치세 매입세액은 공제되지 않는 것입니다.

건설업에 사용하는 승합차나 트럭 및 건설장비의 경우는 매입세액 공제가 됩니다. 카니발 9인승, 포터, 스타렉스 12인승 등은 비영업용 소형승용차에 해당되지 않아 공제 가능한 것으로서 리스료 및 유지비에 대하여 거래처로부터 세금계산서를 발급받는 경우 및 부가가치세액이 구분기재된 신용카드매출전표 등(현금영수증 포함)을 수취한 경우 법인이 부담한 부가가치세액은 공제를 받을 수 있습니다.

업무용 승용차

매입세액 불공제
1,500만 원 한도

승합차, 트럭

매입세액 공제
1,500만 원 한도 미적용

차량매각

세금계산서 발행
계산서 발행

리스·렌트

구입·리스·렌트
동일

법인의 종업원 등 타인명의의 차량을 법인의 업무에 직접 사용하고 법인의 업무와 관련하여 지출한 차량유지비 상당액은 법인의 각 사업연도소득금액 계산상 손금에 산입할 수 있는 것이며, 개인소유차량을 회사출장업무에 사용 시 여비는 증빙자료에 의거 손금산입 가능하나 사회통념상 부득이한 경우 및 내부통제기능을 감안, 증빙 없이 인정될 수 있는지 여부는 사실판단 사항입니다.

3. 차량 매각 시 세금계산서, 계산서 발급 여부

법인이 보유한 차량을 매각하는 경우 세금계산서 또는 계산서 발급대상에 해당합니다.

주된 사업과 관련하여 우연히 또는 일시적으로 공급되는 재화 또는 용역은 별도의 공급으로 보되, 과세 및 면세 여부는 주된 사업의 과세 및 면세 여부 등을 따르는 것으로서 **과세사업과 관련하여 사용하던 자동차를 매각하는 경우 과세사업 관련 일시적 재화의 공급으로 보아 세금계산서를 발행**합니다.

면세사업과 관련하여 사용하던 자동차는 면세사업 관련 일시적 재화의 공급으로 계산서를 발행합니다.

4. 리스계약에 의한 차량구입 및 유지

차량을 구입한 경우 취득가액을 유형자산 차량으로 취득하고 매년 감가상각(5년)을 통해서 비용으로 인식하며, 이 경우 감가상각비 한도액은 800만 원이므로 고가 차량의 경우 감가상각비가 전부 비용으로 인식은 불가능합니다.

차량 구입, 렌트, 리스 여부에 관계없이 비용처리 원리는 동일합니다.

구분	금융리스	운용리스
계약	차량 취득(차입거래)	최초리스료 손금
보유	감가상각, 이자비용	리스료 손금

구분	금융리스	운용리스
보증금	선급금 ××× / 보통예금 ×××	선급금 ××× / 보통예금 ×××
차량인수	차량××× / 선급금 ××× 장기차입금 ×××	해당사항 없음.
리스료 납부	장기차입금 ××× / 보통예금 ××× 이자비용 ×××	리스료 ××× / 보통예금 ××× 이자비용 ×××
감가상각	감가상각비 ××× / 감가상각누계액 ×××	해당사항 없음.

15

Q 건설업 4대보험 특성은 어떤 것이 있나요?

A 건설업은 발주자, 원도급, 하도급 수직적 생산구조 및 다양한 현장 운영으로 인하여 타업종과 다른 4대보험 특성을 가지고 있습니다.

1. 건설업 연금 · 건강보험 특성

건설업은 건설용역을 제공하는 산업으로 일용직근로자의 근로내용이 용역에서 차지하는 비중이 매우 높습니다.

일용직근로자 특성상 입퇴사가 빈번하고, 이로 인한 보험관계의 성립 및 소멸신고업무가 매우 빈번하게 이루어집니다.

건설업은 발주자, 원도급, 하도급, 재하도급 등 수직적 생산구조로 각 단계별 공사관련 근로자 관련 4대보험 신고 및 납부의무의 주체에 관하여 혼동가능성이 큽니다.

일용직근로자란 1개월 미만 고용되는 자를 말하는데, 1개월 미만 동안 고용된다고 함은 현실적으로 1개월 미만으로 고용된 경우를 말하는 것은 아니며, 근로계약기간이 1일 단위 또는 1월 미만인 경우가 해당됩니다.

재하도급은 건설산업기본법상 금지되어 있으나 현장에서 빈번하게 발생하고 있는데, 재하도급 공사의 경우 고용산재보험 가입 업무가 애매하게 규정되어 있어 사각지대에 있습니다.

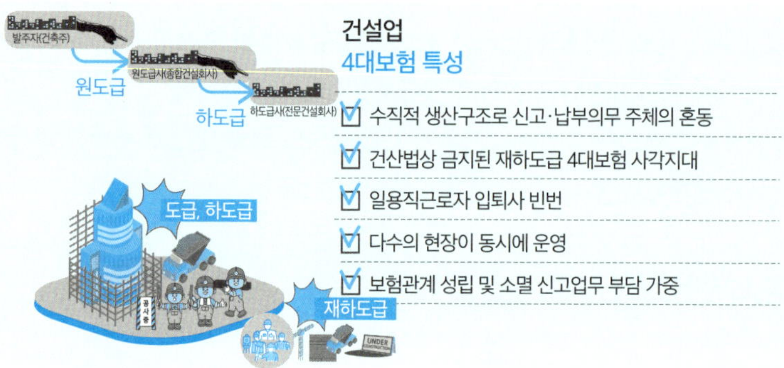

2. 건설업 산재 · 고용보험 특성

산재보험제도는 근로자의 업무상 재해와 관련하여 국가가 사업주로부터 소정의 보험료를 징수하여 그 기금(재원)으로 사업주를 대신하여 보상을 함으로써 재해근로자에게는 치료와 생계, 사회복귀를 지원하여 재해근로자 및 그 가족의 생활안정을 도모하고, 사업주에게는 일시에 소요되는 과중한 보상비용을 분산시켜 정상적인 기업 활동을 보장함을 목적으로 합니다.

고용보험은 공동 부담하는 기금을 재원으로 실업의 예방, 고용의 촉진 및 근로자의 직업능력의 개발·향상은 물론 근로자의 생활에 필요한 급여를 지급하여 실직 근로자의 생활안정 및 재취업을 지원합니다.

하나의 건설회사가 적게는 2~3개에서 많게는 10개 이상의 현장을 관리하고 있는 상황에서 사업장 적용신고 등 각각 현장별 노무 및 4대보험 관리가 매우 복잡합니다.

3. 연금 · 건강보험 주의사항

고용산재보험의 경우는 일괄로 관리가 되지만, 연금 · 건강보험의 경우 각 사업

주별로 가입주체가 되고 사업장 적용단위를 현장별로 적용하고 있어서 현장별로 연금 · 건강보험 성립신고를 해야 합니다.

연금·건강보험은 사업장 적용신고가 중요합니다.

연금 · 건강보험의 경우는 하도급사가 채용한 일용근로자가 의무가입 요건을 충족한다면 가입 및 납부 의무를 그 하도급사가 직접 부담하게 됩니다.

연금 · 건강보험 사후정산이란 제도를 두고 건설업체가 건설일용직에 대한 사회보험료(연금 · 건강)납부 영수증을 발주기관에 제출하면 예정가격에 별도로 계상된 보험료 범위 내에서 기성금 지급 시 당해 금액을 지급하고 공사완료 후 최종 정산하도록 하고 있습니다.

사후정산의 여러 요건을 충족하는 계약이라면 사업장적용신고는 합법적으로 일용근로자의 건강 · 연금보험료를 절감할 수 있는 부분이며, 건강 및 연금보험공단 실사 시 효과적으로 대응할 수 있습니다.

국민연금의 경우 가입대상이 신고 · 납부를 하지 않았다면 국민연금 가입자 확인이라는 제도를 통해서 보험료 및 가산금이 부과됩니다.

건강보험의 경우 보험료를 신고 · 납부하지 않은 사례를 적발하여 보험료 및 연체금 가산금을 부과하는 절차로 지도점검을 운영하고 있습니다.

4. 고용 · 산재보험의 주의사항

건설업은 도급계약 형식으로 여러 차례의 도급에 의하여 시행되는 경우 발주자와 직접 계약한 최초 원수급인이 보험가입자가 됩니다.

고용·산재보험은 일괄적용신고가 중요합니다.

하도급사가 채용한 근로자에 대해서도 원칙적으로 원도급사가 고용 · 산재 신고 · 납부 의무를 부담하도록 하고 있고, **예외적으로 하수급인 사업주 인정승인 제도를 통하여 하도급사가 고용 · 산재 신고 · 납부의무를 부담**하기도 합니다.

고용·산재보험은 1년 단위로 확정보험료와 개산보험료를 신고 및 납부하도록 하고 있습니다.

일정요건을 구비할 경우 2개 이상의 해당 사업 전부를 하나의 사업으로 보아 보험관계를 일괄 적용함으로써 사업주의 업무편의를 도모하고 근로자를 적극적으로 보호하려는 취지입니다.

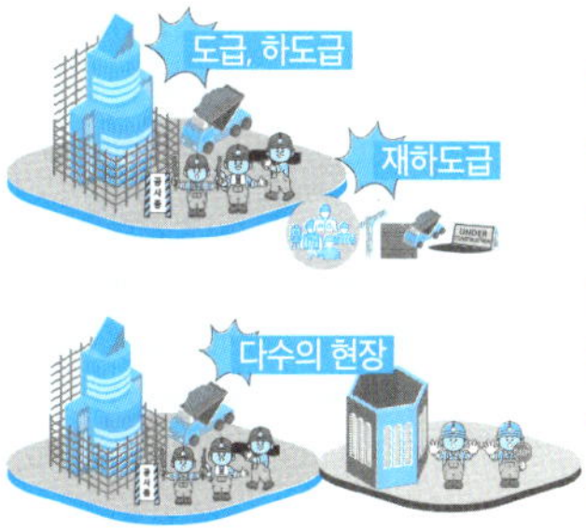

고용 및 산재보험

특성

- ☑ 원칙적으로 원수급인이 보험가입자
- ☑ 예외적으로 하수급인 인정승인제도
- ☑ 보험료 일괄적용 신고(현장 다수)
- ☑ 개산보험료 신고
- ☑ 확정보험료 신고
- ☑ 직영인건비 + 외주공사비×노무비율
- ☑ 확정정산(공단조사: 확정보험료신고)

16

Q 건설업 국민연금, 건강보험 특성은 어떤 것이 있나요?

A 한달 이상 근로하고, 한달 근무일수가 8일 이상 또는 60일 이상 근로한 일용근로자도 연금보험 및 건강보험 가입대상입니다.

1. 건설업 일용직근로자 국민연금 · 건강보험 법개정

20일에서 8일로 개정: 2018년 8월 1일 이후 적용(20년 8월 1일부터는 예외사항 없음)

기존에는 건설업의 경우 월 20일 이상 일할 경우만 국민연금 · 건강보험 가입대상이 되었으나 국민연금법을 개정하여 2018년 8월 1일 이후 체결되는 건설공사에 대해서는 일용근로자가 1개월 이상 근로하고, 한달에 8일 이상 일할 경우 국민연금보험료(9%)를 사업자(4.5%), 근로자(4.5%) 부담하게 되었습니다.

명분은 일용직근로자의 노후생활 보장이라고 하지만, 현장에서 근로자도 4대보험 가입을 원치 않는 경우가 많아서 현장에서의 실무적용 또한 만만치 않은 것이 사실입니다. 건강보험 공단 지침도 이에 맞물려 개정하여 월 8일 이상 국민연금 가입대상은 건강보험 역시 가입대상이 되었습니다.

2. 법개정 사항의 경과규정

2018년 8월 1일 이후 신규계약 건설공사 부분부터 8일 규정이 적용되고 있습니다. 현장에서 일하는 일용근로자도 4대보험 원천징수 공제를 원하지 않기 때문에 아직은 4대보험 가입이 눈에 띄게 증가하지는 않고 있습니다.

일용근로자로 인건비처리가 어려워지다 보니 3.3% 프리랜서 사업소득에 의한 경비처리 사례가 늘기도 합니다.

점차 국민연금, 건강보험 공단의 지도점검이 강화될 것이 예상되므로 해당되는 일용근로자의 취득신고를 진행하여 4대보험을 공제하고 일당을 지급해야 향후 보험료를 사업장이 전액 부담하는 리스크를 줄일 수 있습니다.

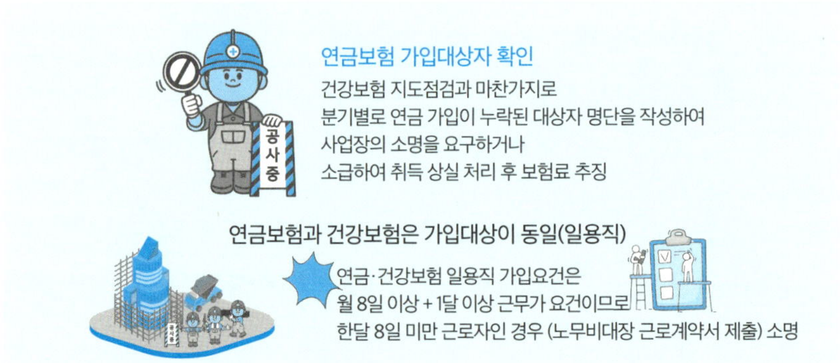

3. 사후정산제도 국민연금 · 건강보험 원가계산 반영

사후정산이란 건설업체가 직접노무비에 대한 4대보험료 부담액을 발주기관에서 보전해 주는 제도입니다.

원도급업체는 발주자에게 정산을 청구하고, 하도급업체는 원도급업체에 정산을 청구합니다.

사후정산을 적용받기 위해서는 연금 · 건강보험에 대하여 사업장 적용신고를 반드시 하고, 현장별로 적용신고를 해야 한다는 점을 주의해야 합니다.

국민연금법 개정을 반영하여 건설공사 사회보험료 공사원가 반영요율을 기존 2.49%에서 4.5%로 인상하는 방법으로 사업자의 보험료 부담을 최소화하기 위한 제도개선도 추진 중에 있습니다.

연금·건강보험 사후정산

- ☑ 도급·하도급 계약 시 사후정산 내용 포함
- ☑ 도급·하도급 계약 산출내역서에 보험료 항목 명기
- ☑ 공사기간은 되도록이면 1달 이상으로 계약
- ☑ 준공 시까지 신고지만 가급적 착공과 함께 신고
- ☑ 건설근로자 부담분에 대하여 반드시 원천징수
- ☑ 연금·건강보험 지도점검 시 근로자부담분까지 추징
- ☑ 국토교통부 사회보험료 적용기준 고시

4. 국민연금 · 건강보험 현장별 적용의 필요성(사업장적용신고, 분리적용신고)

사후정산제도를 적용받기 위해서는 건강 · 연금보험 사업장 적용신고를 반드시 해야 하고, 사업장 분리적용을 받아야 합니다.

사후정산제도는 건설현장의 직접노무비에 대해서만 적용받을 수 있고, 본사로 신고될 경우 직접 노무비로 계상되지 않기 때문입니다.

건설 현장별로 보험료 사후정산을 받기 위해서는 아래 절차대로 진행해야 합니다.

① 입찰공고 사후정산 규정 확인
② 계약서상에 사후정산 약정 체결
③ 연금 · 건강보험 사업장 적용신고
④ 분리적용 사업장 보험료 납부
⑤ 기성청구 시 보험료 납부영수증 첨부하여 보험료 수령
⑥ 준공 시 산출내역서상 보험료 범위 내에서 최종 정산 지급

건설공사로 인한 사회보험료 부담액을 건설공사 원가에 반영하여 정산받기 위해서는 사업장적용신고를 반드시 해야 합니다.

17

Q 건설업 고용 · 산재보험 성립신고 및 근로내용확인 신고란 무엇인가요?

A 건설업은 당연가입 사업장으로서 일괄적용 성립신고 해야 하며, 일용직 노무비에 대하여 월별로 근로내용확인신고를 해야 합니다.

2018년 7월 1일부터 사업자등록증에 건설업이 명시되어 있으면 일괄적용성립으로 산재보험 의무가입이 되었고, 고용보험 또한 2019년 1월 1일부터 의무가입 대상으로 개정되었습니다.

건설업의 경우 일반적으로 고용·산재보험의 관리번호가 본사관리번호, 일괄관리번호 2개가 있습니다.

최초 원도급 공사의 경우 공사금액의 27%를 보수총액으로 신고하게 됩니다.

일괄적용신고를 하지 않고 성립신고를 하지 않는 경우 미신고에 따른 연체금이 부과될 수 있고, 산재사고 발생 시 산재보상금액의 50%를 사업주가 책임져야 합니다. 또한 근로자의 실업급여 신청요건이 안되므로 추후 노무자와 분쟁이 발생할 수 있습니다.

1. 건설업 고용 · 산재보험 성립신고 및 일괄적용신고

건설업의 건설공사는 당연가입 사업장으로 보험관계가 성립한 날부터 14일 이내에 보험관계 성립신고를 해야 하고, 임의가입 사업장은 건설공사 종료일의 전날까지 필요서류를 제출하여 공단의 승인을 받아야 합니다.

건설업의 경우 업종 특성상 여러 공사현장이 진행되므로, 각 현장별로 고용 · 산재보험 업무를 진행한다면 업무가 번거로워집니다.

고용 · 산재 일괄적용이란 한 사업주가 행하는 모든 현장을 하나의 사업장으로 보아 고용 · 산재보험을 적용하는 제도입니다.

고용 · 산재 일괄적용을 받는 건설회사는 사업자등록번호 끝에 6이 붙는 일괄관리번호를 부여받게 됩니다. 건설업 고용 · 산재 일괄적용 성립 후에는 해당연도 고용 · 산재 개산보험료도 신고 · 납부해야 합니다. 건설업 고용 · 산재보험료는 월별 부과방식이 아닌 연도별 자진납부방식이므로 매년 개산보험료를 신고 · 납부하고 다음해 3월 전년도 보험료를 확정 정산하게 됩니다.

2. 근로내용 확인신고

근로내용 확인신고는 일용직근로자의 근로 사실을 확인하기 위해 신고하는 제도입니다. 일용직근로자들은 수시로 입퇴사가 발생하게 되므로 상용직과 같이 입사 · 퇴사 신고하는 것이 사실상 불가능하고, 근로내용 확인신고를 통하여 일용직 입퇴사 신고를 하게 됩니다.

근로내용 확인신고를 함으로써 고용보험 피보험자격의 취득 및 상실, 이직확인서 제출을 하게 되는 것입니다.

일용직근로자의 근로내용을 근무장소, 근무일수, 임금지급액 등을 상세하게 기록하여 근로복지공단에 제출하게 됩니다.

일용직근로자를 고용한 달을 포함하여 다음 달 15일까지 근로내용을 신고하여야 하며, 미신고 시 근로자의 인원수와 근로를 제공 월수에 따라 합산된 금액에 대하여 과태료가 부과됩니다.

3. 원도급 건설공사 고용 · 산재보험 신고

건설업의 경우 무조건 고용 · 산재 신고의무가 있는 것은 아니고, 원칙적으로 원도급 건설공사 경우 신고의무가 있습니다. 이때 구체적인 사실관계를 확인하여 정확하게 신고해야 합니다. **최초 원도급 공사를 진행할 사업주는 고용 · 산재 일괄적용을 위해 일괄적용 성립신고를 해야 합니다.**

일괄적용 성립신고 시 최초 원도급 공사에 대한 사업개시신고를 함께 진행해야 하며, 일괄적용 성립 후에는 **해당연도 고용 · 산재 개산보험료 신고도 해야 합니다.**

사업개시신고란 각 원도급 공사 현장별로 해야 하며 고용 · 산재 일괄적용 성립 이후 발생하는 원도급 공사는 공사금액, 공사기간과 상관없이 모두 현장별로 사업개시신고를 해야 합니다.

근로내용확인신고를 한 경우에는 국세청에 일용직 지급명세서 제출을 면제해주고 있습니다.
근로내용확인신고를 하지 않은 경우 1인당 3만 원(한도 100만 원)의 과태료가 부과됩니다.

4. 하도급 건설공사 고용 · 산재보험 신고

건설업 등 대통령령으로 정하는 사업이 여러 차례의 도급에 의하여 시행되는 경우에는 원수급인을 사업주로 보지만 공단의 승인을 받은 경우에는 하수급인을 사업주로 보는데 이를 하수급인 인정승인제도라 합니다.

현장에서는 원도급 업체들은 하도급 업체가 노동자를 직접 고용하는 위치에 있다는 이유만으로 공단에 "하수급인 승인신청서"를 강제적으로 제출케 하고 고용 · 산재보험료 부담을 떠넘기고 있습니다. 추가적인 문제는 우선 지불한 보험료를 기성금 정산 시 제대로 돌려받기 힘들다는 점에서 2중고를 겪고 있는 현실입니다.

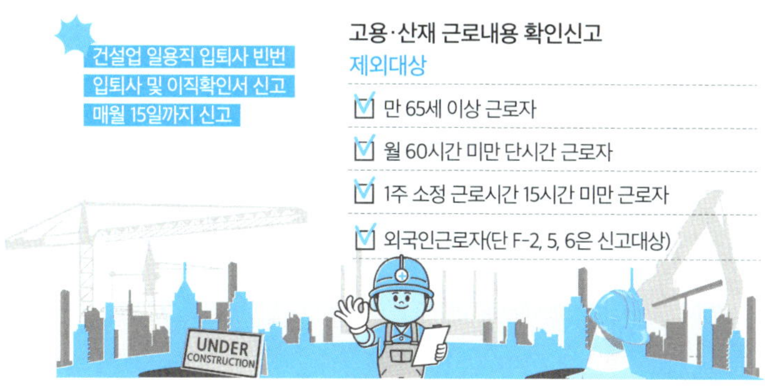

5. 무면허 건설업 고용 · 산재보험 신고

건설업 고용 · 산재 신고는 건설업 면허 보유 여부와 무관합니다.

사업자등록상 건설업 업종이 표기된 경우라면 보험관계 성립신고를 통해 건설업 본사 사업장으로 성립신고가 가능합니다. 이전까지는 **건설업 면허가 없는 경우 일괄적용신고가 불가능하였으나 법개정으로 가능하게 되었습니다.**

본사 및 현장에 대하여 다음해 3월 31일까지 보험료 확정정산 신고를 하면 됩니다.

무면허 건설업체도 개별적으로 현장이 발생하여도 보험료를 현장별로 각각 정산하여 납부하지 않고 일괄관리번호 하나로 모두 합산하여 정산 납부가 가능해진 것입니다.
연금·건강보험료는 일괄적용제도가 없기 때문에 현장별로 정산하여 납부하여야 합니다.

18

Q 건설업 고용 · 산재보험 보수총액신고 및 확정정산이란 무엇인가요?

A 고용 · 산재 확정보험료 신고가 잘못된 경우 확정정산 조사에 의하여 보험료 추징 및 연체금, 가산금까지 부과 당하게 됩니다.

1. 고용 · 산재 개산보험료 신고 및 확정보험료 산정 및 납부(정산)

확정보험료: 지난 1년간의 확정된 노무비에 따른 보험료

개산보험료: 앞으로 1년간의 예정된 노무비에 따른 보험료

하수급인 사업주 인정 승인: 예외적으로 근로복지공단의 승인을 받아 하수급인을 고용·산재보험의 보험가입자로 보는 제도

건설업은 다른 업종과 달리 1년간 개산보험료를 납부하고 1년 뒤에 실제 발생한 인건비에 따라 확정된 보험료를 정산 신고 및 납부하는 구조입니다.

개산보험료는 보험가입자가 1년간 사용할 근로자에게 지급할 보수총액을 추정하여 그 보수총액에 해당 보험료율을 곱하여 산출합니다.

건설업의 경우 보수총액의 추정이 어려울 경우 예외적으로 노무비율에 의해 보수총액을 결정하여 보험료를 산출합니다.

해당 보험연도의 3월 31일까지 신고 및 납부하게 되며 최대 4회까지 분할납부 가능합니다. 확정보험료는 해당연도 실제 지급한 보수총액(지급하기로 결정되었으나 미지급된 보수도 포함)에 보험료율을 곱해서 산정합니다.

직영인건비와 외주공사비 해당 노무비(하도급노무비율 곱한 금액)의 합계액에 보험료율을 곱해서 산정합니다. 이 경우 원수급인이 하도급 준 공사의 총공사금액(외주공사비)에서 하수급인에 대한 사업주 인정 승인을 받아 하도급 준 공사의 공사금액은 제외하고 산정합니다.

2. 고용 · 산재 보수총액 신고 유의점

부과고지와 자진신고를 같이 운용하는 사업장은 반드시 보수총액신고와 개산확정보험료 2가지를 모두 신고해야 합니다.

건설업은 1년치 고용 · 산재보험료를 다음해 3월 31일까지 자진신고 및 납부하기 때문에 보험료가 월별로 고지되지 않습니다.

이 경우 **보험료는 상용직, 일용직, 외주공사비 중 노무비에 대하여 보험료를 산정하게 되며 재무제표를 기반**으로 하기 때문에 근로내용확인신고 또는 일용직 지급명세서 같은 노임신고 자료와 차이가 발생할 수밖에 없습니다.

재무제표 결산 내용에 따라 고용 · 산재보험료가 달라지게 되며 보험료를 낮추기 위한 무리한 회계처리는 확정정산 조사를 통해 보험료와 연체금 추징으로 이어지게 됩니다.

건설사업장에서는 본사와 현장으로 나누어 보험료를 신고하게 됩니다.

3. 고용 · 산재보험료 확정정산(조사)

확정정산이란 근로복지공단에서 자진신고 사업장의 고용 · 산재보험 신고 누락 및 오류사항 등을 점검하고 미납보험료에 대해 추가로 징수하는 절차를 말합니다.
확정정산 대상에 선정되면 통상적으로 과거 3년치 보험료 누락 사례를 확인하여 추가 징수하고 연체금 가산금까지 부과하게 됩니다.
건설업의 경우 노동집약 산업으로서 노무비율이 높으므로 상당한 금액의 보험료를 추징 당하게 되므로 매우 부담스러운 분야입니다.
공단에서 확정정산 조사 시 재무제표 등 자료와 계정별 원장을 제출하게 됩니다.
각 계정에 숨겨져 있는 노무비 성격의 비용을 발췌하여 보험료를 부과하려는 목적인 것입니다.
조사과정에서 노무비가 숨어있는 계정은 재료비, 외주비, 경상연구개발비, 지급수수료 등을 세부적으로 점검하게 됩니다.

하수급 공사로 인정받을 수 있는 공사내역이 있다면 적극적으로 입증 및 주장해야 합니다.

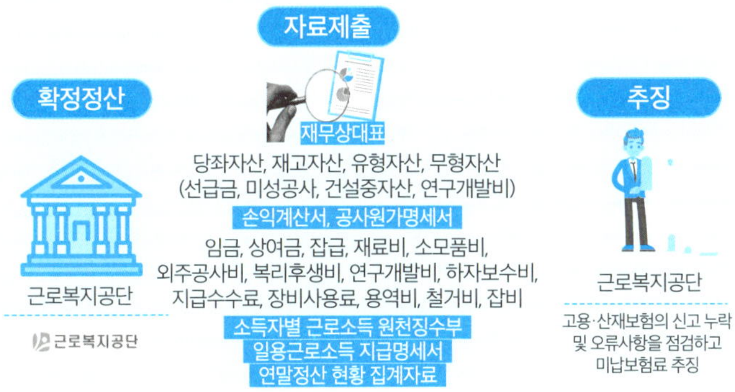

4. 고용 · 산재보험 확정정산 대비방안

원도급 공사만 하는 경우는 현장별 원가명세서가 없어도 상관없지만 하도급 공사가 있는 경우 고용 · 산재보험 하수급승인을 받는 사업장이 있다면 현장별 원가명세서를 작성하는 것이 유리할 수 있습니다.
외주공사로 추정되는 거래를 발췌하여 노무비율에 해당하는 노무비 추정액에 보험료율을 곱한 만큼 보험료가 추가징수 되므로 외주공사비성을 부인할 수 있는 계약서, 거래내역서, 견적서 등의 자료를 준비하여 소명이 가능합니다.
외주공사비를 재료비로 처리하는 경우는 대표적으로 확정정산 조사 시 자주 부인 및 추징당하는 내용입니다.
자재납품계약을 체결한 경우라 하더라도 납품계약서, 견적서 등 그 실질을 기준으로 공사를 포함하는 계약에 대해서는 외주공사로 분류하고 있습니다.
따라서 실제로 원재료 구매계약인 경우 물품계약서 내역서를 통해 소명이 가능하도록 준비해야 합니다.

근로복지공단의 정산방식과 회사가 생각하는 정산방식은 상이한 부분이 많기 때문에 오류 여부를 점검해보아야 합니다.

III편

건설업 회계와 실질자본

1장

건설회계와
건설업 실질자본

01 Q 건설업 회계 기업회계기준과 기업진단지침 중 무엇을 중심으로 해야 하나요?

A 건설업 결산은 기업회계기준에 따라 회계처리하는 것도 중요하지만, 건설업 기업진단지침에 맞는 결산이 더 중요합니다.

건설업 등록기준은 상시충족을 요건으로 하고 있으며, 실태조사 대상이 되어 실질자본이 건설업 등록기준 이상 충족함을 입증하지 못하면 영업정지 행정처분을 받게 됩니다.

건설업 결산의 가장 기초는 실질자본을 충족하는 결산이라고 할 수 있습니다.

따라서 **기업회계기준에 맞는 회계처리도 중요하지만 기업진단지침상 건설업 실질자산, 부실자산, 겸업부채, 부외부채, 실질자본에 대한 고려**가 반드시 이루어져야 합니다.

1. 기업회계기준

기업회계란 기업의 재무상태, 영업성과를 파악하고 기간손익을 확정하는 것을 목적으로 하는 회계입니다.

기업회계기준이란 재무제표의 실질적 내용이 되는 회계처리에 필요한 사항, 즉 회계측정기준과 재무제표의 형식상의 표시방법 등 재무보고에 필요한 사항을 규정한 회계원칙입니다.

외감법에 의해 외부감사를 받은 법인은 재무제표 대신 감사보고서를 제출하여 실질자본을 평정합니다.

외감법에 의한 외부감사대상 업체는, 기업회계기준은 강행규정이므로 반드시 재무제표 작성 시 회계기준에 따르도록 하고 있습니다.

이에 반해 **외부감사대상이 아닌 업체는, 기업회계기준은 임의규정이며 실무적으로 법인세법에 따라 회계처리가 이루어지고 있습니다.**

그러나 기업진단지침에 따로 정함이 없는 경우 기업회계기준을 준용하도록 하고 있으며, 기업회계기준을 위배하여 회계처리된 자산, 부채는 기업회계기준에 맞게 조정 · 평가하도록 하고 있으므로 **외부감사대상이 아닌 업체라 하더라도 기업회계기준에서 결코 자유로운 것은 아닙니다.**

2. 건설업 기업진단지침

건설업체 실질자본에 대한 진단(평정) 시 기준이 되는 규정이 건설업 기업진단지침입니다.

기업진단지침과 기업회계기준의 가장 큰 차이점은 건설업 관련성과 실재성을 매우 엄격하게 따진다는 점입니다.

실재하는 자산, 부채라 하더라도 겸업자산으로 열거된 자산 및 건설업 외에 겸업사업에 사용되는 자산은 겸업자산으로 차감되어 결론적으로 건설업 실질자산을 구성하지 않습니다.

제조업, 도소매업 외에 건설산업기본법에 의한 건설업이 아닌 전기, 통신, 소방공사업 등도 겸업사업에 해당됩니다.

또한 재무제표에 부채로 계상되어 있지 않더라도 기업에 귀속되는 부외부채는 부채로 가산하여 평가하게 됩니다.

기업진단지침은 기업회계기준의 개념을 준용하지만 실재성을 훨씬 더 엄격히 적용한다고 이해하면 됩니다.

이러한 특징으로 인하여 **회계상 자본총계가 충분하다 하더라도 부실자산 및 겸업자산으로 평정되는 항목이 많다보면 실질자본 미달인 경우가 매우 많습니다.**

3. 건설업 회계 관리방안

문제는 **건설업 기업진단지침에 의해 평정된 건설업 실질자본이 업종별 기준자본금 이상을 충족하지 못하면 영업정지 행정처분**을 받을 수 있다는 점입니다.

주기적 신고 제도를 폐지하고 실태조사로 개정된 이후 건설업 실태조사로 인한 영업정지 사례가 오히려 늘고 있습니다.

결산 및 세무신고 후 오류 등을 사유로 수정신고한 경우에도 수정된 재무제표는 인정되지 않습니다.

건설업체는 회계처리, 장부작성, 세무신고 과정에서 기업회계기준, 건설업 기업진단지침, 법인세법을 고려해야 합니다.

수주산업인 건설업 본연의 영업 활동에 지장을 받지 않기 위해서는 **결산과정에서 건설업 기업진단지침에 대한 고려가 가장 기초적이며 필수적인 부분**이라 할 수 있습니다.

02

Q 건설업 결산서상 실질자본이 미달하면 어떻게 되나요?

A 실질자본 미달 시 실태조사를 받게 되면 건설업 영업정지 행정처분을 받게 됩니다.

실질자본 충족에 대한 면밀한 검토 없이 결산이 이루어진 경우 어떤 문제가 발생할 수 있는지 알아보겠습니다.

자산(11억 원)		부채(3억 원)	
보통예금	1억 원	외상매입금	1억 원
공사미수금	2억 원	미지급비용	0.5억 원
받을어음	1억 원	차입금	1.5억 원
가지급금	4억 원	자본(8억 원)	
대여금	2억 원	자본금	3.5억 원
보증금	1억 원	이익잉여금	4.5억 원

건축공사업을 영위하는 기업의 사례입니다.

건축공사업의 경우 등록기준자본금은 3.5억 원입니다.

결산 재무제표를 확인한 결과 자본총계가 8억 원으로 확인된 경우 기준자본금 3.5억 원에 비하여 충분하니 우리 회사는 실질자본이 문제가 없구나라고 생각할 수 있습니다.

1. 건축공사업 실질자본 계산

자산(11억 원)			부채(3억 원)		
보통예금	실질자산	1억 원	외상매입금		1억 원
공사미수금	실질자산	2억 원	미지급비용		0.5억 원
받을어음	실질자산	1억 원	차입금		1.5억 원
가지급금	부실자산	4억 원	자본(8억 원)		
대여금	겸업자산	2억 원	자본금		3.5억 원
보증금	실질자산	1억 원	이익잉여금		4.5억 원

퇴직급여추계액: 결산기준일 현재 전직원이 퇴직을 할 경우 지급해야 할 퇴직금 총액

재무제표상 자산은 11억 원이지만, 부실자산과 겸업자산을 차감한 후의 금액은 5억 원입니다.

재무제표상 부채는 3억 원이며, 퇴직급여 추계액이 2천만 원이라면 부외부채로 가산하여 실질부채는 3.2억 원이 됩니다.

회계상 자산(11억 원) – 부실자산(4억 원) – 겸업자산(2억 원) = 5억 원

회계상 부채(3억 원) + 부외부채(0.2억 원) = 3.2억 원

건설업 실질자산(5억 원) – 건설업 실질부채(3.2억 원) = 1.8억 원

이 회사의 경우 건설업 실질자본은 1.8억 원으로 계산되며, 등록기준 자본금 3.5억 원에 훨씬 미달한 채로 결산이 끝난 것입니다.

2. 건설업 실태조사 대상선정

2××1년도 법인세 신고를 마치고 4월까지 건설업 실적신고(2차) 시 결산재무제표를 제출합니다.

국토교통부에서는 이 재무제표를 토대로 부실의심업체로 선정하여 실태조사를 시행합니다.

예시 회사의 경우 실태조사대상이 되면 2××2년 10월경 건설협회로부터 부실의심업체(자본금 미달) 실태조사 공문을 받게 됩니다.

공문을 받고 나서야 조사대상이 된 사유를 파악하고 실질자본을 계산하고 하지만, 이미 일은 벌어지고 난 다음입니다.

부실"의심"업체 대상으로 실태조사가 시행되기 때문에 실질자본을 충족한 경우에도 대상이 될수 있습니다.
자료를 제출하여 소명이 이루어지면 조사가 종료됩니다.

3. 실태조사 자료제출

실태조사를 받게되면 재무증빙, 세무증빙, 금융증빙을 제출하여 실질자본 충족 여부를 입증해야 합니다.

제출된 증빙자료를 통하여 실질자본이 충족됨이 입증된 경우 실태조사는 종료됩니다. 그러나 **실질자본이 실제로 미달된 업체의 경우 서류제출을 하여도 소명이 불가능**하고, 이 경우 기업진단을 해도 문제는 해결되지 않습니다.

예시의 경우는 서류소명이나 기업진단으로도 해결이 불가능한 경우입니다.

겸업자산, 겸업부채 검토가 필요한 경우나 실질자본 미달액이 아슬아슬한 경우라면 기업진단을 활용하는 것을 고려해 봐야 합니다.

건설업 기업진단지침상 실질자본은 매우 보수적으로 인정되므로 가결산을 통해 실질자본을 미리 검토한 후 연말까지 부족한 부분을 보완하여 결산이 마감되어야 합니다.

4. 청문 및 행정처분

실태조사 자료제출 및 기업진단을 활용한다 하더라도 실질자본 충족을 입증하지 못하면 건설업 영업정지 6개월 행정처분을 받게 됩니다.

행정처분 전 청문이란 절차를 통해 심사결과에 대하여 이의제기는 가능하지만, 심사결과를 뒤집거나 하는 특별한 실익은 없습니다.

5. 영업정지 및 등록말소

최종적으로 **영업정지 행정처분을 받게 되면 영업정지 기간 중에 신규 수주(계약)**를 할 수 없습니다.

영업정지 기간이 종료되는 시점에서도 실질자본을 보완하여 등록기준자본금 이상을 충족함을 기업진단을 통해 입증해야 영업정지가 종료됩니다. 실질자본을 보완하지 않으면 등록말소 처분이 내려집니다. 또한 3년 이내 동일사유로 영업정지가 2차례 이상인 경우 건설업 등록이 말소됩니다.

03

Q 건설업 실질자산, 부실자산, 겸업자산, 부외부채, 겸업부채는 어떻게 구분하나요?

A 실재성이 없거나 건설업이 아닌 겸업사업에 제공된 자산, 부채를 평정하여 건설업을 위해 실제로 사용하는 실질자본을 도출합니다.

회계상 자산으로 계상되어 있지만, 부실자산과 겸업자산을 차감하고 나면 건설업 실질자산은 큰 폭으로 줄어듭니다.
부채의 경우는 재무제표에 부채로 계상되지 않은 누락된 부채를 가산하여 평가하므로, 실질부채는 오히려 증가하는 경우가 많습니다.

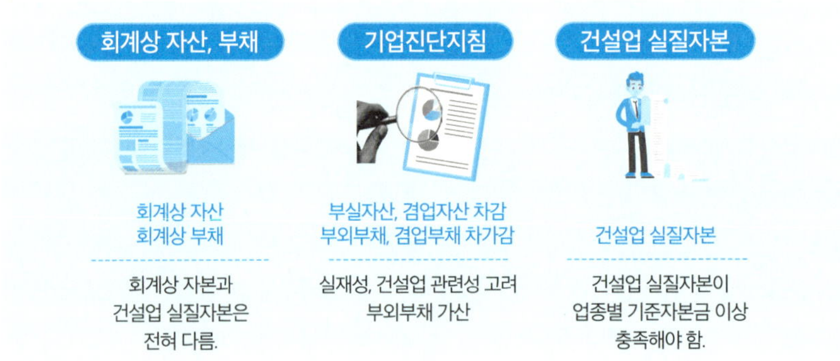

1. 건설업 실질자산

건설업 기업진단지침은 기본적으로 기업회계기준을 준용하므로, 기업회계기준에 위배하여 처리된 사항은 수정 가감하게 됩니다.
그리고 **기업진단지침상 부실자산과 겸업자산으로 규정된 부분을 차감하여 건설업 실질자산을 계산**하게 됩니다.

> 실질자산의 합계액을 실질자본으로 오해하는 경우가 많습니다.
> 실질자산에서 부채를 차감하여 실질자본을 계산해야 합니다.

회계상 자산 – 부실자산 – 겸업자산 = 건설업 실질자산

2. 건설업 부실자산

가지급금, 무기명금융상품, 회수가능성 없는 매출채권 등은 실재성이 없으므로 부실자산으로 차감하여 평가합니다.

3. 건설업 겸업자산

겸업자산이란 진단지침에서 **겸업자산으로 열거한 자산(고유목적 사업이 아닌 투자목적으로 보유하는 자산 등)과 겸업사업을 위하여 제공된 자산(제조, 도소매,**

전기공사업 등 겸업사업에 제공되거나 관련된 자산)을 말합니다.

회계상 자산 ━ 부실자산 ━ 겸업부채

4. 건설업 부외부채 및 겸업부채

회계상 부채 외에 결산에 누락된 부외부채 등을 가산하여 건설업 실질부채를 계산하고, 겸업자산과 직접적으로 관련된 겸업부채 및 공통사용 부채 중 겸업부채로 안분된 금액을 차감하여 건설업 실질부채를 계산합니다.

회계상 부채 − 부외부채 − 겸업부채 = 건설업 실질부채

5. 건설업 실질자본

건설업 실질자산에서 건설업 실질부채를 차감하여 건설업 실질자본을 계산하게 됩니다.

주의할 점은 겸업자본은 음수가 될 수 없으며, 겸업사업의 기준자본금에 미달하는 겸업자본이 계산된 경우 겸업자본을 기준자본금으로 평가함으로써 건설업 실질자본이 줄어들게 됩니다.

겸업부채의 평가를 늘임으로써 건설업 실질부채를 감소시켜 건설업 실질자본을 충족시키는 부실진단을 금지하고 있는 것입니다.

기업진단지침에 따로 정함이 없는 부분에 대해서는 기업회계기준을 준용하도록 하고 있습니다. 기업회계기준에 위배된 회계상 자산, 부채는 수정을 하게 됩니다.

건설업 실질자산	(-)건설업 실질부채	(=)건설업 실질자본
회계상 자산	회계상 부채	회계상 자본
+ - 수정사항	+ - 수정사항	+ - 수정사항
- 부실자산	+ 부외부채	+ - 부외부채 부실자산
- 겸업자산	- 겸업부채	겸업자본
건설업 실질자산	건설업 실질부채	건설업 실질자본

건설업 실질자산 − 건설업 실질부채 = 건설업 실질자본

04

Q 건설회계 현금과 전도금은 실질자산으로 인정받을 수 있나요?

A 현금과 전도금 합계액 중 회계상 자본총계의 1%까지는 실질자산으로 인정되고, 초과하는 부분은 부실자산으로 평가합니다.

건설업 표준재무제표상 표기되는 현금 및 현금성 자산에는 보통예금 등이 포함된 금액입니다.

현금과 전도금은 실제 현금 시재액 및 공사현장에 지급된 전도금을 의미합니다.

건설업 현금이란 재무상태표상 통화 및 타인발행수표 등 통화대용증권을 말하며, 현금잔액 및 전도금 잔액을 합친 금액을 말합니다.

전도금이란 건설현장에서 각종 지출의 편리성을 위하여 본사에서 건설현장에 지급된 금액으로, 현장에서 지출된 이후 사용처에 따라 정산되는 금액을 말합니다.

1. 건설업 기업진단지침 현금의 평가

현금은 현금성자산과 전도금을 지칭하며, 현금실사를 통하여 확인된 금액을 실질자산으로 인정하며, 재무제표 자본총계의 100분의 1을 초과하는 금액은 부실자산으로 평정합니다.

여기서 자본총계는 재무상태표상 자본총계를 의미하며, 현금성자산에 대해서는 실무적으로 확인이 어려우므로 자본총계의 100분의 1이라는 한도를 두고 인정여부를 정하고 있는 것입니다.

자산(5억 원)		부채(1억 원)	
유동자산	3억 원	유동부채	0.5억 원
현금	1,000만 원	고정부채	0.5억 원
보통예금	0.9억 원		
공사미수금	2억 원	자본(4억 원)	
비유동자산	2억 원	자본금	2억 원
기계장치	1억 원	자본잉여금	1억 원
출자금	1억 원	이익잉여금	1억 원
	400만 원은 실질자산 인정	600만 원은 부실자산 평정	

위 재무상태표상 자본총계는 4억 원으로 확인이 됩니다.

현금은 1,000만 원으로 계상되어 있습니다. 이 경우 정확한 현금성 자산의 실재여부를 실무적으로 확인하기는 매우 어렵습니다.

기업진단지침에서는 자본총계 4억 원의 100분의 1인 400만 원까지는 실질자산으로 인정하고, 나머지 600만 원은 부실자산으로 평정됩니다.

계정	구분	실질	겸업	부실
현금	자본총계의 1/100 이내의 현금 전도금	√		
	자본총계의 1/100 초과 현금 전도금			√

2. 건설업 전도금

건설업 전도금은 건설현장의 각종 지출의 편리성을 위해 지급된 금액을 말합니다. 현장에서 지출된 이후 사용처에 따라 해당 계정으로 정산됩니다.

현금과 전도금의 보유 없이 무조건 자본총계의 1%가 인정되는 것은 아닙니다.

현금실사와 현금출납장 등을 통하여 확인되지 않은 경우 실질자산으로 평가할 수 없습니다.

건설현장에서 각종 지출의 편리성을 위하여 본사에서 **건설현장에 지급된 금액**
현장에서 지출된 이후 사용처에 따라 정산

본사에서 현장으로 100만 원이 지급되고, 현장에서 이 중 80만 원을 직원식대로 지출한 경우 복리후생비 80만 원으로 정산됩니다.
만약 나머지 20만 원에 대하여 어딘가엔 지출되었지만 적격증빙을 받지 않고 사용처가 확인되지 않는 경우 가지급금으로 정산됨에 유의해야 합니다.

구분	
본사에서 현장 100만 원 지급	(차) 전도금 100만 원 / (대) 보통예금 100만 원
현장에서 식대로 80만 원 지출	(차) 복리후생비 80만 원 / (대) 전도금 80만 원
잔액 20만 원 지출증빙 없음	(차) 가지급금 20만 원 / (대) 전도금 20만 원

3. 건설업 현금 및 전도금 관리방안

회사에 필요 이상의 현금을 보유하지 않도록 하고, 비경상적인 현금 보유분에 대해서는 결산일 전 은행에 예금함으로써 부실자산으로 평가되는 불이익을 방지할 수 있습니다.
전도금의 경우 현장에서 지출된 부분에 대하여 적격증빙을 최대한 챙겨야 하며, 현장특성상 적격증빙 수취가 어려워 가지급금 발생가능성이 높으므로, 전도금 지급보다는 법인카드를 현금에 불출하여 사용토록 하는 것이 관리목적상 유리하며, **기말 현재 미정산 전도금이 있는 경우 일시적으로 회수하여 은행에 예금하여 부실자산 평가되지 않도록** 하여야 합니다.

필수적으로 현금사용을 필요로 하는 지출용 전도금 외에는 법인카드, 체크카드 등을 사용하여 현장 전도금을 관리하는 것이 유리합니다.

05

Q 건설회계 예금, 적금 등 금융상품은 평균잔액으로 평가하나요?

A 정기예금, 정기적금 등 금융상품은 결산기준일을 하루라도 포함한 30일간의 동일기간 평균잔액으로 평가합니다.

예금은 진단을 받는 자의 명의로 금융기관에 예치한 장단기 금융상품으로 요구불예금, 정기예금, 정기적금, 증권예탁금 그 밖의 금융상품(CD, CMA, MMF)을 말합니다.

중요한 점은 회사명의로 된 기명예금만 실질자산으로 인정됩니다.
무기명식 금융상품의 경우는 모두 부실자산으로 평정됩니다.

60일간 거래실적을 제시하지 못하거나 부실(겸업)자산으로 출금된 예금의 경우는 평균잔액 계산 시 모두 제외하고 평균을 구합니다.

건설업 예금이란 재무상태표상 회사명의로 금융기관에 예치한 장단기 금융상품으로 요구불예금, 정기예금, 정기적금, 기타 금융상품을 말하며, 유동성 기준에 따라 1년 이내 현금화가 예상되는 경우는 유동자산의 당좌자산으로, 1년 이후 현금화가 예상되는 경우는 비유동자산의 투자자산으로 표시됩니다.

1. 건설업 기업진단지침 예금의 평가

예금은 **진단기준일 현재의 예금잔액증명서와 진단기준일을 포함한 60일간의 거래실적증명을 확인하되 허위의 예금이나 일시적으로 조달된 예금으로 확인된 경우는 부실자산으로 분류하고, 사용이 제한된 예금은 겸업자산으로 평가**합니다.
예금은 진단기준일을 포함한 30일간의 은행거래실적 평균잔액으로 평가합니다.
단, 평가금액은 진단기준일 현재의 예금잔액을 초과할 수 없습니다.
진단기준일 현재 보유하던 실질자산을 예금으로 회수하거나 진단기준일 이후 실질자산의 취득 또는 실질부채의 상환을 통하여 예금을 인출한 경우 이를 가감하여 평균잔액을 계산합니다.

2. 부실(겸업)자산으로 평가되는 예금

예금잔액증명과 60일간 은행거래실적증명서를 제출하지 못하는 경우 및 부실자산이나 겸업자산으로 보는 자산을 회수하는 방식으로 입금된 후 진단기준일을 포함하여 60일 이내에 일부 또는 전부가 부실자산 또는 겸업자산으로 출금된 경우는 부실자산으로 평가됩니다.

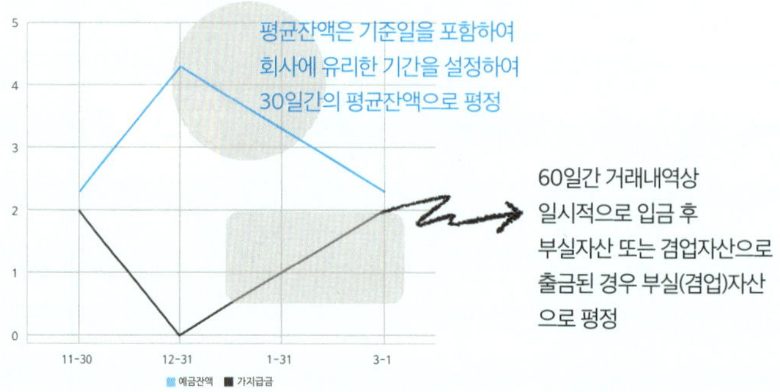

3. 겸업자산으로 평가되는 예금

질권설정 등 사용 또는 인출이 제한된 예금은 겸업자산으로 평정됩니다.
단, 공제조합에서 보증서를 발급받으면서 담보로 제공된 금액은 실질자산으로 인정됩니다.
건설공사를 위한 보증서 발급으로 인한 사용제한이기 때문에 예외적으로 실질자산으로 인정해주는 것입니다.
겸업자산으로 평가되는 예금은 평균잔액을 계산할 때도 제외해야 합니다.

계정	구분	실질	겸업	부실
현금	정상적인 예금(60일 확인)	√		
	사용 인출이 제한된 예금(질권설정 등)		√	
	60일 내 겸업자산으로 출금		√	
	60일 내 부실자산으로 출금			√
	은행거래내역 미제시			√
	무기명식 금융상품			√

질권설정 등 사용제한 여부는 결산기준일뿐만 아니라 전후 60일 동안 설정내역을 확인하게 됩니다.
따라서 결산기준일 전후로 며칠만 질권설정을 해제한 경우 겸업자산 평정을 피할 수 있는 것은 아닙니다.

표지어음의 경우 거래실적증명서와 은행잔고증명서가 발급되지 않는 무기명식 금융상품으로서 부실자산으로 간주합니다.

건설업 연말잔고를 30일 유지하나요? 60일 유지하나요?라는 질문이 많은 이유는 위의 규정 때문입니다.
공사미수금 등 실질자산을 회수하여 예금으로 보유 중인 경우 평가기간은 30일이 됩니다.
가지급금 등 부실자산을 상환하여 예금으로 보유 중인 경우는 60일 내에 다시 가지급금 등 부실자산으로 인출되면 부실자산으로 평가되므로, 60일 이후에 출금되어야 실질자산으로 인정받을 수 있다는 점을 주의해야 합니다.

4. 건설업 예금 관리방안

30일 평균잔액을 계산하는 경우 모든 예금에 대하여 동일기간으로 평가하게 됩니다.
이러한 점을 고려하여 결산 기준일 전후로 하여 공사미수금 및 부실자산의 회수 후 예금의 입출금 예상액을 고려하여 실질자산을 계산해 보아야 합니다.
또한 대출의 담보설정 등으로 예금에 대하여 질권설정된 경우가 있을 수 있으니 반드시 잔액증명서를 발급받아 확인해야 합니다.
가지급금 등 부실자산을 상환하여 예금으로 유지하는 경우 결산기준일을 포함하여 60일을 초과하여 유지해야 한다는 점을 반드시 기억해야 합니다.

진단기준일 이후 실질자산의 취득 또는 실질부채의 상환을 통하여 예금을 인출한 경우에는 이를 가감하여 은행거래실적 평균잔액을 계산합니다.
건설업 경영활동을 위한 급여지급, 매입채무지급, 실질자산의 취득 등 목적으로 예금을 사용 가능하다는 의미입니다.

06

Q 건설업 회계 유가증권(주식 등)은 실질자산으로 인정받나요?

A 상장주식, 공제조합출자금, 건설업 관련 특수목적법인 지분증권 이외에는 겸업자산으로 평가됩니다.

국내 관계회사(자회사 포함) 및 해외 관계회사(자회사 포함) 주식은 겸업자산에 해당됩니다.

건설업 유가증권이란 지분증권과 채무증권으로 구분됩니다. 유가증권은 보유기간 또는 보유목적에 따라 단기매매증권, 매도가능증권, 만기보유증권 및 지분법투자주식으로 구분되는 지분증권과 채무증권으로 구분됩니다.

1. 건설업 기업진단지침 유가증권

상장주식이란 한국금융투자협회 회원사로부터 발급받은 잔고증명서를 제출한 유가증권을 말합니다.

금융기관 거래실적 및 잔고증명서를 제출하지 못하는 유가증권은 부실자산입니다.

상장주식, 특정 건설사업 수행을 위한 특수목적법인(SPC, PFV) 지분증권, 건설 관련 공제조합 출자증권은 실질자산으로 분류됩니다. 이외의 유가증권은 겸업자산으로 분류됩니다.

무기명식 금융상품, 출처가 불분명한 유가증권, 비상장주식은 겸업자산으로 평가된다는 의미입니다. 무기명식 금융상품 등을 활용한 변칙적인 실질자본 충족을 방지하려는 취지입니다. 출처가 불분명한 유가증권이란 취득대가가 출금된 내용이 확인되지 않는 것을 의미합니다.

2. 유가증권 평가

건설사업 수행을 위한 특수목적법인 지분증권은 계약서, 출자확인서, 금융자료 등으로 확인한 취득원가로 평가합니다. **공제조합 출자금은 진단기준일 현재 시가로 평가**합니다. 공제조합 출자금은 매년 2회 결산에 의하여 1좌당 지분가액이 변동되므로 평가증된 부분은 시가에 반영할 수 있습니다. 상장주식은 진단기준일 현재의 시가로 평가합니다.

보통예금 평정방법상 30일간 평균잔액으로 평가하는 것이 불리한 경우 상장주식을 대안으로 고려합니다.

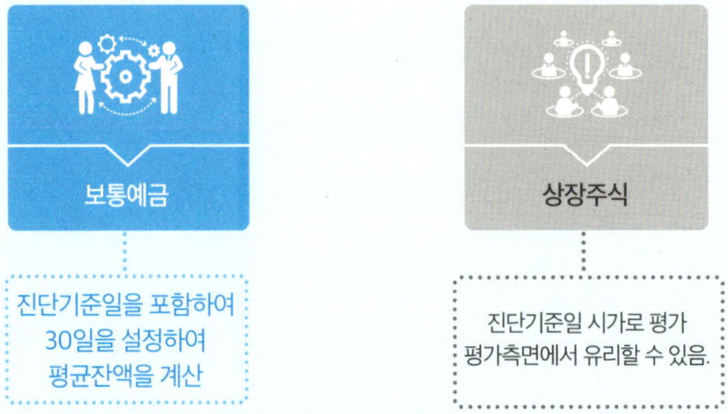

3. 겸업자산(부실자산)으로 평가되는 유가증권

실질자산으로 보는 유가증권이 진단기준일 현재 사용 또는 인출이 제한된 때에는 겸업자산으로 보며, 이 경우 겸업자산으로 보는 유가증권과 직접 관련된 차입금 등도 겸업부채로 처리합니다.

상장주식이 진단기준일 이후 매도되어 입금된 대금이 입금 후 60일 이내에 그 일부 또는 전부가 부실자산이나 겸업자산으로 출금 또는 유지된 경우에는 부실자산으로 평가됩니다.

일시적으로 자금을 조달하여 상장주식을 취득 후 결산에 반영하고, 결산일 이후 매각하여 자금을 변제하는 경우 부실자산으로 평정하겠다는 취지입니다.

계정	구분	실질	겸업	부실
유가증권	상장주식	√		
	건설업 관련 특수목적법인 지분증권	√		
	건설관련 공제조합 출자증권	√		
	비상장주식		√	
	무기명식 금융상품		√	
	출처가 불분명한 유가증권		√	
	상장주식 등 60일 이내 부실(겸업) 출금			√

특정건설사업 수행을 위한 SPC, PFV 지분증권이란 특수목적법인에 지분투자 후 이익을 분배하여 가져가는 형태를 의미합니다(투자사업 참여계약서, 출자관련 금융증빙, 주주명부 확인).

이런 형태가 아닌 공사수주를 목적으로 아파트 시행사에 투자한 자금은 겸업자산에 해당합니다.

BTL펀드 지분증권 등은 건설사업 수행을 위한 취득으로 인정받을 수 없습니다.
단순 투자목적으로 인정되는 경우 겸업자산으로 평가됩니다.

4. 건설업 유가증권 관리방안

전자증권제도가 시행된 이후 상장주식 실물증권은 인정 불가능합니다.

증권을 실물로 발행하지 않고 전자등록기관의 전자등록부에 증권 및 소유관계사항을 등록하고 전산장부상으로만 등록증권의 양도, 담보, 권리행사 등이 이루어지는 제도입니다.

전자증권제도에 의해 주식 및 채권은 실물증권의 발행없이 전자적 방법으로만 등록 및 발행을 해야 한다는 의미입니다.

따라서 **실물증권의 매매를 통한 실질자산 충족은 원천적으로 불가**능하다는 점을 알아야 합니다.

2019년 9월 16일부터 전자증권제도가 시행되었습니다.

07

Q 건설업 회계 공사미수금 중 실질자산과 부실자산의 구분은 어떻게 하나요?

A 매출채권은 회수가능성이 가장 중요합니다.
발생 후 2년 이내 공사미수금, 분양미수금은 실질자산으로 평가됩니다.

건설업 매출채권이란 주된 영업활동에서 재화나 용역의 판매로 인한 수익창출과정에서 발생한 채권을 말하는데, 건설업에서는 공사미수금, 받을어음, 분양미수금의 형태로 표기됩니다.

1. 건설업 기업진단지침 매출채권

거래상대방에게 **세금계산서를 발행하여 청구한 것과 진행기준에 따라 진행률에 의하여 계상한 것**을 포함하며, **대손충당금을 차감하여 평정**하게 됩니다.
발생일로부터 2년 이내의 건설업관련 매출채권, 건설공사 대물변제로 취득한 부동산으로 2년 이내의 것, 국가 · 지자체 등에 대한 건설업 관련 매출채권, 담보가 있는 법원 소송 중인 채권은 실질자산으로 인정됩니다.
건설업과 무관한 매출채권은 겸업자산에 해당하고, 발생일로부터 2년이 경과한 매출채권 및 대물변제 자산, 그리고 소송 중인 매출채권으로써 담보가 없는 경우는 부실자산으로 평정됩니다.

발생일은 세금계산서 발행일을 의미합니다.

건설업 관련 매출채권 입증을 위해서는 계약서, 세부내역서 등 발생증빙이 필요합니다.
건설업 관련성 입증이 안되면 겸업자산으로 평가합니다.

특수관계자에 대한 매출채권에 대한 별도 평정규정은 없습니다.

2. 세금계산서를 발행하여 청구한 매출채권

계약서, 세금계산서, 계산서의 청구와 금융자료에 의한 공사미수금 회수내역을 검토하여 실재성 여부를 평가하게 됩니다.
단순히 세금계산서만 발행한 후 회수내역이 없거나, 세금계산서 발행 후 마이너스 세금계산서 발행한 경우 등은 실질자산으로 인정받을 수 없습니다.

3. 진행률에 의하여 계상한 매출채권

진행률에 의하여 계상한 매출채권은 계약서 확인과 진행률 산정의 적정성 검토가 필요합니다.
실질자산을 늘이기 위하여 매출채권을 계상한 후 세무신고를 통하여 그 일부 또는 전부를 세무상 수입금액에서 제외한 매출채권 상당하는 금액은 부실자산으로 처리됩니다.

진행률 =
총누적발생원가/
총예상원가

공사원가의 현장귀속, 기간귀속을 확인하여 진행률 산정의 적정성 여부를 검토합니다.

4. 매출채권을 부동산으로 대물변제받은 경우

공사대금을 부동산으로 회수한 경우 2년 이내의 것은 실질자산으로 인정이 되고, 2년이 경과하면 겸업자산으로 분류됩니다.

따라서 대물변제받은 부동산은 2년 이내에 처분하는 것이 좋습니다.

또한 세무상 대물변제받은 자산의 시가와 공사미수금 차액은 약정에 의한 채권 포기액으로 접대비에 해당함에 유의해야 합니다.

5. 법원 소송 중인 매출채권

발주자와 건설회사 간 공사대금은 분쟁이 많은 분야입니다.

매출채권 관련 소송이 진행 중인 경우라면 담보를 확보함으로써 회수가능성이 있어야 실질자산으로 인정받을 수 있으며, 담보물이 있다고 하더라도 회수가능한 금액을 초과하는 매출채권은 부실자산으로 평가됩니다.

계정	구분	실질	겸업	부실
매출채권	발생 2년 이내 건설업 매출채권	√		
	대물변제 취득 부동산(2년 이내)	√		
	국가, 지자체 등 건설업 매출채권	√		
	법원 소송 중 채권(담보 有, 회수가능 경우)	√		
	법원인가 회생계획 변제확정 회생채권	√		
	건설업 무관 매출채권(겸업사업)		√	
	발생 2년 경과 건설업 매출채권			√
	대물변제 취득 부동산(2년 경과)		√	
	법원 소송 중 채권(담보 無, 회수불능 경우)			√
	진행기준 계상 후 익금불산입한 경우			√

담보를 확보하지 못한 경우 (가)압류를 설정하는 것이 좋습니다.

장기성 매출채권 중 특이한 경우는, 2년이 경과한 매출채권이지만 진단일 현재 매출채권이 회수된 경우에는 실질자산으로 인정합니다.

진행기준에 따라 진행률에 의하여 매출채권을 추가 계상하는 경우는 당기 발생 공사원가는 모두 원가로 집계해야 합니다.

완성기준을 적용하는 경우 발생하는 미성공사 계정이 있을 수 없습니다.

6. 건설업 매출채권 관리방안

실질자산의 충족을 위하여 단순히 세금계산서만 발행하거나, 진행률에 의하여 매출채권을 추가계상한 후에 익금불산입한 경우는 결국 실질자산으로 인정받을 수 없다는 것을 이해해야 합니다.

또한 **진행기준을 적용하기 위해서는 현장별로 진행률이 산정되어야 하므로, 현장별 공사원가명세서가 작성**되어야 합니다.

08

Q 건설회계 재고자산(원재료, 미완성공사, 완성건물)은 실질자산으로 인정받을 수 있나요?

A 재고자산은 원칙적으로 부실자산으로 간주됩니다.
재고자산수불부, 미완성공사 해당현장 공사원가명세서 등으로 실재성이 입증되어야 실질자산으로 인정됩니다.

건설업 **재고자산이란 영업활동 과정에서 판매를 위하여 보유하거나, 생산과정에 있는 자산 및 원재료나 소모품의 형태로 존재하는 자산**을 말합니다. 건설업의 경우 원재료, 미완성공사, 건설용지, (미)완성건물의 형태로 표기됩니다.

1. 건설업 기업진단지침 재고자산

금액이 과다하게 계상된 원재료는 부실자산으로 평정될 수 있습니다.

원자재 및 이와 유사한 재고자산은 부실자산으로 보지만 보유기간이 취득일로부터 1년 이내인 재고자산으로서 그 종류, 취득일자, 취득사유, 금융자료, 현장일지, 실사 등에 의하여 진단기준일 현재 진단대상사업을 위하여 보유하고 있음을 입증한 경우에는 실질자산으로 봅니다.

조경공사업이나 조경식재공사업을 위한 수목자산과 **주택, 상가, 오피스텔 등 분양공사업을 하는 종합건설업체가 보유한 판매를 위한 신축용 자산(시공한 경우에 한함)의 재고자산은 보유기간에 관계없이 실재성이 확인된 경우에는 실질자산**으로 봅니다.

건설업과 직접 관련이 없는 재고자산과 부동산매매업을 위한 재고자산은 겸업자산으로 봅니다.

계약서, 세무증빙, 금융증빙에 따라 취득사실이 입증되고, 재고수불부 등을 통해 취득, 사용, 기말 보유 현황이 객관적으로 확인가능한 경우 실질자산으로 인정됩니다.

수목은 보유기간과 무관하게 실재성이 입증되면 실질자산으로 인정됩니다.

2. 재고자산의 평가

재고자산은 취득원가로 평가하되, 시가가 취득원가보다 하락한 경우에는 시가에 의해 평가합니다(저가법).

건설용지나 완성건물 등 부동산 재고자산의 경우 부동산가격공시및감정평가에 관한법률에 의한 감정평가법인이 감정한 가액이 있는 경우 그 가액을 시가로 인정합니다.

3. 원재료

원부자재 등은 취득일로부터 1년 이내이며 재고수불부에 따라 실재성이 확인되는 경우만 실질자산으로 인정되며, 조경 및 조경식재공사업의 수목 및 판매용 신축주택 ,상가, 오피스텔은 보유기간과 무관하게 실질자산으로 인정됩니다.

4. 미완성공사

미성공사란 기준일 현재 공사가 아직 완성되지 않은 현장의 투입원가를 말합니다.

공사완료기준을 적용하는 경우로서 현장별 공사원가명세서 등으로 실재성이 입증된 경우만 실질자산으로 평정됩니다.

진행기준이 적용되는 경우의 미성공사는 부실자산에 해당됩니다.

진행기준으로 수익을 인식하는 경우 미성공사는 성립할 수 없으므로 부실자산에 해당합니다.

5. 건설용지, 미완성건물, 완성건물

건축공사업이나 토목건축공사업 면허를 보유한 업체가 주택, 상가, 오피스텔 등 자체 분양사업 목적에 사용할 목적으로 취득한 토지는 건설용지에 해당되고 실질자산으로 평가됩니다.

즉, **건설업체가 보유면허를 가지고 판매를 목적으로 신축한 경우에만 실질자산으로 인정**받을 수 있습니다.

신축목적으로 취득하였던 건설용지를 분양사업에 사용하지 않고 매매한 경우, 토지는 겸업자산에 해당되며 관련 미수금 역시 겸업자산으로 평가됩니다.

분양목적으로 취득한 완성건물은 보유 기간과 무관하게 실질자산으로 인정되지만, 일부를 임대하고 있는 경우 겸업자산으로 평가되므로 주의해야 합니다.

보유 면허를 통하여 신축 분양사업을 할 수 없는 전문건설업체가 보유한 건설용지는 겸업자산에 해당합니다.

부동산 매매업을 위한 재고자산은 겸업자산에 해당합니다.

조경공사업이 보유한 수목자산의 경우 기말 현재 보유사실 입증만으로는 실질자산 인정 불가합니다.

계정	구분	실질	겸업	부실
재고자산	취득일 1년 이내 원재료(실재성 확인)	√		
	취득사실 확인 수목자산(보유기간 무관)	√		
	건설용지, 완성건물(보유기간 무관)	√		
	미성공사(완성기준 인식)	√		
	취득일 1년 경과 원재료			√
	취득사실 미확인 수목자산			√
	완성건물(분양 전 임대 중인 경우)		√	
	미성공사(완성기준 이외의 경우)			√

중소기업의 경우 1년 미만 단기건설공사의 경우에만 완성기준이 인정되므로, 중소기업이 아니거나 장기건설공사의 경우는 완성기준 적용이 불가능하므로 미성공사는 부실자산으로 평정됩니다.

6. 재고자산 관리방안

건설업 재고자산이 실질자산으로 인정받기 위해서는 계약서, 세무증빙, 금융증빙에 의하여 취득사실이 확인되어야 하고, 재고수불부 등을 통하여 취득 투입 기말보유재고 현황이 확인되어야 합니다.

분양사업 목적으로 건설용지를 취득하여 장기가 보유하다가 매매하는 경우 또는 분양목적으로 취득한 완성건물을 분양 전에 임대에 사용하는 경우 겸업자산으로 분류될 수 있으니 유의해야 합니다.

09

Q 건설업 회계 가지급금 및 대여금은 부실자산으로 평가되나요?

A 가지급금과 특수관계자 대여금은 부실자산으로 평가되고, 특수관계자가 아닌 자에 대한 대여금은 겸업자산으로 평가됩니다.

가지급금 주임종단기채권 대여금 등 계정과목 명칭 불문하고 실질이 가지급금인 경우에는 부실자산으로 평정됩니다.

부실자산과 임의 상계된 부채는 부채로 가산하여 평정됩니다.

건설업 대여금이란 소비대차계약에 의하여 금전을 대여한 것으로, 사업활동과 무관하게 이루어진 것입니다.

가지급금이란 법인에서 인출된 자금으로 지출처가 확인되지 않는 경우로 적격증빙이 불비된 것을 말하며, 계정과목 명칭을 불문하고 실질에 의하여 분류합니다. 종업원 주택자금 및 우리사주조합 대여금만이 실질자산으로 평정됩니다.

특수관계자가 아닌 자에 대한 대여금도 겸업자산으로 평정되며, 특수관계자에 대한 대여금 및 가지급금은 당연히 부실자산으로 평정됩니다. 그러므로 종업원에게 주택자금을 대여한 경우는 반드시 회사통장으로 지급 후 계약서 및 증빙관리를 철저히 하여야 하며, 우리사주조합을 설립하여 대여하는 것도 대안이 될 수 있습니다. 그러나 임원에 대한 주택자금대여금은 부실자산에 해당하며, 중소기업의 경우 우리사주조합은 인정되기 힘듭니다.

1. 건설업 기업진단지침 대여금

재무상태에 비추어 과도한 종업원 주택자금 또는 우리사주조합 대여금은 실질자산 인정불가합니다.

특수관계자가 아닌 대여금 관련 차입금이 있는 경우는 겸업부채로 소명해야 유리합니다.

법인세법상 특수관계자에 대한 가지급금 및 대여금은 부실자산으로 보며, 특수관계자가 아닌 자에 대한 대여금은 겸업자산으로 봅니다.

종업원에 대한 주택자금과 우리사주조합에 대한 대여금은 계약서, 금융자료, 주택취득 현황, 조합 결산서 등을 통하여 실재성이 확인되고 진단을 받는 자의 재무상태와 사회통념에 비추어 대여금액의 규모가 합리적인 경우에 한하여 실질자산으로 인정됩니다.

2. 겸업자산 VS 부실자산

대표자 등 특수관계자에 대한 가지급금 및 대여금은 부실자산으로 평가됩니다. **특수관계자가 아닌 거래처 등에 대한 대여금은 실무에서 종종 볼 수 있는데, 겸업자산에 해당**됩니다.

만약, 이 대여금과 관련된 차입금 등이 있다면 겸업부채로 평가합니다.

3. 상환된 후 60일 이내 겸업, 부실자산으로 출금된 경우

많은 건설업체들이 결산기준일 전에 가지급금을 상환하는 방식으로 실질자본을 보완하고 있습니다.

주의할 점은 상환한 날로부터 60일 이내에 겸업, 부실자산으로 출금된 경우는 겸업, 부실자산으로 평정됩니다.

가지급금 등을 상환하는 방식으로 실질자본을 보완한 경우는 반드시 60일간 겸업, 부실자산으로 출금되지 않도록 해야 합니다.

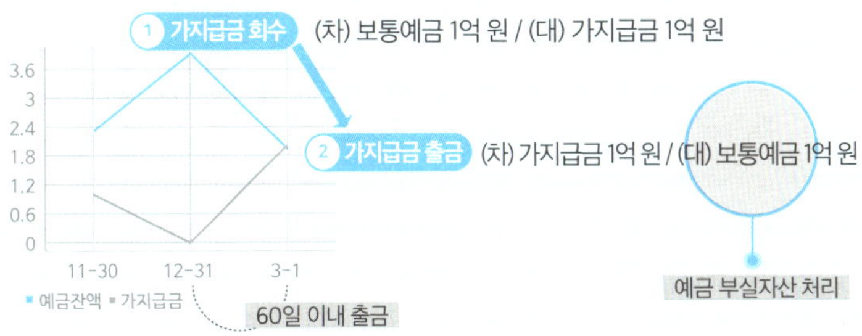

4. 가지급금과 가수금이 동시에 있는 경우

가지급금과 가수금이 동시에 있는 경우는 반드시 상계해야 유리합니다.

가지급금 3억 원, 가수금 1억 원이 있는 경우와 상계하여 가지급금 2억 원만 있는 경우를 비교하면, 동일한 실질임에도 불구하고 상계 전은 실질자본이 2억 원으로 계산되고 상계 후에는 실질자본이 3억 원으로 계산됩니다.

따라서 동일 거래처에 대한 가지급금과 가수금은 반드시 상계되어야 합니다.

상계하지 않은 경우

자산(10억 원)		부채(5억 원)	
기지급금	3억 원	가수금	1억 원
		자본(5억 원)	

실질자산: 10억 원 - 3억 원 = 7억 원
실질부채: 5억 원
실질자본: 2억 원

상계할 경우

자산(9억 원)		부채(4억 원)	
기지급금	2억 원		
		자본(5억 원)	

실질자산: 9억 원 - 2억 원 = 7억 원
실질부채: 4억 원
실질자본: 3억 원

5. 건설업 가지급금 관리방안

가지급금을 최소화 하는 것이 최선의 방안이지만, 가지급금이 발생한다 하더라도 **결산기준일 이전에 상환을 해야 실질자본 보완도 이루어지며, 가지급금으로 인한 신용평가등급 하향의 불이익을 방지**할 수 있습니다.

가지급금은 인정이자익금산입 등 세무상 불이익뿐만 아니라 신용평가등급에도 부정적 영향을 미칩니다.

10

Q 건설업 선급금은 부실자산으로 평가되나요?

A 선급금은 원칙적으로 부실자산이며 기성대금, 원재료 구입액, 건설용지 대금을 위한 선급금은 실질자산으로 인정됩니다.

선급금은 원칙적으로 부실자산에 해당하므로, 선급금이 지급되고 기준일 이후 적격증빙이 수취된다고 해서 실질자산으로 인정되는 것은 아닙니다.

건설업 선급금이란 재화를 인도받기 이전 또는 용역을 제공받기 이전에 선지급한 금액으로, 인도 또는 제공 후 정산되는 금액을 말합니다.

선급금은 매입을 전제로 선지급하고, 매입하는 시점에서 차감 정산하는 특성이 있습니다.

적격증빙 수취 전에 대금을 선지급하고 나중에 정산되는 금액입니다.

1. 건설업 기업진단지침 선급금

선급금이 발생한 당시의 계약서 및 금융자료 등 증빙자료와 진단일 현재 계약이행 여부 및 진행 상황을 검토하여 실재성을 확인한 경우, 다음의 경우에 해당하는 선급금은 실질자산으로 봅니다.

① 계약서상 선급금 규정에 의한 **선급금 중 기성금으로 정산되지 않은 금액**

② 건설업을 위하여 입고 예정인 **재료의 구입대금으로 선지급한 금액**

③ **주택건설용지를 취득하기 위하여 선지급한 금액**

다만, 제23조 제4항에 따라 실질자산에 해당하지 않는 금액은 제외한다.

④ 기업회계기준에 따라 선급공사원가로 대체될 예정인 선급금

2. 선급금 중 기성금으로 정산되지 않은 금액

선급금은 계약서, 금융자료 등 증빙자료와 진행상황을 검토하여 **선급금 정산식에 따라 미정산된 금액만 실질자산으로 인정되며, 이미 정산되었으나 선급금으로 계상된 경우는 부실자산으로 평가**됩니다.

선급금 정산
= 선급금액
×기성금누계/계약금액

선급금 정산액 = 선급금액 × (기성부분의 대가상당액 / 계약금액)

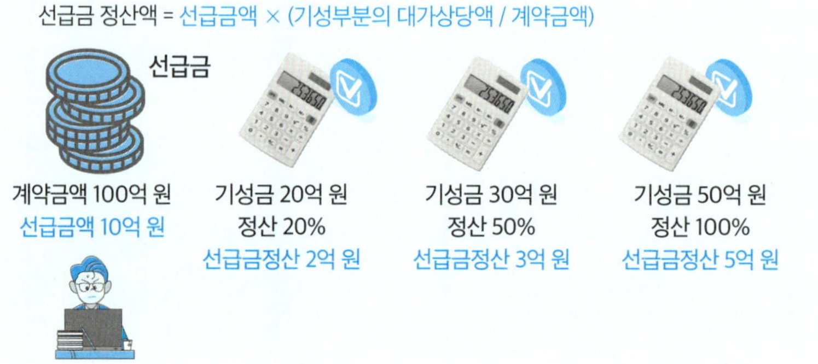

3. 건설업 사용을 위하여 원재료 선지급액

건설공사에 사용될 원재료 매입액을 적격증빙 수취 전에 선지급하는 경우가 실무상 많이 있습니다.

기준일 전 선지급되고 기준일 이후 적격증빙이 수취된 경우로써 계약서, 세무증빙, 금융증빙에 의하여 실재성이 확인된 경우 실질자산으로 인정됩니다.

4. 주택건설용지 선급금

분양사업을 하는 경우 건설용지 잔금청산일(소유권이전등기일 중 빠른 날) 이전에 선지급한 금액은 실질자산으로 인정됩니다.

다만, 실재하지 않는 계약인 경우 진단일 현재 계약일로부터 1년이 초과되었으나 그 사유를 객관적으로 소명하지 못하는 경우로서 진단일까지 계약이 해제된 경우로서 선지급한 금액이 예금으로 환입된 후 그 일부 또는 전부가 부실자산이나 겸업자산으로 출금되거나 유지되는 경우는 부실자산으로 평가됩니다.

5. 선급공사원가로 대체될 금액

하도급 외주공사비 등을 미리 지급하고 기준일 이후 세금계산서를 수취하고 공사원가로 대체될 금액은 실질자산으로 평가됩니다.

계정	구분	실질	겸업	부실
선급금	선급금 중 기성금으로 미정산된 금액	√		
	건설관련 원재료 구입대금 선지급액	√		
	주택건설용지 선지급액	√		
	선급공사 원가로 대체될 선급금	√		
	위 외의 적격증빙 수취 전 선지급금액			√

6. 건설업 선급금 관리방안

건설회사의 경우 대금은 지급되었으나 적격증빙이 수취되지 않아서 선급금으로 계상된 금액이 있습니다.

이 경우는 **부실자산으로 평가되며 과도하거나 지속적으로 증가하는 선급금은 과세관청 및 신용평가기관에서도 가지급금으로 추정할 수 있으므로, 매입자발행세금계산서제도를 적극 활용하여 정리**하여야 합니다.

선급금의 평가는 선급금이 발생한 당시의 계약서 및 금융자료 등 증빙과 더불어 진단일 현재 계약 이행 여부 및 진행상황을 검토하여 확인한 실재성에 따라 판단합니다.

☞ 매입자발행세금계산서 제도 참조

11

Q 건설업 미수금, 선납세금, 미수수익, 선급비용 등 평가방법은?

A 발생주의 항목은 부실자산이며, 선납세금은 경우에 따라 실질자산으로 평가됩니다.

미수금은 발생원인에 따라 실질자산이 될 수도 있고, 겸업(부실)자산이 될 수도 있습니다.

임대용자산(겸업자산)의 임대수수료 미수금은 겸업자산에 해당합니다.

겸업자산으로 분류되는 투자자산의 매각으로 인한 미수금의 경우도 겸업자산에 해당합니다.

1. 건설업 기업진단지침 미수금

미수금은 건설업 이외의 거래로 인하여 발생한 미수채권을 말합니다.

건설회사가 보유한 트럭 등 유형자산을 매각하고 회수하지 못한 금액 등이 이에 해당합니다. **건설업 실질자산을 매각하고 회수하지 못한 금액은 실질자산으로 평가되고, 겸업자산이나 부실자산을 매각하고 회수하지 못한 금액만 겸업(부실) 자산으로 평가**합니다. 미수금의 평가도 매출채권과 동일한 지침이 적용됩니다.

계정	구분	실질	겸업	부실
미수금	발생 2년 이내 실질자산매각 미수금	√		
	대물변제 취득 부동산(2년 이내)	√		
	국가, 지자체 등 미수금	√		
	법원소송 미수금(담보 有, 회수가능 경우)	√		
	법원인가 회생계획 변제확정 회생채권	√		
	겸업(부실)자산매각 미수금(겸업사업)		√	
	발생 2년 경과 미수금			√
	대물변제 취득 부동산(2년 경과)		√	
	법원소송 미수금(담보 無, 회수불능 경우)			√

2. 조세채권

경정청구 조세불복 진행 중에 있는 금액은 부실자산으로 봅니다.

단, **진단일 현재 환급으로 결정된 경우는 실질자산으로 평가**합니다.

3. 미수수익 선급비용

기간경과분에 해당하는 발생이자 등을 수익으로 계상한 미수수익, 발생 비용 중에서 미경과 기간에 해당하는 선급비용은 **발생주의에 의해 계상된 금액으로 자산성을 인정하지 않고 있습니다.**
기업회계상 발생주의에 의해 자산으로 계상되는 금액은 실재성을 인정하기 어렵기 때문에 부실자산으로 평가합니다.

가지급금 인정이자에 대한 미수수익, 예금 등에 대한 기간경과분 미수이자 등은 부실자산으로 평가합니다.

보험료 기간미경과분에 대한 선급비용 등은 부실자산으로 평가합니다.

4. 선납세금

실무에서 흔하게 볼 수 있는 선납세금의 경우 법인세 및 소득세법에 의해 원천징수 당한 세액과 중간예납세액, 부가세대급금 등 진단기준일 현재 환급이 확정된 경우는 실질자산으로 평가합니다.

법인세 세무조정계산서의 미지급법인세 등 결산서에 누락 또는 과소계상한 경우 부외부채로 평정됩니다.

5. 이연법인세자산

이연법인세자산은 회계상 인식된 자산이며 실재성이 인정되지 않으므로, 부실자산으로 평가합니다.
이연법인세부채 역시 실재성이 없는 부채이므로, 실질부채 평정 시 차감하여 평가합니다.

계정	구분	실질	겸업	부실
선납 세금 등	선납세금(법인세 중간예납세액)	√		
	선납세금(법인세 원천징수세액)	√		
	부가세 대급금(부가세 신고서 일치)	√		
	경정청구 조세불복(소송) 환급확정	√		
	선급비용			√
	미수수익			√
	이연법인세자산			√
	부가세 대급금(부가세 신고서 불일치)			√
	경정청구 조세불복(소송) 진행 중			√

12

Q 건설회계 보증금은 실질자산으로 인정받을 수 있나요?

A 건설업 관련된 보증금으로 계약서, 금융증빙에 의하여 실재성이 확인되는 경우와 리스보증금은 실질자산으로 인정됩니다.

건설업 등록기준 중 하나인 시설장비 요건으로 당연히 사무실을 갖추고 있으므로 **사무실 임차보증금**은 있게 마련입니다.
또한 **차량 등을 리스로 이용 중인 경우 보유한 리스보증금은 계약서, 금융증빙 등이 확인되는 경우 실질자산으로 인정**받습니다.

1. 부동산(본사 및 현장 사무실, 직원숙소) 임차 보증금

법인설립 과정에서 주주 또는 대표이사 개인자금으로 임차보증금을 결제하였음을 주장하여 임차보증금의 실재성을 인정받을 수 없습니다.

특수관계자와의 임대차 계약을 통한 과도한 임차보증금은 실무적으로 실질자산으로 인정받기 어렵습니다.

회사와 개인이 차량사용 계약을 하고 보증금을 지급한 경우 실질자산으로 인정받을 수 없습니다.

부동산 임차보증금은 임대차계약서, 금융자료, 확정일자, 임대인의 세무신고서 및 시가자료 등에 의하여 평가합니다.
계약서는 있지만 금융증빙이 없는 경우 거래의 실재성이 없다고 인정되어 부실자산으로 평가됩니다.
임차부동산이 본점, 지점 또는 사업장 소재지 및 그 인접한 지역이 아닌 경우 및 임직원용 주택인 경우는 부실자산으로 평가합니다.
또한 특수관계자 여부를 불문하고 임차보증금이 시가보다 과다하여 그 시가를 초과한 금액의 경우도 부실자산으로 평가합니다.

2. 차량 등(유형자산) 임차보증금

임차목적물이 부동산이 아닌 경우 임차보증금은 리스사업자와 리스계약에 의한 리스보증금만이 실질자산으로 인정됩니다.
따라서 부동산 외의 자산을 임차할 경우는 리스계약을 체결하고 이용하는 것이 좋습니다.

3. 임직원용 주택

임직원용 주택의 보증금은 부실자산으로 평가합니다.
임직원용 주택 구입 임차 대여금은 재무상태 및 사회통념에 비추어 합리적인 범위에서 실질자산을 인정하지만, 임직원용 주택의 보증금은 부실자산입니다.

계정	구분	실질	겸업	부실
보증금	사무실 임차보증금(계약서 금융증빙 有)	√		
	현장숙소 보증금(계약서 금융증빙 有)	√		
	리스사업자와 계약한 리스보증금	√		
	법원 예치 공탁금 중 회수가능액	√		
	건설공사 관련 예치 보증금	√		
	임차보증금(계약서 금융증빙 無)			√
	사업장 소재지 외의 지역 임차보증금			√
	임직원용 주택 보증금			√
	야적장 보증금	√		√
	법원 예치 공탁금 중 회수불능액			√
	보증금 회수 소송 중인 경우 회수불능액			√

리스보증금의 경우 보증금이 아닌 선납리스료는 선급금에 해당합니다.

4. 야적장 보증금

임야 등을 야적장 창고 등으로 임차한 경우 원칙적으로 부실자산입니다. 계약서류 및 금융증빙 외에 임대인의 세무신고(부동산 임대 부가세 신고)자료가 확인되는 경우 예외적으로 실질자산으로 인정됩니다.

건설업체들이 야적장을 보유하고 보증금으로 실질자산을 인정받기 위해서는 계약서 및 금융증빙뿐만 아니라 임대인의 부가세 신고 내역을 제출해야 실무적으로 입증이 가능합니다.

5. 법원 예치 공탁금

법원 소송과정에서 예치한 공탁금은 진단기준일 현재 소송결과 등을 반영하여 회수 가능한 범위 내에서 실질자산으로 인정됩니다.

6. 건설공사 관련 예치보증금

건설공사 수행 또는 완성된 공사의 하자보증을 위하여 계약이행보증금 또는 하자이행보증금 등을 예치한 경우는 실질자산으로 인정됩니다.

야적장

계약서, 금융증빙
임차인의 세무신고서류

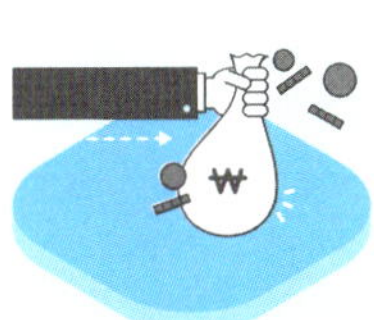

공사 예치금

하자보수 예치금 등

법원 공탁금

소송결과 등을 반영한
회수가능금액

13

Q 건설회계 유형자산은 실질자산으로 인정되나요?

A 유형자산은 소유권, 실재성, 건설업 관련성을 종합평가하여 실질자산으로 인정받을 수 있습니다.

건설업 유형자산이란 재화의 생산, 용역의 제공 또는 자체적 사용목적으로 보유하는 물리적 형태가 있는 자산으로 1년을 초과하여 사용할 것이 예상되는 자산을 말합니다.

1. 건설업 기업진단지침 유형자산

건설업의 경우 토지, 건물, 건설중인 자산, 구축물, 차량운반구, 기계장치, 비품 등이 해당됩니다.

유형자산은 소유권, 자산의 실재성 및 진단대상사업에 대한 관련성을 종합하여 평가하며, 등기 또는 등록대상인 자산으로서 법적 및 실질적 소유권이 없는 경우에는 부실자산으로 평가합니다.

유형자산은 기업회계기준에 따라 취득원가모형이나 재평가모형 중에서 진단을 받는 자가 회계장부에 반영한 방식으로 평가합니다.

만약 회계장부에 감가상각을 인식하지 않은 경우 「법인세법」에 따른 기준내용연수와 정액법으로 계산한 금액을 감가상각누계액으로 반영하여 평가하게 됩니다.

2. 토지, 건물

토지, 건물, 부동산의 소유권이 기업에 있고 실재하며 건설업에 사용하는 경우 실질자산으로 평가합니다.

3. 건설중인 자산

건설중인 자산이란 유형자산을 건설에 의해 취득할 때 건설 개시일로부터 준공되기까지 지출된 재료비, 노무비, 경비 등의 합계액으로 완성되는 시점에서 유형자산 해당계정으로 재분류합니다.

건설중인 자산은 계약서, 금융자료, 회계장부 등으로 확인하여 실질자산으로 인정받을 수 있습니다. 그러나 실재하지 않는 계약인 경우에 해당되거나 진단일 현재 계약일로부터 1년이 초과되었으나 그 사유를 객관적으로 소명하지 못하는 경우, 진단일까지 계약이 해제된 경우 등은 부실자산으로 평가합니다.

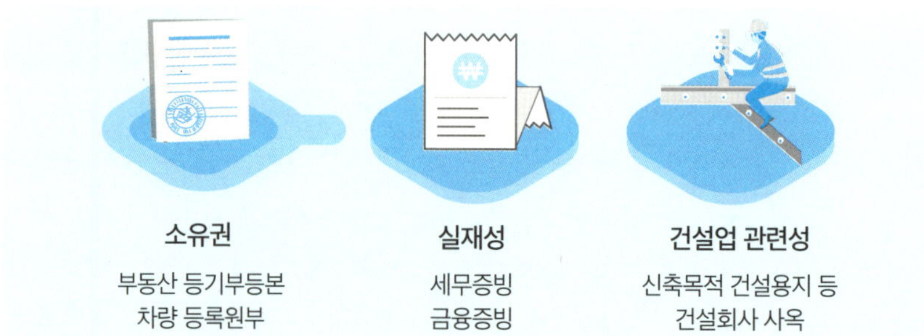

4. 임대자산, 운휴자산

임대자산이나 운휴자산 등 진단대상사업과 관련이 없는 유형자산은 겸업자산으로 보며, 토지 또는 건물의 일부가 임대자산인 경우에는 전체 연면적에 대한 임대면적의 비율로 계산한 금액을 겸업자산으로 본다. 다만, 진단을 받는 자가 소유한 본사의 업무용 건축물(부속토지 포함)이 임대자산인 경우에는 실질자산으로 보며, 해당 임대자산에 대하여 진단을 받는 자 또는 타인 명의의 부채(담보로 제공된 경우 채권최고액)는 실질부채로 본다.

사무실로 쓰지 않는 건물의 경우 운휴자산에 해당하여 겸업자산에 해당됩니다.

5. 사옥의 경우

사옥의 경우는 일부만 건설회사가 사용하고 나머지 부분은 임대용으로 사용한다 하더라도 사옥 전체를 실질자산으로 인정합니다.

계정	구분	실질	겸업	부실
유형자산	건설업 사용 유형자산(증빙 有)	√		
	건설업 사용 토지, 건물(증빙 有)	√		
	건설중인 자산(증빙 有)	√		
	본사사옥	√		
	대물변제 취득 유형자산(2년 이내)	√		
	대물변제 취득 유형자산(2년 경과)		√	
	임대자산, 운휴자산		√	
	건설업 무관 유형자산		√	
	건설중인 자산 해제 후 환입된 후 출금			√
	취득사실 금융증빙 소유권 입증 불가			√

공사대금 대신 골프회원권으로 회수한 경우는 2년 여부와 무관하게 겸업자산에 해당됩니다.

6. 건설업 유형자산 관리방안

유형자산의 경우는 토지와 건물에 대해서는 재평가가 인정되므로 자산재평가를 통하여 평가증이 가능하다면 실질자산의 증가를 도모할 수 있습니다.

단, 감가상각누계액을 차감하여 계산한다는 점 유의해야 합니다.

또한 **건설업체가 본인뿐만 아니라 제3자의 차입을 위하여 유형자산을 담보제공한 경우 재무제표상 부채는 표시되지 않지만, 부외부채로 부채가 가산되어 평정**되므로 부외부채 존재 여부에 유의해야 합니다.

유형자산 관련 자기 또는 타인을 위한 담보제공 등 부외부채가 화인된 경우 채권최고액을 실질부채로 가산하여 평정됩니다.

14

Q 건설회계 무형자산의 평가방법은 어떻게 되나요?

A 무형자산은 실재성이 없는 자산으로 원칙적으로 부실자산이지만, 산업재산권의 경우 실질자산으로 인정합니다.

> 산업재산권은 타 무형자산과 달리 실질자산으로 인정되지만, 취득증빙 불비자산은 부실자산에 해당합니다.

건설업 무형자산이란 기업이 영업활동을 위하여 장기간 활용하는 영업자산 중에서 물리적 형태가 없는 자산입니다.

무형자산은 기업의 미래에 경영상 효익을 기대할 수 있는 부분을 현재가치로 평가하여 계상한 계정과목으로 실재성이 없으므로 원칙적으로 부실자산입니다.

건설업의 경우 영업권, 개발비, 소프트웨어, 산업재산권 등으로 재무상태표에 표기됩니다.

1. 기업진단지침 산업재산권

무형자산은 부실자산으로 평가하지만, 산업재산권은 건설업과 직접 관련하여 취득한 경우 실질자산으로 평가합니다.

회사가 보유한 특허권이 건설업종과 관련이 있는 특허권이라면 취득원가 등을 확인하여 정액법에 따른 상각액을 차감하여 실질자산으로 평가합니다.

영업권, 개발비, 소프트웨어 등 일반적인 무형자산은 부실자산으로 평정됩니다.

2. 시설물 기부채납 후 무상사용 권리

> 기부채납이란 국가 또는 지방자치단체가 무상으로 사유재산을 받아들이는 것을 말하며, 기부한 재산의 가격, 소유권을 증명할 수 있는 서류 등 제반사항을 기재한 기부서를 받게 됩니다.

시설물을 기부채납하고 일정기간 무상으로 사용할 수 있는 권리는 실질자산으로 평가합니다.

민간투자법에 따라 사회기반시설 건설 후 기부채납한 경우 계약서, 취득원가 증빙, 금융자료 등으로 실재성을 확인하였다면 정액법에 따른 상각 후의 금액을 실질자산으로 평가합니다.

3. 지상권, 지역권 등 부동산물권

부동산물권은 계약서, 금융증빙, 확정일자, 임대인의 세무신고서 및 시가자료에 의하여 거래의 실재성이 인정되는 경우 실질자산으로 평가합니다.

4. 소프트웨어

거래명세서 등에 의하여 실재성이 확인되는 외부에서 구입한 소프트웨어(유형자산의 운용에 직접 사용되는 경우에 한함)는 취득원가에 정액법에 따른 상각액을 차감하여 실질자산으로 평가합니다.

5. 영업권, 개발비

영업권이란 특정기업이 동종의 타기업에 비하여 더 많은 초과이익을 낼 수 있는 무형자산으로서 인수합병(M&A), 법인전환 과정에서 인식하게 되지만 실재성이 없는 자산으로 부실자산으로 평가합니다.

개발관련 지출비용 및 연구개발 인력에 대한 인건비를 계상해 놓은 개발비는 실재성이 없는 금액으로 부실자산으로 평가합니다.

영업권과 개발비는 기업회계기준에 따라 자산으로 소명되는 경우에도 부실자산에 해당합니다.

영업권과 개발비는 기업회계기준에 따라 자산으로 소명되는 경우에도 부실자산에 해당합니다.

계정	구분	실질	겸업	부실
유형자산	건설업 관련 특허권(증빙 有)	√		
	시설물 기부체납 무상사용 수익권	√		
	외부구입 소프트웨어(증빙 有)	√		
	지역권, 지상권 등 부동산물권(증빙 有)	√		
	위의 무형자산 중 건설업 무관		√	
	기타 무형자산			√

6. 건설업 특허권 활용방안

많은 건설업체들이 가지급금 해결방안으로 고민을 합니다.

이 경우 대표이사 개인의 특허권을 법인이 취득함으로써 대표는 가지급금을 상환하고 법인이 취득한 특허권은 실질자산으로 인정받을 수 있는 방안을 고려해 볼만합니다.

특허권을 활용한 가지급금 상환은 세무적으로 추가 검토 후 실행해야 합니다.

특허권을 활용한 가지급금 활용방안은 다른 방안에 비하여 국세청과의 마찰 가능성이 덜하고, 대표이사의 소득은 기타소득으로 필요경비를 인정받을 수 있는 장점이 있습니다.

15

Q 건설업 공통사용자산과 겸업자산은 어떻게 차감 평가되나요?

A 구분경리를 하지 않는 경우 건설업 외 공통사용자산은 매출액 비율로 안분하여 겸업자산을 평가합니다.

건설업과 제조업 또는 서비스업 등 건설업과 다른 사업을 동시에 영위하는 겸업사업의 경우는 더 실질자본을 맞추기가 어렵습니다.

1. 건설업 겸업자산의 정의

겸업자산은 아래 세 가지 항목으로 구성
① 지침에 겸업자산으로 열거된 자산
② 겸업사업에만 사용되는 자산
③ 건설업과 그 외의 사업에 공통으로 사용되는 자산 중 겸업비율에 따라 안분계산한 자산

건설업 겸업자산은 기업진단지침상 겸업자산으로 열거된 자산 이외에도 건설업 외의 사업을 영위하는 경우, 다음 순서에 의하여 추가로 겸업자산을 평가하게 됩니다.

① 진단대상사업과 겸업사업을 상시 구분 경리하여 실지귀속이 분명한 경우에는 실지귀속에 따라 겸업자산과 겸업부채를 구분합니다.

② 구분경리하지 않은 경우에는 공통자산은 매출액 비율로 안분을 합니다. 매출액 비율이 없는 경우는 사용면적, 종업원 수 등 합리적인 방식으로 산정한 겸업비율에 따라 안분을 합니다.

2. 기업진단지침상 겸업자산으로 열거된 자산

계정	구분	실질	겸업	부실
겸업 자산 열거	특수관계자 아닌 자에 대한 대여금		√	
	사용(인출) 제한된 보통예금 및 유가증권		√	
	임대자산, 운휴자산(유형자산)		√	
	투자목적으로 보유하는 부동산 회원권 등		√	
	건설업 무관자산(건설업 무관 미수금 등)		√	

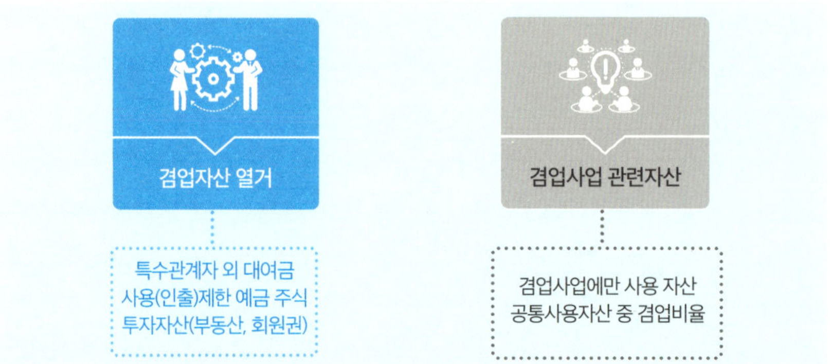

3. 겸업사업에만 사용되는 자산

건설업과 제조업을 영위하는 건설업체가 보유한 건설기계장비, 건설관련공제조합 출자증권 등은 건설업에만 사용되는 자산입니다.

이 경우 제조업에만 사용할 목적으로 보유하고 있는 공장, 기계장치 등은 겸업사업에만 사용되는 자산이라고 볼 수 있습니다.

4. 공통사용자산 중 겸업자산으로 평가되는 자산

건설업과 제조업을 영위하는 업체가 본사 사무실을 공통으로 사용하는 경우, 본사 임차보증금 등을 가리켜 공통사용자산이라고 합니다.

공통사용자산은 귀속이 명백하거나 구분경리에 의한 경우는 그에 따라 겸업자산을 평정하면 됩니다.

그러나 대부분은 구분이 모호한 경우에 해당되며 매출액비율, 사용면적 등 비율로 안분하여 공통사용자산 중 겸업자산을 평가하게 됩니다.

공통사용자산의 비중이 크고, 겸업사업의 매출액 비중이 클수록 겸업사업자의 경우 실질자본 계산이 불리해집니다.

5. 건설업 외 겸업사업을 영위하는 경우 관리방안

건설업과 그 외 사업을 동시에 영위하는 겸업사업자의 경우는 건설구분 기장하는 것이 실질자본 관리목적상 가장 바람직합니다.

구분 기장하지 않고 실지귀속이 불분명한 경우에는 매출액 비율로 공통사용자산을 안분하여 평가하게 되고, 건설업 외의 매출액 비율이 큰 경우는 실질자본이 미달하는 경우가 종종 발생합니다.

또한 건설업과 기타사업 매출액 비율이 들쭉날쭉 하는 경우 실질자본 관리목적상 구분 경리하는 것이 유리합니다.

건설업만 사용	공통사용	겸업사업만 사용
건설 공사미수금 건설기계장비 공제조합 출자증권	보통예금 등 금융자산 본사 사옥, 보증금	제조업 외상매출금 공장건물, 기계장비

16

Q 건설업 부외부채란 무엇이고 어떻게 평가하나요?

A 회계상 부채에 부외부채를 가산하고 겸업부채를 차감하여 건설업 실질부채를 계상합니다.

실질부채를 확인하는 입증서류를 확인한 결과 차입금 등 부외부채가 있을 경우 실질자본에서 해당 금액을 차감해야 합니다.

실질자본에 대한 가장 잘못된 이해는 보통예금, 공제조합출자증권, 임차보증금 등만을 합산하여 업종별 기준자본금 이상을 충족하였으니 문제가 없다라는 오해입니다.
위 계산은 건설업 실질자산의 합계일 뿐입니다.
건설업을 영위하고 있는 회사라면 당연히 외상매입금, 미지급비용, 미지급금, 차입금 등 부채가 있게 마련입니다.
건설업 실질자산에서 부채를 차감해야 개략적인 건설업 실질자본입니다.
한마디로 부채를 차감해야 한다는 생각을 하지 않으면 완전히 잘못 계산하게 됩니다.

1. 건설업 기업진단지침 부채

부채는 그 발생사유를 공사원가, 비용의 발생 및 관련 자산의 규모 등과 비교 분석하여 그 적정성 및 부외부채의 유무를 평가하여야 합니다.
건설업 기업진단지침은 자산은 실재성과 건설업 관련성이 없는 경우 실질자산을 차감 평가하도록 규정하고 있습니다.
반대로 부채의 경우는 누락한 부외부채 및 숨겨진 실질부채를 가산 평가하도록 정하고 있습니다.

2. 부외부채 확인 및 부채 가산

금융거래확인서를 제출하는 이유는 부외부채를 확인하기 위함입니다.

공제조합 융자금확인서 등에 의하여 장부에 누락된 융자금 잔액이 확인된 경우 부외부채로 가산됩니다.

부외부채란 재무제표에 계상되지는 않았지만 회사에 귀속되는 부채를 말하며 누락된 차입금, 결산서에 계상하지 않은 미지급세금 등이 확인되면 부채에 가산하여 평정하게 됩니다.
진단기준일 현재 예금이 예치되거나 차입금이 있는 **금융기관별로 금융거래확인서를 발급받거나 전체 금융기관에 대한 신용정보조회서를 발급받아 진단자에게 제출하고, 진단자는 부외부채 유무를 확인**하게 됩니다.
은행거래실적증명과 같은 기간 동안 지급한 부채내역을 제출받아 진단기준일 현재 부외부채 유무를 확인합니다.
진단기준일 현재 과세기간이 종료한 세무신고에 대하여 진단일까지 과세관청에 신고한 세무신고서를 제출받아 미지급세금 등을 확인합니다.

마이너스통장을 사용하는 경우 (-)잔액은 차입금(부채)으로 평가함에 유의해야 합니다.

3. 충당부채

중소 건설업체의 경우 대부분 결산서에 퇴직급여충당금을 계상하지 않습니다. **퇴직급여추계액이란 기준일 현재 전 직원이 퇴직을 할 경우 지급해야 할 퇴직금 총액으로 대표적인 부외부채에 해당하며 부채에 가산하여 평가**하게 됩니다.
건설업체가 계상한 하자보수충당부채나 공사손실충당부채가 장부에 계상된 경우 장부가액으로 부채를 평가합니다.

충당부채의 평가는 기업회계기준을 따르도록 하고 있습니다.
회사가 기업회계기준에 따라 충당부채로 계상한 경우 실질부채에 해당합니다.

4. 이연법인세부채

이연법인세자산은 기업회계와 세무회계의 차이로 개념상 인식된 자산이므로 부실자산으로 평정합니다.
따라서 이연법인세부채 역시 겸업자본과 실질자본을 차감하는 부채로 보지 않습니다.

5. 건설업 부채 관리방안

재무상태가 충실하지 않은 건설업체의 경우 부실자산 및 겸업자산을 실질부채와 임의상계하거나 충당부채를 설정하지 않고 결산하는 경우가 많이 있습니다.
실질자산과 실질부채를 상계한 경우는 실질자본에 영향이 없지만, 기준일 현재 가지급금과 외상매입금을 임의로 상계한 경우 임의 상계된 외상매입금 등은 부채로 가산하여 평정하게 된다는 점을 유의해야 합니다.

가지급금과 가수금이 동시에 있는 경우는 반드시 상계해야 합니다.

17

Q 건설업 겸업부채는 부채에서 차감해서 평가하나요?

A 회계상 부채에서 겸업부채를 차감하여 건설업 실질부채를 평가합니다. 겸업자산이 많은 경우라면 겸업부채에 대한 검토가 면밀히 이루어져야 합니다.

겸업자산과 직접 관련된 겸업부채와 공통사용부채 중 겸업부채로 평정된 부분은 회계상 부채에서 차감하여 건설업 실질부채를 평정하게 됩니다.

1. 건설업 기업진단지침 겸업부채

겸업부채의 경우 겸업자산을 초과하여 평가될 수 없습니다.

기업진단지침에서 **겸업자산으로 열거한 자산은 겸업자산으로 하고, 그 겸업자산과 직접 관련된 부채는 겸업부채로 평가**하도록 하고 있습니다.
또한 진단대상사업과 겸업사업을 상시 구분 경리하여 실지귀속이 분명한 경우에는 실지귀속에 따라 겸업자산과 겸업부채를 구분합니다.
구분경리하지 않은 경우에는 공통자산, 공통부채는 매출액 비율로 안분하게 됩니다.
매출액 비율이 없는 경우는 사용면적, 종업원 수 등 합리적인 방식으로 산정한 겸업비율에 따라 안분을 합니다.

2. 겸업자산과 직접 관련된 부채

겸업자산으로 열거된 아래의 자산과 직접 관련된 부채는 겸업부채로 평가한다는 의미입니다.

계정	구분	실질	겸업	부실
겸업 자산 열거	특수관계자 아닌 자에 대한 대여금		√	
	사용(인출) 제한된 보통예금 및 유가증권		√	
	임대자산, 운휴자산(유형자산)		√	
	투자목적 보유하는 유가증권, 부동산 등		√	
	건설업 무관자산(건설업 무관 미수금 등)		√	

임대자산(겸업자산)을 보유하고 보증금을 받은 경우 예수보증금은 겸업자산과 직접 관련된 겸업부채에 해당합니다.

외부 차입금을 조달하여 특수관계자 외의 자에게 대여금을 지급한 경우 외부 차입금은 겸업부채가 됩니다.
투자목적으로 보유하는 자산을 취득하기 위하여 차입금을 조달한 경우 이 차입금 역시 겸업부채가 된다는 의미입니다.

3. 겸업사업에만 사용되는 겸업부채

건설업과 제조업을 영위하는 경우 제조업 관련된 외상매입금은 겸업사업에만 사용된 겸업부채로 평가합니다.
제조업 근로자에 대한 급여 미지급분인 미지급비용 역시 겸업사업에만 사용된 겸업부채라고 이해하면 됩니다.

4. 공통사용부채 중 겸업부채

건설업과 제조업을 영위하는 업체가 운영자금 목적으로 차입금을 보유한 경우 등 공통사용부채라고 볼 수 있습니다.
공통사용부채는 귀속이 명백하거나 구분경리에 의한 경우는 그에 따라 겸업부채를 평정하면 됩니다.
그러나 구분이 모호한 경우는 매출액비율, 사용면적 등 비율로 안분하여 공통사용자산 중 겸업부채를 평가하게 됩니다.
예금이나 차입금 등 재무활동과 관련된 거래는 건설업과 겸업사업에 공통으로 사용되는 것이므로 임의로 건설업 사용 자산, 부채로 귀속시킬 수 없습니다.

5. 건설업 겸업부채 관리방안

회계상 자산에서 부실자산과 겸업자산이 차감되어 건설업 실질자산이 계산됩니다.
부채의 경우 부외부채를 가산하고 겸업부채를 차감하여 건설업 실질부채를 계산하게 됩니다.
그러므로 부채의 경우 겸업부채로 차감될 항목에 대하여 관리가 이루어져야 합니다.
겸업자산이 많은 경우 또는 겸업사업을 영위하는 경우로서 공통사용자산 및 겸업부채에 대하여 매출액 비율로 안분계산하여 겸업자산 부채를 평가하는 경우 겸업부채에 대한 검토 및 관리가 면밀히 이루어져야 합니다.

실지귀속은 구분된 사업부나 독립된 장부가 있는 경우 이외에도, 개별장부상 실지귀속을 확인할 수 있는 경우도 포함됩니다.

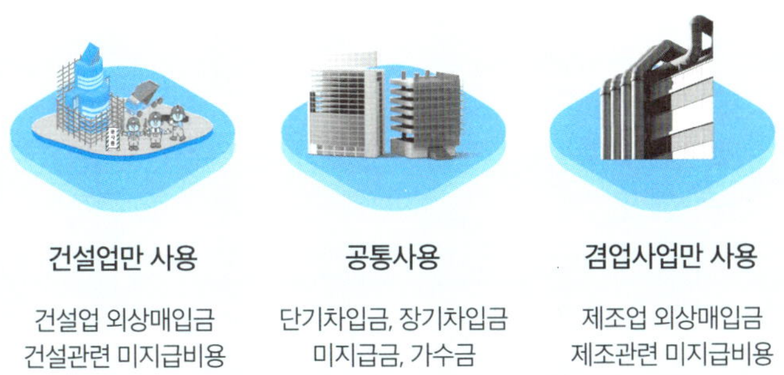

18

Q 건설회계 실질자본의 평가 시 주의점은?

A 건설업 실질자산에서 건설업 실질부채를 차감한 건설업 실질자본이 업종별 등록기준 자본금 이상이어야 합니다.

건설업 등록기준 자본금이 완화된 경우 납입자본금을 감자할 필요 없습니다.
등록기준금액에 맞추는 것이 아니라 등록기준 이상을 충족하는 것입니다.

건설업 등록기준 중 자본금 요건은 업종별 등록기준 이상의 등기상 자본금과 건설업 실질자본을 상시 충족하도록 하고 있습니다.

1. 기업진단지침 자본의 평가

납입자본금은 법인등기사항으로 등기된 자본금으로 평가합니다. 적법한 세무신고 없이 장부상 이익잉여금 등 자본을 증액한 경우에는 실질자본에서 직접 차감하도록 규정하고 있습니다. 건설업 면허 신규 또는 추가 취득 시 유상 · 무상증자나 이익잉여금 처분 방식이 아닌 임의 자본증자는 불인정됩니다.

무상증자 등의 경우 세무상 의제배당에 대한 검토가 이루어져야 합니다.

2. 기준자본금이 정해진 겸업사업 있는 경우 겸업자본이 미달하는 경우

관련법규 등에서 기준자본액이 정하여진 겸업사업에 대하여 겸업자산에서 겸업부채를 차감한 겸업자본이 그 기준자본액에 미달하는 경우에는 기준자본액을 겸업자본으로 보도록 하고 있습니다.

예를 들어 전기공사업 면허를 보유한 업체가 실내건축업을 추가하는 경우를 보면, 전기공사업법에 따라 전기공사업 면허를 보유한 회사는 1.5억 원 이상 자본을 보유해야 하고 전기공사업은 겸업사업에 해당이 됩니다.

이 경우 건설업 실질자본이 1.8억 원 그리고 겸업자본으로 계산된 금액은 1.0억 원인 경우 겸업자본은 1.5억 원으로 평가하게 됩니다. 겸업자본이 1.0억 원으로 계산되는 경우 겸업자본을 전기공사업 기준자본금인 1.5억 원으로 평가한다는 의미입니다. 결국 실내건축업 실질자본이 0.5억 원 감소하는 효과가 있습니다.

이에 따라 건설업 실질자본은 1.8억 원에서 0.5억 원이 감소된 1.3억 원이 되므로 건설업 실질자본 미달이 됩니다.

3. 겸업자본은 음수가 될 수 없습니다

또한 겸업사업에 법정자본금이 정하여지지 않은 경우에도 겸업자본을 0원으로 하도록 하고 있습니다.

겸업자본이 음수가 허용되면 겸업부채 과다 평정을 통하여 진단이 필요한 사업에 적격의 재무관리상태보고서가 발급될 수 있기 때문입니다.

구분기장 또는 겸업자산 부채 평정을 통한 건설업 억지 충족을 방지하기 위한 규정이라고 이해하면 됩니다.

구분기장 및 겸업자산 부채 평정을 통한 부실진단을 방지하기 위한 규정입니다.

4. 기타 실질자본에서 차감하는 항목

다음 각호의 금액은 실질자본에서 차감하도록 정하고 있습니다.

기업진단지침은 기업회계기준을 기반으로 하면서 실재성과 적정성을 더욱 엄격하게 평가하도록 규정하고 있습니다.

회계 분식 또는 조작을 통하여 실질자본을 충족하지 못하도록 이러한 규정을 두고 있는 것입니다.

① 부실자산과 임의 상계된 부채에 상당하는 금액

② 진행기준으로 매출을 계상한 후 세무신고를 통하여 그 일부 또는 전부를 세무상 수입금액에서 제외한 매출채권에 상당하는 금액

③ 발생원가 또는 비용을 누락한 분식결산 금액

④ 자산의 과대평가 등에 따른 가공자산이나 부채를 누락한 부외부채 금액

5. 건설업 실질자본 관리방안

건설업과 그 외의 사업을 영위하는 경우 구분기장을 통해 각각의 사업의 자본을 체크하여 관리하는 것이 가장 좋습니다.

겸업사업으로 인하여 건설업 실질자본 충족이 불안하다면 건설업에만 사용되는 자산의 비중을 확대하여 유지하는 것도 방법 중의 하나입니다.

구분경리란 사업·재산별로 자산, 부채 손익을 법인의 장부상 독립된 계정과목으로 구분기장하는 제도를 말합니다.

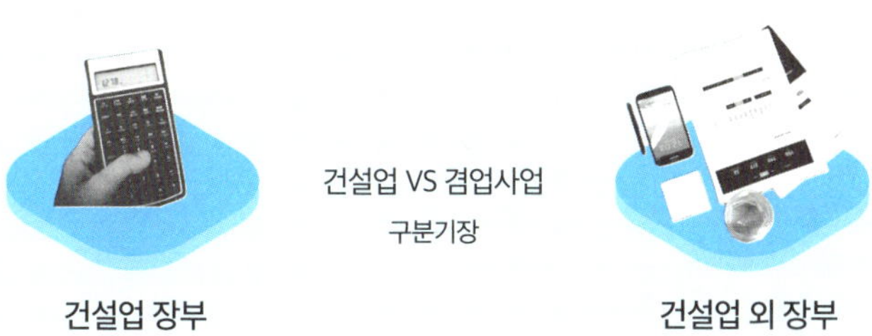

19

Q 건설회계 기업진단지침상 수익과 비용의 인식은 어떻게 하나요?

A 수익과 비용은 기업회계기준에 따라 평가하도록 하고 있으므로, 기업회계기준에 맞지 않은 경우 기업회계기준에 따라 평정합니다.

건설업 수익과 비용은 기업진단지침에 따로 정함 없이 기업회계기준을 따르도록 하고 있습니다.

1. 기업회계기준 건설업 수익과 비용

건설업 수익인식은 매출을 인식하는 기준으로 완성기준과 진행기준이 있습니다. 원칙적으로 건설업은 진행기준을 적용하되, 중소기업의 경우 단기공사에 대하여 완성기준을 인정하고 있습니다.

수익인식 방법에 따라 건설회사 재무제표상 재고자산, 매출채권, 선수금 등 인식 방법에 차이가 있습니다.

2. 진행기준

진행률
=누적발생원가/
총예상원가

공사수익
=공사금액×진행률
−기인식 공사수익

공사원가
=당기발생공사원가

진행률 계산 시 예정원가가 변동하면 이를 반영하여 진행률을 계산합니다.

진행기준이란 건설공사의 완성 정도에 공사가 진행되는 여러 회계기간에 걸쳐서 수익을 인식하는 방법입니다.

해당연도의 수익인식은 도급금액에 해당기간 공사진행률을 곱하여 수익을 인식하고, 공사수익에 대응하는 실제발생한 비용을 공사원가로 인식합니다.

진행기준에 의한 공사미수금은 공사원가명세서, 도급계약서, 공사대금의 청구 및 회수내역, 진행률의 계산근거, 진단기준일 후의 세금계산서 청구내역 등을 검토하여 적정하게 계상하였는지 여부를 확인하게 됩니다.

공사금액 100억 원(진행기준)

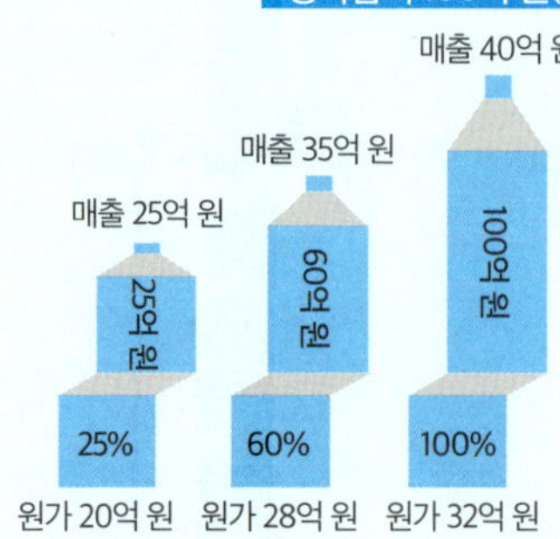

구 분	1차연도	2차연도	3차연도
매출액	25	35	40
매출원가	20	28	32
매출총이익	5	7	8
미성공사	0	0	0

공사수익 및 공사미수금은 세금계산서 발행유무와 무관하게 공사진행률에 따라 계상하는 것이 원칙입니다.
진행률의 경우는 실제발생한 총공사비용을 공사원가로 인식하므로 미성공사라는 계정이 있을 수가 없다는 점 주의해야 합니다.

회사가 진행기준에 따라 매출채권을 계상한 후 세무조정으로 익금불산입한 경우는 부실자산으로 처리됩니다.

3. 완성기준

완성기준은 공사가 완료된 시점에 수익을 한꺼번에 인식하는 방법으로써 중소기업은 공사기간이 1년 미만인 단기공사에 한하여 완성기준을 적용할 수 있습니다.
완성기준을 적용하는 경우는 결산일 현재 완료되지 않은 건설공사에 대해서는 수익을 전혀 인식하지 않습니다.
이에 대응하는 완성되지 않은 현장의 총공사비용은 미완성공사로서 재고자산으로 인식하며 실질자산으로 평정하게 됩니다.

공사금액 50억 원(완성기준)

구 분	1차연도	2차연도
매출액	0	50
매출원가	0	40
매출총이익	0	10
미성공사	16	0

진행기준 완성기준 적용 여부는 계약건별로 공사기간에 따라 적용을 달리할 수 있습니다.
이를 위해서는 건설업 현장별 원가계산이 필요합니다.
진행률 산정의 적정성 입증 및 완성기준을 적용 시 미성공사의 실질자산 입증을 위해서도 현장별 원가계산이 필요합니다.

구분	진행기준	완성기준
매출액	진행률에 따라 인식	완성연도 전부 인식
매출원가(공사원가)	발생연도 전부 인식	완성연도 전부 인식
공사미수금	진행률에 따라 인식	완성연도 전부 인식 후 공사선수금 상계
공사선수금	진행률 초과 수령부분	완성 전 기성금 수령
미완성공사	해당사항 없음	완성 전 원가집계

2 장

건설업 실태조사 대응방안과 사전 대비방안

01

Q 자본금 미달 의심업체 건설업 실태조사란?

A 키스콘 조기경보모형에 의해서 자본금 미달 부실의심업체로 선정된 경우 건설업 실태조사를 받게 되고 자본금 미달 시 영업정지 행정처분을 받게 됩니다.

자본금, 기술자, 시설장비, 보증가능금액확인서 모두 실태조사대상이 됩니다.

1. 자본금 미달 건설업 실태조사란

건설업 실태조사란 건설산업기본법에 근거하여 면허별 등록기준 자본금에 실질자본 미달이 의심되는 부실의심업체에 대하여 현황을 조사하고 실질자본이 등록기준에 미달하면 영업정지 처분을 하는 일련의 과정을 의미합니다.
국토교통부장관이 매년 1회 실시하도록 규정되어 있습니다.

전문건설업체의 경우 구청에서 서면심사, 청문을 진행하여 최종 행정처분을 합니다.

종합건설업체의 경우 건설협회에서 서면심사를 진행 후 시청에서 최종적으로 청문절차 진행 후 행정처분을 합니다.

2. 조사대상업자 선정 및 실태조사 실시

국토교통부장관이 별도의 기준을 정하여 미달 혐의업체 추출하여 선정된 조사대상업자를 시·도지사 등에게 통보하여 실태조사를 실시하게 됩니다.
시·도지사 등은 국토교통부장관으로부터 통보받은 조사대상업자 외에 실태조사가 필요하다고 인정되는 건설사업자를 포함하여 실태조사를 실시하게 됩니다.

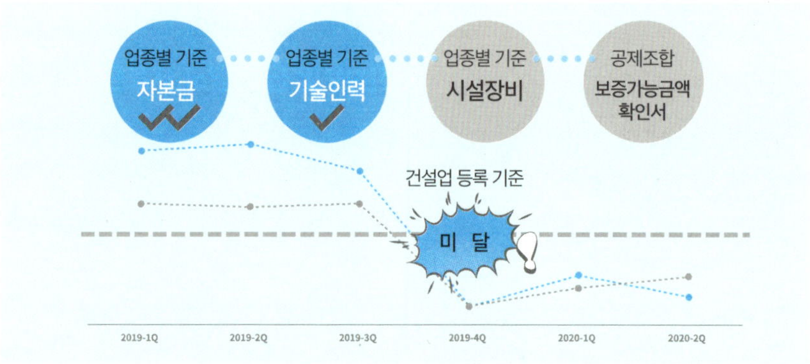

자본금 미달 부실의심업체 외에 기술자, 시설장비, 보증가능금액확인서(자본금 외의 등록기준) 미달업체에 대해서도 매년 실태조사가 시행됩니다.
대부분 자본금 미달 부실의심업체 실태조사에 의하여 건설업 영업정지 행정처분을 받게 됩니다.
그러나 기술자, 보증가능금액확인서 요건 미달로 실태조사 후 영업정지 받는 경우도 종종 있습니다.

3. 부실의심업체 선정(KISCON 조기경보모형)

건설업체는 매년 결산 후에 법인세신고를 하고, 실적신고 재무제표 제출절차(실적신고 2차)에 의해서 표준재무제표가 KISCON으로 수집이 됩니다.

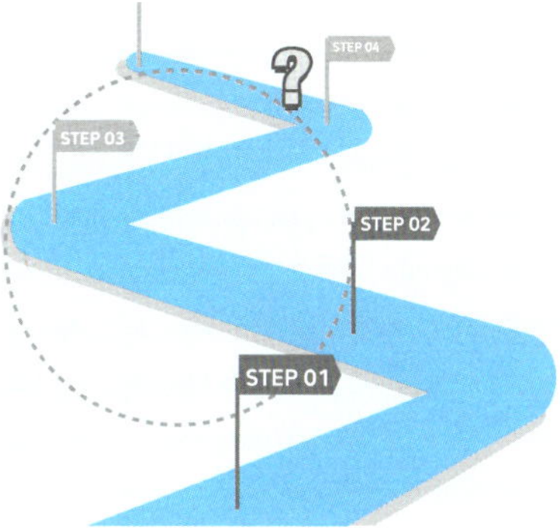

STEP 01
결산 재무제표 작성

STEP 02
표준재무제표 제출(협회)

STEP 03
KISCON 재무제표 분석

STEP 04
실태조사 대상 선정

STEP 05
실태조사 시행

KISCON 관리정보
① 건설업 등록, 변경, 양도, 합병, 상속, 행정처분정보
② 건설업체 시공능력, 신용도, 기술자 보유 정보
③ 건설공사대장 정보
④ 건설관련 공제조합 보증정보

국토교통부가 관리하는 건설종합정보망(키스콘)에서는 재무제표를 분석하여 부실의심업체를 선정하고 실태조사 대상으로 선정하여 시 · 군 · 구청에 이를 통지하고 시행하게 됩니다.

재무제표를 기반으로 건설업 관리규정에 근거한 전산분석을 통하여 부실의심업체를 선정하게 됩니다.

정확한 실태조사 대상 선정기준은 공개되어 있지 않습니다.

자산총계	부채총계	
1. 제시자산	6. 제시부채	
	7. 부외부채	퇴직금여충당금
2. 부실자산	8. 실질부채 = 1+2	가지급금, 재고자산, 선급금, 미수금
	9. 겸업부채	무기명금융상품, 무형자산
3. 실질자산 = 1-2	10. 건설업 실질부채 = 3-4	
	자본총계	
4. 겸업자산	11. 제시자본 = 1-6	대여금, 투자자산, 토지, 건물
	12. 실질자본 = 3-8	
5. 건설업 실질자산 = 3-4	13. 겸업자본 = 4-9	
	14. 건설업 실질자본 = 5-10	

1. 자산 항목 중 부실자산 항목 비중 높은 경우
2. 자산 항목 중 겸업자산 항목 비중 높은 경우
3. 실질자본 추정액이 법정자본금 미달 추정 경우

가지급금, 미수금, 선급금, 재고자산, 무형자산, 투자자산 등 부실자산이나 겸업자산으로 평정되는 계정과목이 과도하게 계상되어 있는 경우 실태조사 대상으로 선정될 가능성이 높다고 추측해볼 수 있습니다.

02 Q 건설업 실태조사 절차 및 사전대비방안은 어떻게 되나요?

A 건설업 실태조사는 매년 10월경에 시행이 되고, 서류소명, 기업진단 소명, 청문, 최종 행정처분까지 대략 6개월이 소요됩니다.

1. 건설업 실태조사 절차

실태조사 대상으로 선정된 경우 재무제표, 금융증빙, 세무증빙, 계약서 등 자료를 제출하여 서류소명을 하게 됩니다. **1차 서류소명이 안되는 경우 보완서류나 기업진단을 통해 소명**하게 됩니다. 최종적으로 실질자본 미달인 경우 청문절차를 거쳐서 영업정지 행정처분이 내려지게 됩니다.

실태조사 대상으로 선정 후 최종 행정처분까지 보통 6개월이 소요되며, 소명을 하지 않는다면 행정처분을 빨리 받을 수도 있습니다.

2. 종합건설업, 전문건설업 실태조사

종합공사를 시공하는 업종은 대한건설협회 시도회에서 위탁받아 등록기준 적합 여부를 확인하고, **최종 행정처분은 주된 영업소를 관할하는 시 · 도지사**가 처리합니다. **전문공사를 시공하는 업종은 주된 영업소 소재지를 관할하는 시장 · 군수 · 구청장**이 등록기준 적합 여부를 확인하고 최종 행정처분을 하게 됩니다.

3. 서면심사와 기업진단

등록기준의 적합 여부를 확인하는 기관은 조사대상업자에게 기한을 정하여 조사에 필요한 자료의 제출을 요구하며, 제출된 자료가 미비할 경우에는 추가자료의 제출을 요구하게 됩니다.

서면심사는 건설업 기업진단지침에 따라서 이루어집니다. 재무제표 등 서면자료를 검토하여 산정한 금액이 자본금기준에 미달되는 경우 재무관리상태진단보고서를 제출받아 자본금기준의 적격 여부를 확인할 수 있습니다.

실태조사 자본금 조사일 현재 자본금 미달로 인해 행정처분 기간 중에 있거나, 조사 진행 중 행정처분을 받은 경우 조사대상에서 제외합니다.

4. 건설업 실태조사 사전대비방안

부실의심업체로 선정이 되어 실태조사 대상이 되는 이유는, 실적신고 시 제출된 표준재무제표에 부실의심 내용이 들어있기 때문입니다.

그러므로 **결산과정에서 실질자산, 부실자산, 겸업자산 등의 개념에 대하여 명확히 이해하고 회계처리를 해야 불필요하게 부실업체로 지정되는 것을 사전적으로 대비가능**합니다.

회계처리 오류일 뿐이지 실질은 다르다라고 주장해도 실무적으로 소명이 불가능하므로 부실자산 겸업자산에 대한 올바른 이해는 매우 중요합니다.

가장 확실한 사전대비방안은 실태조사를 받더라도 실질자본이 충족되어 소명이 완벽하게 가능한 것입니다. 이를 위해서는 **매년 연말 전에 가결산을 통하여 부족한 실질자본(연말잔고)을 도출하여 12월 말일까지는 이를 보충하고 본결산을 완료**해야 하는 것입니다.

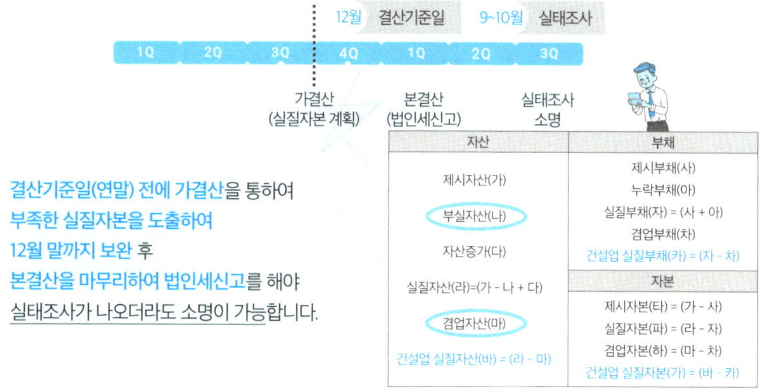

03

Q 건설업 실태조사 제출서류 및 소명은 어떻게 해야 하나요?

A 재무제표, 계정별원장 등 회계자료, 계약서, 금융증빙, 세무증빙, 등기부등본, 등록증 등을 제출하여 실재성을 입증해야 건설업 실질자산으로 인정받게 됩니다.

1. 건설업 실태조사 대상이 되면 소명자료를 제출해야 합니다

실태조사 과정에서 제출하는 서류는 결국 건설업 실질자산과 건설업 실질부채 평가에 관한 자료입니다.

조사기준일의 재무제표 및 근거자료를 제출하게 됩니다.

2XX1년 실태조사 대상 조사기준일은 2XX0년 결산재무제표입니다.

조사기준일 이후 양도, 양수, 합병, 업종추가 등의 사유로 재무관리상태 진단보고서를 작성한 사실이 있는 경우 진단결과를 기준으로 진단조서 등 서류 일체를 제출할 수 있습니다.

공문을 받아보면 매우 방대한 자료를 제출하도록 하고 있습니다.

① **재무제표의 백데이터인 계정별 원장을 제출합니다.**

② **매출 · 매입과 관련된 계약서 및 세금계산서를 제출합니다.**

③ **매출 · 매입 등 거래 관련 통장 입출금내역을 제출합니다.**

④ **금융자산, 유형자산, 투자자산에 대한 금융기관의 확인서 또는 등기부등본(등록증)을 제출**합니다.

결국 재무제표에 계상되어 있는 자산, 부채에 대하여 실재성 확인에 필요한 자료를 세무조사 수준으로 제출하게 됩니다.

단순히 회계적인 조작을 통하여 실질자본을 충족한다는 것은 원천적으로 불가능하며, 소명자료인 계약서, 세금계산서, 금융거래내역, 금융기관확인서, 등기부등본, 등록증 등이 제출되지 않으면 실재성이 불인정되어 부실자산으로 평정됩니다.

2. 실태조사 공문을 받고도 자료 제출을 하지 않으면

정당한 사유없이 자료를 제출하지 아니하는 경우 자료 제출기한을 정해서 제출하도록 공문(시정명령)을 받게 되고, 이를 이행하지 않는 경우(시정명령 미이행)에는 영업정지 행정처분이 내려집니다.

명백히 실질자본이 미달인 경우 영업정지 행정처분 시점을 회사에 유리하게 조정하는 노력을 해야 합니다.

3. 먼저 실질자본을 계산해 보아야 합니다

실태조사 공문을 받고 나서 가장 먼저 해야 할 일은 건설업 실질자본을 정확히 계산해 보아야 합니다.

실질자본 충족 또는 미달 여부에 따라 대응방법을 달리해야 하기 때문입니다.

4. 겸업자산, 부실자산 소명에 노력해야 합니다

겸업자산과 부실자산은 회계상 자산에서 차감되어 건설업 실질자산이 평가되므로, 실질자본이 미달되는 경우 위 항목에 대한 소명이 관건이 됩니다.

건설업 관리규정 및 실제 내용이 명백하게 부실자산 또는 겸업자산인 항목은 소명이 불가능합니다.

그러나 실질자산과 부실자산 또는 겸업자산의 경계에 있는 항목에 대해서는 논리적인 근거와 객관적인 증빙을 갖추어 적극적으로 소명을 하면 부실자산 또는 겸업자산에 대해서도 소명 가능한 부분이 있다는 점을 알아두어야 합니다.

실질자본이 명백히 미달하는 경우 기업진단을 받아도 부적격 재무관리상태진단보고서가 발급됩니다.

무조건 기업진단을 받는다고 해서 소명이 가능한 것은 아닙니다.

결산재무제표 및 제반상황을 분석하여 기업진단의 실익 여부를 검토해보아야 합니다.

5. 세무대리인과 긴밀한 협조가 이루어져야 합니다

계정별원장 등 회계자료가 근간이 되어 이와 관련된 계약관련 자료, 세무자료, 금융자료가 제출되며 위의 내용이 시간적 · 논리적으로 앞뒤가 맞아야 하므로, 기장대리를 하고 있는 **세무사 사무실과 긴밀히 협의해서 소명을 해야 실태조사를 무사히 마무리할 수 있게 됩니다. 소명이 안되어서 기업진단을 하게 되더라도 기장대리 세무사무실의 도움이 중요합니다.**

04

Q 건설업 실태조사 시 기업진단을 받으면 해결이 되나요?

A 서면자료심사로 소명이 안되는 경우, 기업진단과 행정심판을 전략적으로 활용하는 방안을 검토해야 합니다.

1. 실태조사와 기업진단 소명

서면심사로 실태조사 소명이 되지 않는 경우는 기업진단을 통해 재무관리상태 진단보고서를 제출하는 방법을 고려해 보아야 합니다.

그러나 명백하게 실질자본이 부족한 경우라면 기업진단의 실익이 없습니다.

건설업 관리규정상 실제 내용이 명백하게 부실자산 또는 겸업자산인 항목은 소명이 불가능합니다.

그러나 실질자산과 부실자산 또는 겸업자산의 경계에 있는 항목에 대해서는 논리적인 근거와 객관적인 증빙을 갖추어 적극적으로 소명을 하면 부실자산 또는 겸업자산에 대해서도 소명 가능한 부분이 있습니다.

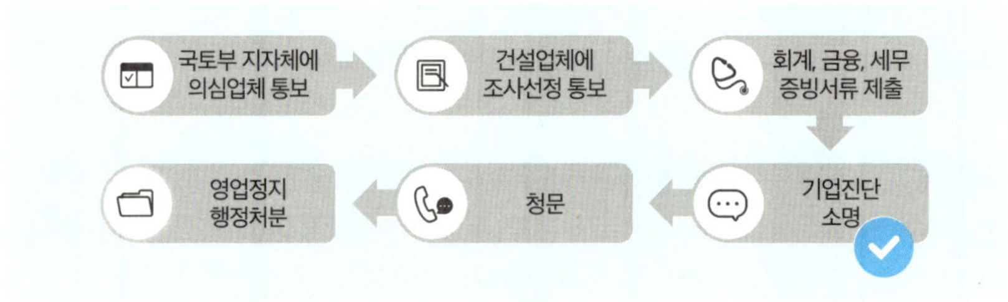

전문건설업은 1차 서면심사가 안되는 경우 시·군·구청 담당자에게 재무관리상태진단보고서를 제출합니다.

종합건설업의 경우는 건설협회에 재무관리상태진단보고서를 제출하지 않고 시도 담당자에게 청문 전에 제출합니다.

1년 이내에 동일한 사유로 영업정지를 받은 경우 건설업 교육으로 기간감경 불가합니다.

2. 영업정지기간 감경을 위한 기업진단

실질자본 충족을 입증하지 못하면 6개월 건설업 영업정지 행정처분을 받게 됩니다.

조사기준일 후 지자체 **담당자가 지정하는 최근 특정시점을 기준일로 하여 기업진단을 받아 현재 실질자본을 충족하고 있음을 재무관리상태진단보고서를 제출하여 입증하면 1개월 영업정지기간을 감경**해 줍니다.

대표자 등 건설업 교육 이수를 하면 추가적으로 15일 기간을 감경해줍니다.

자본금 미달로 영업정지 행정처분을 최초로 받는 경우 결국 기업진단과 건설업 교육 이수를 통해 6개월 영업정지 기간을 4개월 반으로 단축시킬 수 있는 것입니다.

3. 영업정지 종료 기업진단

영업정지 기간이 도과한다고 자동으로 영업정지가 종료되지 않습니다.
영업정지 기간 종료 시 종료일을 기준일로 하여 기업진단을 통해 재무관리상태 진단보고서 종료일로부터 30일 이내에 제출해야 합니다.
따라서 영업정지 종료일로부터 역산하여 최소 30일 이전까지는 부족한 실질자본을 보완해야 적격의 기업진단이 가능하다는 점도 주의해야 합니다.

실태조사기간 중 주소지를 이전하는 경우 실태조사 시작일 기준으로 전출기관에서 조사 후 전입기관에서 청문 및 처분절차를 진행합니다.

4. 기업진단 유의사항

해당 건설업체 세무대리인이 재무제표, 계약서, 금융증빙, 세무증빙 관련 건설업체 내용을 가장 잘 알고 있지만, 기장대리 또는 세무조정을 하고 있는 세무대리인의 경우 독립성을 이유로 당해 업체의 기업진단을 할 수 없도록 규정하고 있습니다.
또한 기업진단을 통해 실질자본 충족을 입증함에 있어서 부실진단 기타 부정한 방법에 의한 진단사례가 발생함에 따라 국토교통부에서 직접 부실 진단자의 명단을 관리하고 지자체에 명단을 통보하여 더 이상 재무관리상태진단을 하지 못하도록 하고 있습니다.

진단자는 진단을 받는 자에 대한 장부의 작성 및 재무제표 작성업무를 수행한 경우에는 해당 회계연도에 대한 재무관리상태진단을 행할 수 없습니다.

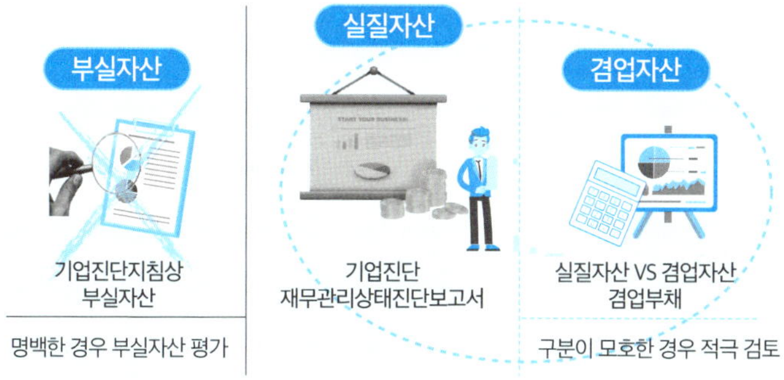

05

Q 건설업 실태조사 시 행정심판을 활용하면 유리할까요?

A 실태조사로 인한 영업정지 행정처분이 불가피한 경우 행정심판의 활용방안을 고려해볼 수 있습니다.

행정심판은 결정을 권고의 형식으로 내리는 민원에 비해 행정기관을 구속하는 강력한 법적 효력이 있습니다.

1. 행정심판이란

행정청의 위법 또는 부당한 공권력의 행사 또는 불행사 등으로 권리나 이익이 침해받았을 경우 간편하게 구제받을 수 있는 쟁송절차입니다.

3심제에 시간과 비용이 많이 드는 행정소송에 비해 신속 · 용이하고 비용이 적게 들면서도 위법성, 부당성, 합목적성까지 판단해 구제의 폭은 넓은 편이므로 매우 효율적인 권익구제 제도입니다.

영업정지 행정처분에 대하여 불복을 있을 경우에는 행정처분이 있음을 알게 된 날로부터 90일 이내(있는 날로부터 180일 이내)에 행정심판을 청구해야 합니다.

2. 실태조사와 행정심판

실태조사 과정에서 서면심사 또는 기업진단으로 소명이 안 될 경우 결국 행정심판을 활용하는 방안만 남게 됩니다.

행정심판은 행정소송에 비하여 신속하게 분쟁을 해결할 수 있고 비용이 크게 들지 않는다는 장점이 있습니다. 영업정지 행정처분이 예상되는 경우 행정심판을 통해서 아래의 목적을 달성할 수 있을지 고려해보아야 합니다.

① **영업정지 행정처분 취소**
② **영업정지 시기 연장**
③ **영업정지 기간 감경**

그러나 실무에서 영업정지 행정처분이 위법하다고 재결되어 행정처분 취소가 인용된 경우는 드뭅니다.

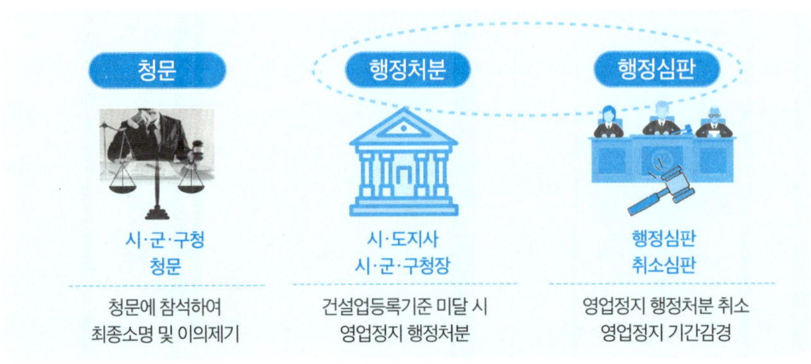

3. 영업정지 시점 연장

건설업 영업정지 행정처분 전에 계약을 체결한 또는 착공을 한 건설공사는 영업정지 기간에도 계속 공사가 가능합니다.

영업정지 기간 중에는 새로운 건설공사의 계약이 불가능해지는 것입니다.

그러므로 **건설업 영업정지 행정처분이 예상된다면 행정심판을 활용하여 집행정지 신청을 함으로써 영업정지 시작 시점을 늦춘 후에 예정된 신규 공사계약 수주를 진행하는 것이 영업정지로 인한 사업상 손해를 최소화** 하는 방안입니다.

주의할 점은 행정심판을 청구하였다고 하여 무조건 영업정지 행정처분의 효력이 정지되는 것은 아닙니다.

행정심판 청구 시 집행정지신청을 같이 함으로써 행정심판위원회에서 이를 수용하면 행정심판이 종결될 때까지 영업정지 행정처분의 집행이 정지되게 됩니다.

집행정지란 행정심판이 진행되는 동안 청구인에게 회복하기 어려운 손해가 발생할 우려가 있어 처분의 효력이나 집행을 행정심판의 재결이 있을 때까지 정지하도록 하는 제도입니다.

행정심판이 원칙적으로 처분의 효력이나 그 집행 또는 절차의 속행은 영향을 받지 않지만(집행부정지 원칙), 예외로 인정받아 집행정지를 받는 것이 중요합니다.

집행정지신청이 받아들여지면 해당 처분의 효력이나 집행은 행정심판의 재결이 있을 때까지 정지됩니다.

집행정지의 효력은 당사자인 신청인과 피신청인뿐만 아니라 관계 행정청과 제3자에게도 미칩니다.

4. 영업정지 기간감경

행정심판을 통해 영업정지 행정처분 취소를 인용받기는 어렵지만 행정심판 과정에서 경영상의 어려움 또는 등록기준 미달에 대한 비고의성 등 최대한 의견을 개진하여 영업정지 기간을 감경받을 수 있도록 노력하는 것도 고려해볼만 합니다.

06

Q 건설업 영업정지 행정처분의 의미와 대응방안은?

A 건설업 영업정지 기간 동안은 신규계약의 수주가 불가능합니다.
영업정지 이전 계약, 착공한 건설공사는 계속공사가 가능합니다.

1. 신규계약 금지

영업정지 처분 또는 등록말소 처분을 받은 건설업자와 그 포괄승계인은 그 처분을 받기 전에 도급계약을 체결하였거나 관계 법령에 따라 인허가를 받아 착공한 건설공사는 계속 시공할 수 있습니다.

건설업 영업정지 행정처분은 모든 사업활동의 정지를 의미하지 않습니다.
영업정지 기간 중 신규계약(수주)이 정지된다는 의미입니다.
따라서 영업정지 행정처분을 받기 이전 도급계약을 체결하였거나 관계 법령에 따라 허가 · 인가 등을 받아 착공한 건설공사는 계속 시공을 할 수 있습니다.
결론적으로 영업정지 기간 중 신규계약(수주활동)이 막히는 것이 사업상 어려움을 초래하는 것입니다.

2. 발주자, 수급인 통보

영업정지 기간 중 건설업 면허의 양도가 불가능합니다.

영업정지 처분에 관한 내용을 발주자, 수급인에게 통지하도록 하고 있으며 통지받은 발주자, 수급인은 도급계약을 해지할 수 있도록 정하고 있습니다.
그러나 발주자, 수급인이 도급계약을 해지하지 않는 건설공사는 영업정지기간 중에도 계속 시공이 가능합니다.

3. 건설업 등록기준 보완 및 건설업 등록말소

영업정지 종료일까지 등록기준 미달사항을 보완하여 종료일로부터 30일 이내 등록기준 보완사항을 제출하지 않으면 등록말소 처분을 당합니다.
따라서 영업정지 종료일로부터 30일 전까지 부족한 실질자본을 보완하여 등록기준 이상을 충족한 후 기업진단을 통해서 재무관리상태진단보고서를 관할 관청에 제출해야 합니다.

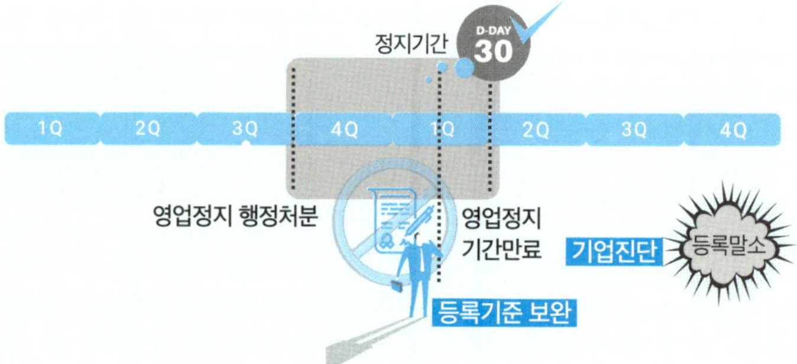

가장 주의해야 할 점은 3년 이내에 동일한 사유로 영업정지 2번 행정처분 시에는 건설업 등록말소를 당하게 됩니다.

4. 건설업 영업정지 대응방안

영업정지 행정처분이 결정되어 영업정지 기간이 시작되면 그 기간 동안 신규 수주활동이 불가능하며, 기존 계약 체결분 및 착공한 공사는 영업정지 기간 중에도 시공이 가능하므로 **본인 회사의 수주계획에 맞추어 영업정지 타이밍을 전략적으로 조정할 수 있도록 노력하는 것이 중요**합니다.

1차 소명, 2차 소명, 기업진단, 청문, 행정심판 등 최대한의 소명방법을 고려하여 영업정지를 받더라도 사업에 심각한 피해가 없도록 하는 것이 중요합니다.

행정처분 이후에는 행정심판을 활용하여 영업정지 타이밍을 조정할 수 있는 방안을 고려해볼만 합니다.

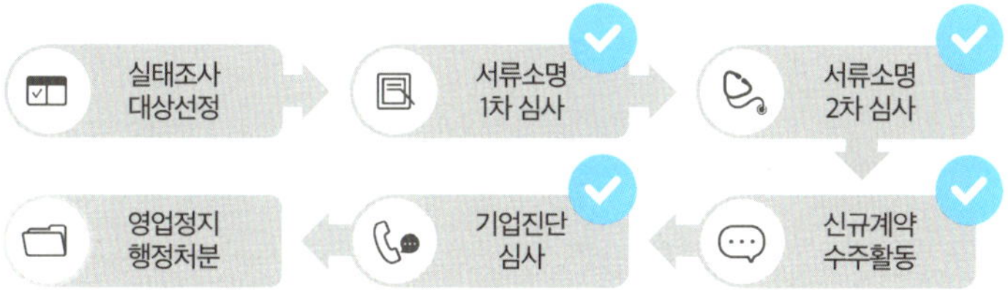

5. 영업정지 부과기준 및 기간감경 방안

건설업 등록기준 규정에 미달한 경우 영업정지 기간은 6개월로 정하고 있습니다.

영업정지 감경사유는 다음과 같습니다.

① 법령 해석상의 착오 등으로 위반행위를 한 후 시정을 완료한 경우로서 정상을 참작할 필요가 있는 경우 이는 자본금 미달을 보완한 후 보완 후의 상태로 기업진단을 받아서 제출한 경우입니다.

② 위반행위가 적발된 날부터 최근 3년 이내에 제재처분을 받은 사실이 없는 경우입니다.

③ 건설업자가 건설업 교육을 8시간 이상 이수한 경우입니다.

동일사유로 1년 이내에 영업정지를 받은 경우 건설업 교육으로 기간감경은 적용되지 않습니다.

영업정지 기간 중에 새로운 건설공사를 도급받은 경우 관급, 민간공사 불문하고 영업정지 행정처분을 위반한 행위로써 건설업 등록말소 될 수 있으므로 주의해야 합니다. 경미한 건설공사의 경우도 마찬가지입니다.

3 장

건설업 결산 시
고려사항

01

Q 기업회계기준, 기업진단지침, 법인세법 중 어떤 것을 기준으로 결산을 해야 하나요?

A 건설업은 기업회계기준과 기업진단지침, 법인세법을 모두 고려한 결산이 이루어져야 합니다.

1. 기업회계기준 VS 기업진단지침

건설회사는 기업회계에 맞게 회계처리 후 실질자본을 검토 및 검증 후 결산을 끝내야 합니다.

외부감사대상기업이라면 기업회계기준에 맞게 결산이 끝나야 합니다.

대부분의 중소기업, 종합건설회사, 전문건설회사들은 외감대상이 아닌 경우가 더 많지만 외감대상이 아니더라도 기업회계기준에서 자유로운 것은 아닙니다.

기업진단지침상 실질자본 계산 시 지침에 따로 정함이 있는 경우를 제외하고는 기업회계기준을 따르도록 하고 있기 때문입니다.

기업진단지침은 기업회계기준과 별개로 새로운 개념이 아니고, 기업회계기준과 맥락을 같이 하되 실재성과 건설업 관련성에 좀 더 초점을 맞춘 것 뿐입니다.

2. 기업회계 VS 법인세

법인세 납세의무가 있는 모든 건설회사는 법인세법상 규정에 따른 법인세를 계산하여 납부하여야 합니다.

기업회계기준에 의해 작성된 재무제표상 당기순손익을 세법에 따른 각 사업연도 소득금액으로 조정하는 절차 및 기업회계상 자산부채자본의 금액을 법인세법상 자산부채자본의 평가금액으로 조정하는 세무조정 절차를 거쳐 법인세를 계산 신고 · 납부하게 됩니다.

세무조정:
기업회계와 세무회계(세법)상 차이를 조정해서 세법의 수익비용(익금손금) 인식기준에 맞게 조정하는 과정

기업회계	세무조정	법인세
수익	익금산입, 익금불산입	익금
비용	손금산입, 손금불산입	손금
자산	익금산입, 익금불산입 손금산입, 손금불산입	자산
부채		부채
자본		자본

기업회계는 발생주의를 근간으로 하고 있으며, 외부 정보이용자의 경제적 의사결정에 필요한 기업의 정확한 경제적 실질을 보고하는 것을 목적으로 하고 있습니다. **법인세법은 권리의무 확정주의를 근간으로 하고 있으며, 회사가 납부할 세금을 산출할 목적으로 하고 있습니다. 주된 정보이용자는 과세당국, 즉 국세청**입니다. 세무회계의 목적은 과세당국이 조세확보와 공평과세를 실현하기 위하여 올바른 과세소득을 계산하는 것이 그 목적입니다.

3. 건설업 수익(익금)과 비용(손금) 실무

건설업의 수익 인식기준은 기업회계기준은 진행기준을 원칙으로 하고 있습니다. 예외적으로 1년 미만의 단기건설공사에 대해서는 완성기준을 적용할 수 있습니다.

진행기준을 적용하여 인식한다면 세금계산서 발행과 무관하게 진행률×공사금액으로 그해의 매출액을 인식해야 합니다.

향후 세무조사 과정에서 진행률 관련 이슈가 발생할 수 있는 부분입니다.

외부감사를 받는 기업의 경우는 진행기준을 적용하지만, 많은 중소기업은 세금계산서 발행기준으로 매출액을 인식하고 있습니다.

중소기업의 경우 완성기준을 적용하고 있는 케이스는 거의 없습니다.

법인세법상 익금의 귀속시기는 기업회계와 마찬가지로 진행기준을 원칙으로 하고, 단기공사에 대하여 완성기준을 적용한 경우 가능하도록 하고 있습니다.

실무적으로 가장 많은 케이스는 진행기준에 의한 인식보다는 세금계산서 발행기준으로 매출액을 인식하는 경우가 가장 많습니다.

익금(매출액)의 귀속시기를 정함에 있어서 현장별로 진행기준의 적용과 완성기준의 적용을 달리하려면 현장별 원가계산이 이루어져야 하지만, 실무적으로 쉽지 않은 것도 사실입니다.

4. 건설업의 결산 시 고려사항

건설회사 대표님들이 바라는 것은 실질자본, 경영상태 평균비율, 신용평가등급까지 잘 나오면서 법인세가 절세되는 방안이겠지만, 이 모든 것이 충족되기는 현실적으로 불가능합니다. 서로 상충관계에 있기 때문입니다.

실질자본	기업회계	법인세
자산 ↑	수익 ↑	익금 ↑
부채 ↓	비용 ↓	손금 ↓

건설업 등록기준에 가장 필수적인 실질자본을 충족하기 위해서는 자산은 크고 부채는 적어야 합니다.

그 결과 수익이 과대계상 되고 비용이 과소계상 되므로 법인세는 증가할 수밖에 없습니다.

다른 업종과 다르게 건설업은 법인세 절세가 최선이 될 수 없는 딜레마가 있습니다. 가장 현실적인 대안은 적절한 "취사선택" 및 "운용의 묘"를 잘 살리는 것입니다.

02

Q 당기순손실이 발생한 건설회사 결산 시 주의점은 어떤 것이 있을까요?

A 건설업은 결손이 발생한 경우 불리합니다.
신설법인의 경우는 자본잠식이 발생하지 않도록 주의해야 합니다.

1. 건설회사 결손 발생의 문제점

정상적인 영업활동이 이루어지는 경우는 수익이 비용보다 크고 이익이 발생하게 되고, 수익보다 비용이 더 큼으로 인하여 당기순손실이 발생한 경우 이를 회계상 결손(금)이라 합니다.

결손 발생으로 실질자본이 미달하는 경우 증자를 해야 건설업 등록기준을 충족하게 됩니다.

당기순손실이 발생하면 이익잉여금이 감소하거나 신설법인의 경우 곧바로 자본잠식상태가 되어버립니다.
그 결과 실질자본, 경영상태 평균비율, 신용등급 모두 부정적인 영향을 받게 됩니다.
만약 당기순손실이 2년 연속, 3년 연속 지속되는 상황이라면 문제는 더 심각해집니다.

2. 건설업 당기순손실과 재무상태

수익은 감소하고 비용이 커지다보면 자산은 감소하고 부채는 증가하고 자본은 감소하게 됩니다.
실질자본 감소로 건설업 등록기준 미달 가능성이 높아지고 유동비율은 감소하고 부채비율은 증가할 수밖에 없습니다.

수익비용	자산부채	재무제표
수익 ↓	자산 ↓	유동비율 ↑
비용 ↑	부채 ↑	부채비율 ↑
이익 ↓	자본 ↓	실질자본 ↓

신용평가등급은 수익성에 대한 평가보다는 안전성에 중점을 둔 평가이므로, 당기순손실이 발생한다고 바로 등급이 하향되거나 하지는 않습니다.
영업이익의 감소 또는 영업손실이 발생하고 자본이 줄어들게 되면 차입금상환능력 평가는 매우 부정적일 수밖에 없으므로, 신용등급 하락이 불가피한 상황이 됩니다.
또한 2개년 연속, 3개년 연속 결손발생은 추가적으로 1등급~2등급 하향 사유가 될 수 있습니다.

3. 신설회사의 경우 주의해야 합니다

20년 중에 건설업 면허를 낸 신설법인의 경우 다음과 같은 상황이 발생할 수 있습니다.

전문건설업 기준으로 1.5억 원으로 자본금을 갖추어 등기를 한 후, 평균잔액을 유지하고 기업진단을 받아서 자본금 등록요건을 갖추어 건설업 등록신청을 하게 됩니다.

자산(1.5억 원)		부채(0억 원)	
보통예금	0.8억 원	자본(1.5억 원)	
출자증권	0.5억 원	자본금	1.5억 원
임차보증금	0.2억 원		

자본금 중 5천만 원은 공제조합에 출자하여 공제조합 출자증권으로 남아 있고, 임차보증금이 2천만 원 있습니다.

나머지 8천만 원은 회사설립을 위해 차입한 자금이었다면 상환을 하였을테니, 이 돈은 법인통장에서 출금이 되고 회사에 없습니다.

외부 일시 차입을 통해 자본금을 조달한 경우 연말에 좌측과 같은 상황이 의외로 많습니다(실질자본 0.7억 원으로 기준자본금에 미달).

자산(1.5억 원)		부채(0억 원)	
가지급금	0.8억 원	자본(1.5억 원)	
출자증권	0.5억 원	자본금	1.5억 원
임차보증금	0.2억 원		

이렇게 출금된 8천만 원은 가지급금이 되고 부실자산입니다.

이 경우면 건설업 실질자산은 출자증권 5천만 원, 임차보증금 2천만 원, 합해서 7천만 원입니다.

등록기준 자본금은 1억 5천만 원이지만 실질자본은 7천만 원으로 건설업 등록기준에 미달하는 상태가 되어버립니다. 이외에 급여 미지급비용, 외상매입금이 추가되면 실질자본은 7천만 원에서 더 감소하게 됩니다.

첫해에 3천만 원 결손이 발생한 경우 그 금액만큼 자본잠식이 됩니다(실질자본 0.4억 원으로 기준자본금에 미달).

자산(1.5억 원)		부채(0.3억 원)	
가지급금	0.8억 원	외상매입금	0.2억 원
출자증권	0.5억 원	미지급비용	0.1억 원
임차보증금	0.2억 원	자본(1.2억 원)	
		자본금	1.5억 원
		이월결손금	(-)0.3억 원

또한 신설법인의 경우 설립 첫해에 매출이 없거나 매우 미미하고 고정비 등이 발생한 경우라면 결손이 발생합니다.

이 경우 문제는 설립과 동시에 자본잠식 상태가 되어버립니다.

03

Q 건설업 결산 시 고용·산재 확정(정산)신고 시 고려사항은 어떤 것이 있나요?

A 건설업 고용·산재 확정(정산)신고 시 인건비, 외주가공비, 기타 공사원가 항목을 검토하여야 합니다.

확정보험료 신고·납부기한은 3월 31일까지이며, 보험료는 최대 4회까지 분할납부 가능합니다.

하도급노무비
= 외주비×27%

하수급인 인정승인이란 근로복지공단의 승인을 받은 경우 하수급인을 고용·산재보험료 납부의무가 있는 사업주로 보는 제도입니다.

1. 고용·산재 개산보험료 신고 및 확정보험료 산정 및 납부(정산)

건설업은 다른 업종과 달리 1년 단위로 개산보험료를 신고하여 납부 후 1년간 실제로 지급한 보수총액에 대하여 보험료율을 곱하여 산출한 금액을 확정보험료로 자진 신고·납부하는 방식을 채택하고 있습니다.

확정보험료는 해당 연도 실제 지급한 보수총액(지급하기로 결정되었으나 미지급된 보수도 포함)에 보험료율을 곱해서 산정합니다.

직영인건비와 외주공사비, 하도급노무비율 곱한 금액의 합계액에 보험료율을 곱해서 산정합니다. 건설업은 원칙적으로 원수급인이 고용·산재 신고·납부의무자이나, 하수급인 인정승인을 받은 현장의 외주공사비는 공사금액에서 제외하고 산정하게 됩니다.

2. 고용·산재 확정정산 제출서류

공단에서 확정정산 시 재무제표 등 자료와 계정별 원장을 제출하도록 한 이유는, 각 계정에 숨겨진 노무비를 발췌하여 보험료를 부과하려는 목적이 있습니다.

노무비 축소를 위해 자주 사용하는 계정은 재료비, 외주비, 경상연구개발비, 지급수수료 등이 있으며, 공단도 이 내용을 이미 잘 알고 있습니다.

① 재무제표 증명원
② 보수(임금)내역
③ 계정별 원장(연구개발비, 복리후생비, 외주비, 지급수수료 등)
④ 건설공사 기성실적신고서
⑤ 현장별 공사원가명세서 및 하도급계약서
⑥ 보수 공제 증빙자료(65세 이상)

확정정산이란 근로복지공단에서 자진신고 사업장의 고용·산재보험 신고 누락 및 오류사항 등을 점검하고 미납보험료에 대해 추가로 징수하는 절차를 말합니다.

확정정산 대상에 선정되면 통상적으로 과거 3년치 보험료 누락 사례를 확인하여 추가 징수하고 연체금 가산금까지 부과하게 됩니다.

3. 확정정산 조사 이슈

① 원수급 VS 하수급

원도급 받은 공사임이 확인된 공사금액이 늘어날수록 보험료는 그 공사의 노무비율에 해당하는 비율만큼 추가징수액이 발생합니다. 공사수입금 항목에 대응하기 위한 핵심은 하도급을 준 공사로 인정받을 수 있는 공사내역을 확인하는 작업입니다. **원도급 공사만 하는 경우는 현장별 원가명세서가 없어도 상관없지만, 하도급공사가 있는 경우 고용 · 산재보험 하수급 승인을 받는 사업장이라면 현장별 원가명세서를 작성하는 것이 유리**할 수 있습니다.

② 외주공사비

외주를 준 공사로 추정되는 거래 건을 발췌하여 노무비율에 해당하는 노무비 추정액에 보험료율을 곱한 만큼 보험료가 추가징수 됩니다. 이에 대응하기 위해서는 **외주공사비성을 부인할 수 있는 계약서, 거래내역서, 견적서 등의 자료를 준비하여 소명**하여야 합니다.

③ 자재비 VS 자재포함계약

건설업에서 외주비를 재료비로 처리하는 경우가 많으므로 근로복지공단은 자재납품계약을 체결한 경우라 하더라도 납품계약서, 견적서 등 그 실질을 기준으로 공사를 포함하는 계약에 대해서는 외주공사로 분류하고 있습니다. 따라서 **실제 원재료 구매계약인 경우 물품계약서 내역서를 통해 소명할 수 있도록 준비**해야 합니다.

④ 고용보험 제외자

65세 이상 근로자, 당연가입 대상 외 체류자격 외국인근로자를 최대한 확인하여 소명하여야 합니다.

4. 건설업 결산과 고용 · 산재 확정보험료 검토

근로복지공단의 정산방식과 사업장에서 생각하는 정산방식은 상이한 부분이 많기 때문에 오류 여부 및 추후 소명가능성을 점검해 보아야 합니다.

사업주가 법정기한 내에 확정보험료를 미신고하거나 허위신고하는 경우 공단은 직권으로 조사하여 납부하여야 할 보험료를 징수하고 연체금 및 가산금 등을 추가로 부과됨에 주의해야 합니다.

04

Q 건설업 외부감사대상 기준 확인해 보셨나요?

A 자산총액, 부채총액, 매출액, 종업원수 4가지 요건 중 2개 이상 해당되는 경우 외부감사를 받게 됩니다.

개정된 외부감사기준은 2019년 1월 1일 이후 개시하는 사업연도부터 적용됩니다.

건설회사가 어느 정도 규모가 성장하면 외부감사대상이 됩니다. 결산과정에서 다음연도부터 외부감사대상이 되는지 여부를 검토해 보아야 합니다.

1. 외부감사대상(외감법)

주식회사의 경우 아래 기준 4가지 중 2개 이상 해당이 되는 경우 외부감사대상이 됩니다.

① 자산 120억 원 이상
② 부채 70억 원 이상
③ 매출액 100억 원 이상
④ 종업원 100명 이상

유한회사의 경우는 위의 4가지와 사원수 50인 이상인 경우 총 다섯 가지 중 3개 이상 해당되는 경우 외부감사대상에 해당됩니다.
단, 자산 또는 매출액 500억 원 이상인 대규모 회사의 경우는 위 요건과 관계 없이 외부감사대상에 해당됩니다.
종업원수 산정 시 일용직근로자는 종업원수에서 제외됩니다.

2. 외부감사대상인데 외부감사를 받지 않으면?

외부감사 대상회사가 정당한 사유 없이 기간 내에 감사인을 선임하지 않는 경우에는 대표이사, 회사의 회계업무 담당자 등을 형사처벌(3년 이하 징역 또는 3천만 원 이하의 벌금)하도록 외감법에서 규정하고 있습니다.

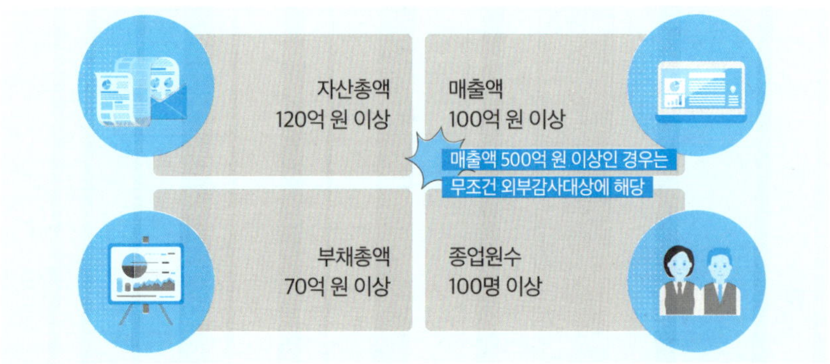

실무적으로 감사인을 선임하고 있지 않은 경우 금감원에서 공문 등 연락이 옵니다.
이후에도 일정 기한 내에 감사인을 선임하지 않으면 금감원에서 감사인을 지정하게 됩니다.

3. 감사인 선임보고(계속감사, 초도감사)

직전연도에 외부감사대상이던 법인은 사업연도 개시 후 45일 이내에 감사계약서를 작성하여 계약일로부터 2주 내에 증권선물위원회에 감사인 선임보고를 해야 합니다.
직전 사업연도에 외부 회계감사를 받지 않은 법인이 새롭게 외부감사대상에 해당된 경우에는 다음해 4월 30일까지 감사인을 선임하여 증권선물위원회에 신고해야 합니다.

4. 건설업 결산과 외부감사대상 검토

회계감사란 기업의 회계업무에 대한 기록이나 재무제표의 내용이 기업회계기준에 따라 올바르고 정확하게 적용되었는지 여부를 판단하고 가린 후에 감사의견을 표명하는 절차를 말합니다.
세무조사와는 그 내용이 전혀 다르지만 건설업 대표님이나 회계 담당자들은 비용 및 시간상의 문제로 인하여 외부감사를 부담스러워하는 것이 현실입니다.
건설회사의 특성상 매출액에 비하여 자산 부채의 규모가 적지만 어느 정도 성장을 하여 규모가 갖추어진 경우 외부감사대상 외형을 갖추게 됩니다.
또한 주의할 점은 **자산, 부채, 종업원수 이외에 매출액이 500억 원 이상이면 무조건 외부감사대상에 해당**됨에 주의해야 합니다.

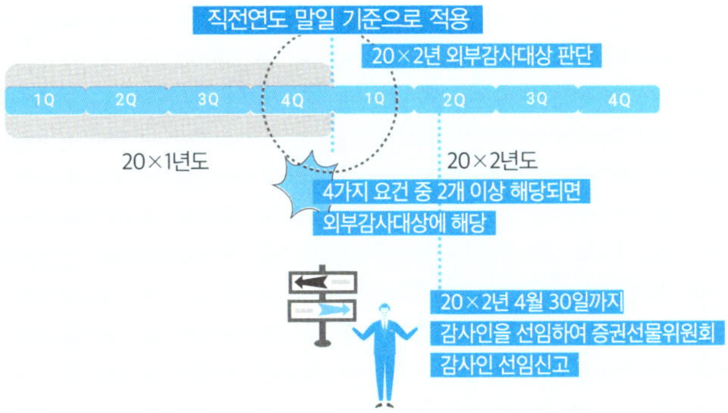

적정의견:
기업회계기준에 따라 작성되어 신뢰할 수 있습니다.

한정의견:
감사 범위가 부분적으로 제한된 경우 또는 기업회계기준에 따르지 않은 몇가지 사항이 있지만 재무제표 전체에 큰 영향을 미치지 않습니다.

부적정의견:
기업회계기준에 위배된 사항이 재무제표에 중대한 영향을 미쳐 기업경영 상태가 전체적으로 왜곡되어 있습니다.

의견거절:
감사인이 필요한 증거를 얻지 못해 재무제표 전체에 대한 의견표명이 불가능한 경우, 기업의 존립에 의문을 제기할 만한 객관적인 사항이 중대한 경우, 독립적인 감사업무를 수행할 수 없는 경우

05

Q 건설회사 결산 시 경영상태 평균비율을 중요하게 고려해야 하나요?

A 건설업 실적신고를 통해 경영상태 평균비율이 기재된 경영상태확인서가 발급되고, 이는 입찰 및 신용평가 자료로 활용됩니다.

1. 실적신고와 시공능력평가, 경영상태확인서

공사실적이 없는 경우에도 반드시 무실적신고를 해야 합니다.
실적신고를 하지 않는 경우 시공능력평가확인서 및 경영상태확인서 발급 자체가 불가합니다.

건설회사는 2월에 공사실적신고, 4월에 재무제표제출 실적신고 시 표준재무제표를 제출합니다.

이를 토대로 **시공능력평가를 받으면 경영상태 등의 확인서가 발급**됩니다.

2. 경영상태 평균비율과 입찰참가자격 사전심사

각종 입찰참가자격심사에 이 경영상태확인서를 제출하게 됩니다.

경영상태 평균비율이 업종평균에 미달하게 되면 입찰참가자격 사전심사에서 탈락하게 됩니다.

관급공사 위주로 수주하는 분들에게는 경영상태 평균비율은 매우 중요합니다.

예정가격 3백억 원 미만 1백억 원 이상의 공사는 기업신용평가 등급확인서를 제출하며, 1백억 원 미만 10억 원 이상의 공사는 신용등급확인서 또는 경영상태확인서 중 유리한 것을 제출 가능하며, 10억 원 미만의 공사는 경영상태평가표를 제출하도록 되어있습니다.

종합	경영상태 평가	전문	경영상태 평가
100억 원 미만	15점	100억 원 미만	15점
50억 원 미만	15점	50억 원 미만	10점
10억 원 미만	10점		10점
3억 원 미만	5점	3억 원 미만	5점
2억 원 미만	10점		5점
		1억 원 미만	10점

3. 경영상태 평균비율의 고시 및 적용

시공능력평가 후 건설업체의 경영상태 평균비율이 매년 7월 1일 고시됩니다.

2020년 결산 재무제표에 의한 경영상태 평균비율의 적용 시점은 2021년 7월 1일 이후 입찰 공고분부터 1년간 적용이 되게 됩니다.

업종별 경영상태 평균비율에 미달하는 경우 현실적으로 입찰 참가자격사전심사를 통과할 가능성은 거의 없습니다.

4. 일반건설 및 전문건설업체 경영상태 평균비율(22년 비율)

종합건설		산식	22년
종합	유동비율	유동자산/유동부채	148.80%
	부채비율	부채/자본	111.43%
	차입금의존도	차입금/총자산	20.86%
	영업이익대비이자보상배율	영업이익/이자비용	4.65배
	매출액영업이익률	영업이익/매출액	4.06%
	매출액 순이익률	순이익/매출액	4.34%
	총자산 순이익율	순이익/총자산	3.51%
	총자산대비 영업현금흐름	영업현금흐름/총자산	0.74%
	최근연도 자산회전율	매출액/총자산	0.83회
	건설기술개발투자비율	투자액/매출액	0.07%
전문	유동비율	유동자산/유동부채	140.31%
	부채비율	부채/자본	103.27%

전문건설업의 유동비율과 부채비율은 업종별(실내건축, 토공, 철콘 등)로 평균비율을 공시하고 적용합니다(표의 비율은 전문건설업체 전체의 평균비율입니다).

유동비율은 1년 이내에 현금화가 가능한 자산이 1년 이내에 갚아야 할 부채보다 얼마나 많으냐의 척도로, **유동비율이 높을수록 재무적으로 안정적**인 업체입니다.

타인자본인 부채가 자기자본에 비해서 많다보면 부채비율이 올라가게 되고 재무적으로 불안정하게 됩니다.

건설업 결산에 있어서 가장 기본은 실질자본 관리이며, 그 다음으로 경영상태 평균비율 관리 그리고 최종적으로 신용평가등급의 관리입니다.

5. 건설업 경영상태 평균비율 관리

경영상태 평균비율의 경우 실질자본이 충족되고 재무상태가 건실한 경우에도 주의할 점이 있습니다.

축적된 잉여금을 재원으로 사옥을 신축하거나 구입하는 등 **투자활동이 발생하는 경우 일정부분 외부 차입금을 조달하게 되며 이러한 과정에서 일시적으로게 부채비율이 악화되는 경우**가 있으니, 자산의 취득 및 자금조달에 대해서는 다각적으로 검토해야 합니다.

STEP 1	STEP 2	STEP 3
실질자본	경영상태 평균비율	신용평가등급

06

Q 건설업 신용평가등급이란 무엇이고 어떤 기준으로 평가되나요?

A 신용평가란 회사의 재무상태 및 경영능력에 대한 신용도(Credit Rsik)를 평가하여 채무불이행 가능성에 따라 일정한 기호로 신용상태를 등급화하는 일련의 절차를 말합니다.

1. 신용평가와 신용평가등급

신용위험
= 재무위험+사업위험

기업 신용평가란 전반적인 채무상환능력을 평가하여 신용위험의 상대적인 수준을 서열화한 뒤 등급을 부여하는 절차입니다.

기업 신용평가등급은 회사의 재무적 요소와 비재무적 요소를 분석하여 신용위험의 수준을 측정하여 신용위험이 거의 없는 경우 AAA등급, 신용위험이 매우 높은 경우 C등급 등으로 평가한 것입니다.

2. 신용등급의 정의

등급	정의
AAA	재무안전성과 경영전망 등이 매우 양호하여 극심한 경기침체에도 충분히 대처할 수 있고 신용위험이 거의 없음.
AA	재무안전성과 경영전망이 매우 양호하여 경기침체기에 불리한 영향을 받을 가능성이 거의 없어 채무이행에 문제가 없음.
A	재무안전성과 경영전망이 양호한 기업으로 경기침체기에 불리한 영향을 받을 가능성이 거의 없어 채무이행이 가능한 신용위험이 매우 낮음.
BBB	재무안전성과 경영전망이 적정한 기업으로 경기침체기에 불리한 영향을 받을 가능성이 있지만 신용위험이 낮음.
BB	재무안전성과 경영전망이 보통인 기업으로 경기침체 시 부정적 영향을 받을 가능성이 있는 신용위험이 보통임.
B	현재로서는 채무이행능력이 CCC등급보다 다소 우위이나 경기침체 시 부정적 영향을 받아 일시적으로 채무이행능력이 악화될 가능성이 있음.
CCC	제한적인 안전성을 갖고 있는 조합원으로서 일시적인 경기 및 업계 상황 불안 시 취약한 재무구조로 인하여 수익성 감소, 부정적인 현금흐름 등의 재무 변동성이 높음.
CC	경영내용, 재무상태 및 미래 현금흐름 등을 감안할 때 채권회수에 즉각적인 위험이 발생하지는 않았으나 향후 채무상환능력의 저하를 초래할 수 있는 잠재적인 요인이 존재
C	경영내용, 재무상태 및 미래 현금흐름 등을 감안할 때 채무상환능력의 저하를 초래할 수 있는 요인이 현재화되어 채권회수에 상당한 위험이 발생한 것으로 판단
D	채무이행능력이 현저히 악화되어 채권회수에 심각한 위험이 발생하였거나 채무불이행 상태에 있음.

3. 신용평가 방법

기업의 재무적 요소와 비재무적 요소를 평가하여 신용평가등급을 산출하게 됩니다. **기업규모에 따라 재무모형과 비재무모형의 반영비중이 달라지며, 소규모로 갈수록 대표자 신용점수 반영비중도 증가**합니다.

행정제재 이력, 수주잔고, 우발채무 가능성, 대표자 재력도 등 비재무적 요소를 반영하지만 비중이 높지는 않습니다.

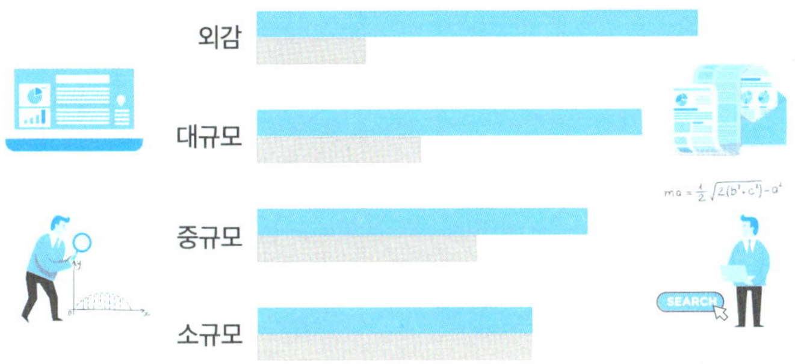

재무모형은 통계기법을 활용한 계량적 평가방법으로, 과거의 재무제표를 분석하여 기업의 재무위험을 측정하는 모형입니다.
과거자료를 기반으로 기업의 신용도를 판별하는 재무모형의 한계를 극복하고 **재무제표 이외의 리스크 관련요소를 반영하기 위해 비재무적 요소를 신용평가에 반영**합니다.

4. 신용평가등급 VS 현금흐름등급

공공기관 제출용 및 협력업체 등록용 기업신용평가서에는 본평가등급 외에 현금흐름등급이 부기되어 표기됩니다.
발생주의 재무제표가 지니는 한계를 보완하기 위하여 현금주의에 입각한 기업의 이익의 질 및 현금유동성을 분석하여 현금흐름의 원활함에 대하여 등급을 추가로 부여한 것을 현금흐름등급이라고 합니다. 본평가등급이 아무리 높은 경우더라도 현금흐름등급이 일정등급 이하인 경우 분식 가능성이 높고 현금 유동성 문제로 부실가능성이 높다고 판단하여 협력업체등록에 제한을 두기도 합니다.

입찰참가자격 및 협력업체 등록을 위한 신용평가등급은 신용정보법에 의한 신용평가회사에서 평가한 등급을 말합니다.

신용정보회사가 보유한 금융 및 공공정보를 바탕으로 평가하므로 차입금 누락 등 어설픈 분식은 오히려 등급하락을 초래합니다.

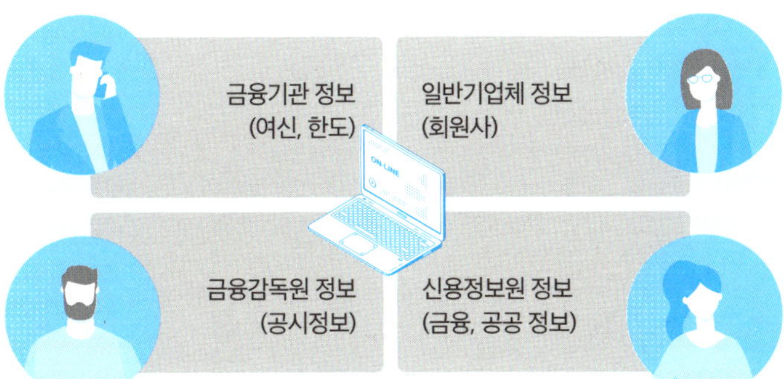

07

Q 건설업 신용평가등급은 공공입찰, 협력업체 등록에 어떻게 활용되나요?

A 신용평가등급은 입찰참가자격 사전심사 기준 및 협력업체 등록기준으로 활용되므로 건설회사 수주활동에 지대한 영향을 미칩니다.

제출처 사용용도에 따라 다양한 이름으로 평가서비스가 제공되고 있으나 신용평가의 원리는 동일합니다.

신용평가등급은 관급공사의 경우에는 입찰참가자격 사전심사에 활용되고 있습니다. 민간공사의 경우에도 협력업체 등록기준으로 일정등급(BB등급) 이상의 신용평가등급을 요구하고 있습니다. 건설업은 수주산업이기 때문에 신용평가등급은 단순한 대외신인도의 문제가 아니고 본질적인 수주활동의 원동력입니다.

1. 공공기관 입찰용 기업신용평가

조달청(나라장터)을 포함한 공공기관은 물품, 용역, 시설공사의 낙찰자 및 다수공급자(MAS) 선정 시 입찰자의 신용상태를 평가하기 위하여 적격심사제도를 운용하고 있으며, 신용평가등급 제출을 의무화하고 있습니다.

추정자격 100억 원 이상의 PQ심사는 신용평가등급으로만 가능합니다.

조달청 등 정부기관 및 공공기관에서 시행하는 입찰에 참여하고자 하는 기업은 적격심사 및 계약 이행능력 심사를 위하여 공공기관 입찰용 기업신용평가를 받아서 제출해야 하며, 추정가격대별 경영상태 항목 평가 배점은 아래와 같습니다.

경영상태 평가를 신용평가로 신청하였을 경우 신용평가등급별 경영상태 환산점수는 우측 표와 같습니다.

종합	경영상태 평가	전문	경영상태 평가
100억 원 미만	15점	100억 원 미만	15점
50억 원 미만	15점	50억 원 미만	10점
10억 원 미만	10점		
3억 원 미만	5점	3억 원 미만	5점
2억 원 미만	10점	1억 원 미만	10점

기업신용평가등급	일반공사	전문공사 등
	10~100억 원	3~100억 원
A+에 준하는 등급	15.0	15.0
A0에 준하는 등급	15.0	15.0
A-에 준하는 등급	15.0	15.0
BBB+에 준하는 등급	14.8	15.0
BBB0에 준하는 등급	14.7	15.0
BBB-에 준하는 등급	14.5	15.0
BB+, BB0에 준하는 등급	14.2	14.5
BB-에 준하는 등급	13.7	13.7
B+, B0, B-에 준하는 등급	12.6	12.8
CCC+에 준하는 등급 이하	11.6	11.6

2. 민간기업 제출용 기업신용평가

대기업의 협력업체 등록 및 입찰참여를 원하는 기업은 민간기업 제출용 기업신용평가를 받아서 제출해야 합니다.

대기업이나 중견기업의 경우 협력업체 모집 시 기업신용평가등급이나 현금흐름등급이 일정 등급 이상인 경우만 가능하도록 제한을 두고 있습니다.

신용등급이 낮은 경우 대기업 등의 협력업체로 등록이 불가능하므로 수주활동에 중대한 지장이 발생합니다.

보고서는 신용평가등급, 현금흐름등급, 기업현황 등으로 구성되어 있습니다.

3. 금융기관 제출용 기업신용평가

당좌거래용 기업신용평가는 은행 어음거래를 원하는 기업이 신규 당좌개설 혹은 당좌거래 사후관리를 위한 신용평가입니다.

여신참고용 기업신용평가는 금융기관으로부터 대출 등 여신을 제공받기 위하여 제출하는 신용평가입니다.

4. 신용평가회사와 금융기관 평가등급의 공통점과 차이점

매년 법인세 신고 후 최근 결산 재무제표를 토대로 신용평가를 다시 받게 됩니다.

신용평가회사에 의한 평가 외에 은행, 공제조합에서도 신용평가를 하지만, 이는 은행 대출 여신심사 및 보증회사 보증거래 등 업무거래 조건을 심사하기 위한 평가입니다.

평가 원리는 동일하지만 입찰 및 협력업체 등록에 활용하기 위한 신용평가등급을 갖추기 위해서는 "신용정보의이용및보호에관한법률"에 의한 신용평가회사의 평가를 받아야 합니다.

신용평가등급의 유효기간은 1년이며, 결산기준일로부터 1년 6개월을 초과할 수 없습니다.

건설공제조합의 신용평가는 건설산업기본법에 의한 신용평가입니다.
대기업 협력업체 평가 시 보조 평가등급으로 활용되기도 합니다.

08

Q 건설업 신용평가등급이 하락하면 금융기관 거래가 어려워지나요?

A 신용평가등급으로 인하여 금융기관 거래에 제한이 발생하는 경우 사업에 중대한 영향을 미칠 수 있습니다.

계량모형:
기업의 재무제표 데이터와 과거 부도 경험률의 관계를 통계적인 방법론에 의해 측정

비계량모형:
기업의 비재무적인 위험 요인을 심사자의 전문가 판단에 의해 평가

1. 여신심사와 신용평가등급

은행권 등 금융기관에서는 자체적으로 기업 신용평가시스템을 운영하고 있습니다.

금융기관은 거래기업을 대상으로 재무제표 및 비재무 정보 등을 반영하여 기업의 신용위험을 측정하며, 신용평가모형에 의해 산출된 신용등급을 기업 여신 업무 전반에 활용하고 있습니다.

국내 시중은행의 신용평가모형은 크게 계량모형과 비계량모형으로 이루어져 있습니다. 신용평가등급이 좋지 않으면 추가 여신대출이 불가능하며 대출연장에 제약을 받게 됩니다.

2. PF와 신용평가등급

PF는 특정 사업 프로젝트로부터 발생하는 현금흐름으로 원리금을 상환하게 됩니다. **PF의 가치 및 현금흐름을 기초로 하여 대출가능성을 평가한다는 점에서 기업 신용평가와 구분됩니다.**

향후 완공이 될 목적물 및 사업성을 토대로 대출이 실행되므로 목적물에 대한 시공사의 책임준공 보증을 통해 신용보강이 이루어지게 됩니다.

기한 내에 책임준공이 이루어지지 않은 경우 시공사가 PF 원리금을 책임지고 상환해야 하므로 시공사의 신용평가등급이 중요합니다.

시공사의 신용평가등급이 좋지 않은 경우 PF대출 자체가 불가능하게 됩니다.

PF사업에서는 시공사 책임준공 여부가 중요합니다.

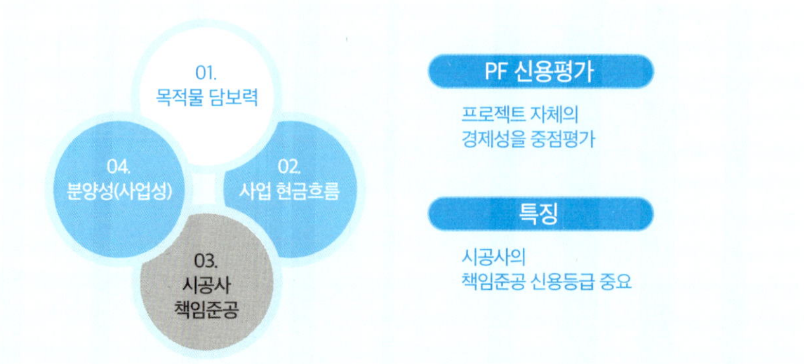

3. 보증거래와 신용평가등급

보증 및 융자거래 시 신용등급에 따라 신용도가 양호한 건설업체는 거래조건을 우대하고, 신용도가 낮은 회사는 거래조건을 제한하고 있습니다.

보증잔액이 일정규모 이상인 고액보증의 경우는 심층심사를 통해 단기상환능력이 좋지 않은 경우 보증거래가 거절될 수 있으며, 이 경우 수주는 했지만 보증서 발급이 거절되어 공사를 못하는 곤혹스러운 상황에 직면할 수 있습니다.

회사를 파악하는 개별 신용평가모형은 신용평가회사, 금융기관, 보증기관이 거의 동일한 평가방법론을 사용하고 있으며, 구체적인 개별 지표만 다를 뿐입니다.

공제조합의 신용평가등급이 좋아야 보증한도가 증가하고 보증수수료가 저렴해집니다.

4. 상시 신용상태 모니터링

신용평가는 기업의 부실(부도)가능성에 대한 평가이므로, 기본적으로 미래에 대한 예측입니다.

그러나 이에 반하여 평가의 주된 근거는 과거자료인 재무제표입니다.

이러한 한계를 극복하고 신용평가등급의 적시성을 확보하기 위하여 신용상태의 변동을 상시 모니터링하여 중대한 변동사항이 발생한 경우 등급에 적극 반영하는 추세가 증가하고 있습니다.

현재 진행 중인 중대한 신용상태의 변동을 반영하기 위하여 조기경보모형 등 평가방법을 점차 고도화하고 있습니다.

금융기관에서도 고액 보증업체나 여신업체에 대해서는 좀 더 세부적이고 동태적인 정보를 반영한 심사를 하고 있습니다.

재무제표만 관리하면 된다는 생각을 하면 안됩니다.

법인 및 대표자 개인의 금융불량정보를 관리해야 합니다.

09

Q 건설업 신용평가등급 산출체계는 어떻게 되나요?

A 재무위험과 사업위험을 평가하여 신용위험을 서열화하고, 기타 신용위험에 영향을 미칠 수 있는 요소를 추가로 평가하여 기호로 등급화합니다.

신용평가등급은 기업의 부도(부실)가능성을 측정하여 위험성에 따라 등급을 부여하게 됩니다.

부도(부실)가능성이 높아질수록 신용등급은 하락하고, 부도(부실)가능성이 거의 없어질수록 신용등급은 상향됩니다.

1. 신용평가모형의 특징

부도가능성에 대한 평가이므로 안전성, 수익성, 성장성 지표 분석 중 안전성 위주의 평가라고 이해하면 됩니다.

재무분식 체크시스템을 거친 재무제표의 비율분석으로 신용도를 평가하는 재무모형, 업력 등 재무제표 이외의 비재무사항으로 구성된 평가자료를 이용하여 평가하는 비재무모형, 대표자의 신용평점을 반영하는 대표자모형을 결합하여 결합등급을 산출하고, 신용도에 상당한 영향을 미치는 특정 항목(보증금 청구·지급, 금융불량, 행정제재 등)으로 신용등급을 제한하는 필터링 모형, 기업의 현금흐름 창출능력 및 유지능력을 분석하는 현금흐름모형, 신용도 이상 징후를 사전에 인지하는 조기경보모형, 심사자의 판단으로 등급을 조정하는 방식으로 최종 신용등급을 산출합니다.

필터링: 금융불량정보 등이 발생하는 경우 등급을 강제하향 조정

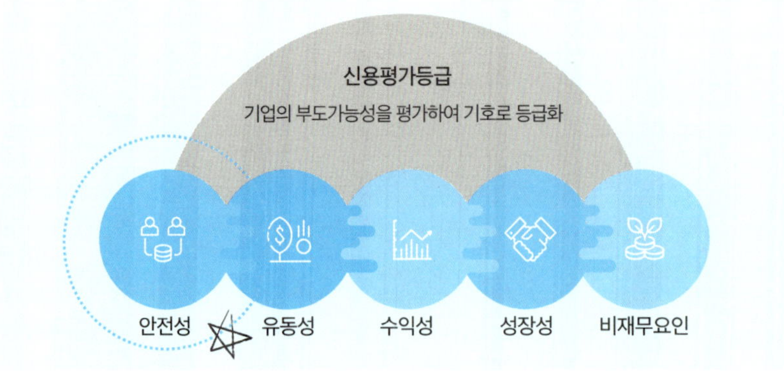

안전성 지표가 부정적인 경우 수익성, 성장성 지표가 아무리 좋아도 신용등급이 높게 나올 수 없습니다.

2. 재무모형

재무모형은 통계기법을 활용한 계량적 평가방법으로, 과거의 재무제표를 분석하여 기업의 재무위험을 측정하는 것입니다.

재무위험은 기업이 사업활동에 필요한 자금을 위험자본인 타인자본을 활용함에 따라 발생하게 되는 위험을 의미하며, 차입금 비중이 높아질수록 재무불이행 위험은 상승합니다.

재무위험은 기업의 수익성, 재무정책 및 재무안전성, 유동성위험 등을 종합하여 판단합니다.

안전성 지표가 부정적인 경우 수익성, 성장성 지표가 아무리 좋아도 신용등급이 높게 나올 수 없습니다.

3. 비재무모형

과거자료인 재무제표를 이용한 신용평가의 한계를 극복하기 위하여 재무 요소 외의 신용위험 평가를 위해 수주잔고, 행정제재 등 사업위험을 평가하는 모형이지만 비중이 크지 않습니다.

대표자 업력, 재력도 등을 반영합니다.

4. 현금흐름모형

기업의 영업 투자 재무활동의 결과로 인한 현금흐름 상태와 변동을 분석하고 이를 기초로 기업의 자금조달능력, 현금보유수준, 미래 현금창출능력을 판단하여 재무건전성에 미칠 수 있는 영향수준을 등급화합니다.

현금흐름등급이 일정등급 이하인 경우 신용등급 제약이 있습니다.

5. 대표자모형

소규모 건설업체의 경우 대표자 개인의 신용도와 기업의 신용위험이 높은 상관관계가 있으므로, 대표자 개인의 CB점수를 기업의 신용평가등급에 일부 반영하게 됩니다.

10

Q 건설업 신용평가등급 관리방안은 어떤 것이 있을까요?

A 안전성 및 현금 유동성을 중심으로 꾸준하게 재무상태 관리가 이루어져야 신용등급 관리가 가능합니다.

신용평가등급은 부실(부도)가능성, 채무불이행 가능성에 대한 평가이므로 재무상태의 안전성 관리가 가장 중요합니다. **안정적인 재무구조를 토대로 양호한 현금흐름의 선순환**에 진입을 하는 것이 관건입니다.

1. 안전성 관리

자본이 안정적으로 조달되어 배분되어야 하며(부채비율, 자기자본비율) 자산의 구성이 어느 한쪽으로 치우치지 않고 빠르게 현금화할 수 있는 유동성을 확보하는 수준으로 구성되어야 합니다. 아래와 같은 경우 재무적 안전성이 긍정적으로 평가됩니다.

유동비율
= 유동자산/유동부채

부채비율
= 부채/자본

차입금의존도
= 차입금/총자산

① 유동비율이 높을수록 단기채무 상환능력이 충분하게 평가됩니다.
② 부채비율이 낮을수록 자기자본비율이 높게 평가됩니다.
③ 차입금의존도가 낮을수록 금융비용의 부담이 적으므로 재무적 안전성이 좋아집니다.
④ 추가 차입여력 등 재무적 융통성이 충분한 경우 안전성이 제고됩니다.

자기자본 대비 과도한 차입금은 신용평가등급의 급격한 하락을 초래합니다. 차입금이 지속적 또는 과도하게 증가하는 경우 이자비용 부담이 높아지고 기업의 단기지급능력 및 채무상환능력에 부정적 영향을 미치기 때문입니다.

차입금 상환의 재원은 발생주의 회계상 이익이 아닌 현금흐름 창출을 통해 마련됩니다.

재고자산의 과다계상을 통한 이익분식은 현금흐름등급에 악영향을 끼치게 됩니다.

현금흐름이 건전하지 않은 경우 차입에 의존하게 되므로 재무구조가 악화되고 사업경쟁력이 저하되는 등 악순환에 빠지게 됩니다.

2. 양호한 현금흐름 관리

현금흐름 분석을 통하여 차입금 상환과 투자활동에 필요한 자금을 경상적인 영업활동으로부터 벌어들이고 있는지 평가하게 됩니다.

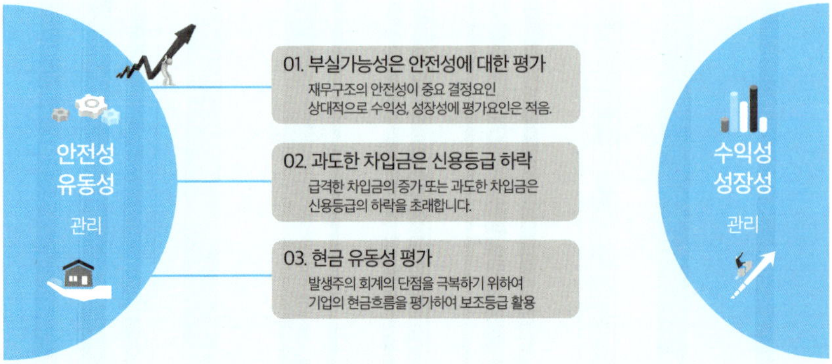

3. 수익성과 성장성은?

매출액이 계속 확대되거나(성장성) 매출액 대비 당기순이익률(수익성)이 높을수록 신용평가등급이 무조건 상향될 것이라 생각하지만 무조건 그렇지는 않습니다.
신용평가에서 수익성 분석은 영업활동으로부터 발생한 이익으로, 채무상환에 필요한 자금을 충분히 조달할 수 있는지에 초점이 맞추어져 있습니다.
매출액대비 영업이익률, 이자보상배율 등 수익성 지표가 높을수록 등급에 긍정적입니다.
양호한 이익의 질을 수반한 성장성은 긍정적 요소이지만, 과도한 성장성은 안정적 재무구조에 부정적 영향이 있다고 판단되는 경우 오히려 등급이 하락될 수도 있습니다.

현금흐름이 부족하게 되면 차입금에 대한 의존도를 심화시키고 부실가능성이 확대됩니다.

4. 꾸준한 관리가 이루어져야 합니다

신용평가등급은 3개년도 이상 재무제표가 있어야 정식평가를 받을 수 있습니다.
업력이 길지 않은 회사의 경우 정식평가를 받을 수 없고 간이(약식)평가를 받게 되며 등급의 제약이 있습니다.
2 또는 3개년도 이상의 재무제표를 기반으로 분식체크모형에 의해서 특이사항이 필터링되므로 어설픈 분식이나 특정연도의 일시적 개선이 이루어진다고 곧바로 등급이 올라갈 수 없는 구조입니다.
결론적으로 꾸준하게 재무상태가 안정적인 상태를 유지해야 높은 신용등급을 받을 가능성이 높아집니다.

분식체크모형이란 대상기업의 재무제표에 대하여 분식 항목과 관련된 이상징후 계정을 도출하여 분식 여부를 판정하는 모형을 말합니다.

5. 신용불량정보가 발생하지 않도록 관리가 되어야 합니다

금융권 연체 및 국세, 4대보험 미납이 없도록 관리해야 합니다.
법인 뿐만 아니라 대표자 개인의 금융권체납, 신용카드 현금대출, 제2금융권 사용증가 등은 매우 부정적 영향을 미칠 수 있습니다.
각종 연체 등 신용불량정보로 인하여 신용등급이 1~2등급 하향조정될 수 있으므로 주의해야 합니다.

Ⅳ편

건설업 세무 주요쟁점

1장

법인세 Check Point

01

Q 건설업 익금(매출)과 손금(원가)의 귀속시기는 어떻게 되나요?

A 기업회계기준에 따라 인식함을 원칙으로 하며, 기업진단지침 및 법인세법에서도 기업회계기준을 준용하는 입장입니다.

회계는 발생주의
세법은 권리의무확정주의

건설업 수익 인식기준은 원칙적으로 진행기준을 적용합니다.

다만, 1년 미만의 단기건설공사에 대해서는 완성기준으로 회계처리한 경우 완성기준에 따라 수익을 인식할 수 있습니다. **법인세법상 내국법인의 각 사업연도의 익금과 손금의 귀속사업연도는 그 익금과 손금이 확정된 날이 속하는 사업연도**로 합니다.

세금계산서 작성일자는 부가세법상 용역의 공급 시기 문제이며, 익금의 귀속시기는 법인세법을 따릅니다.

구분	기업회계	법인세법	차이조정
공사매출	수익	익금	세무조정
공사원가	비용	손금	세무조정

1. 법인세법상 익금 귀속시기

작업진행률에 의한 익금 또는 손금이 공사계약의 해약으로 인하여 확정된 금액과 차액이 발생된 경우에는 그 차액을 해약일이 속하는 사업연도의 익금 또는 손금에 산입합니다.

건설용역(도급공사 및 예약매출을 포함)의 제공으로 인한 익금과 손금은 그 목적물의 건설 등의 착수일이 속하는 사업연도부터 그 용역제공의 완료일이 속하는 사업연도까지 그 목적물의 건설 등을 완료한 정도(작업진행률)를 기준으로 하여 계산한 수익과 비용을 각각 해당 사업연도의 익금과 손금에 산입합니다.

단, 아래 어느 하나에 해당하는 경우에는 그 목적물의 인도일이 속하는 사업연도의 익금과 손금에 산입할 수 있습니다.

① 중소기업인 법인이 수행하는 계약기간이 1년 미만인 건설

② 기업회계기준에 따라 그 목적물의 인도일이 속하는 사업연도의 수익과 비용으로 계상한 경우

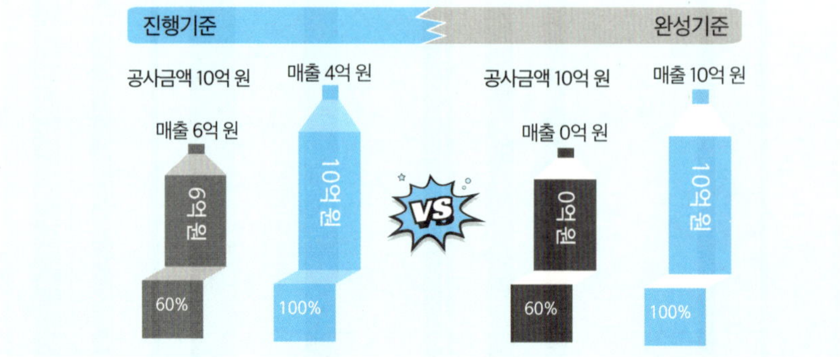

2. 법인세법상 손금 귀속시기

진행기준에 따라 익금을 인식한 경우 당기 발생 공사원가는 전액 손금으로 인식해야 합니다.

완성기준에 따라 익금을 인식한 경우 완성 전의 공사원가는 미완성공사 재고로 인식 후 공사가 완료되는 사업연도의 공사원가 발생액과 미완성공사를 전액 손금으로 인식하게 됩니다.

3. 기업회계기준 VS 기업진단지침 VS 법인세법 비교

구분	기업회계	진단지침	법인세법
단기공사	진행기준 (완성기준)	진행기준 (완성기준)	진행기준 (완성기준)
장기공사	진행기준	진행기준	진행기준

진행기준의 경우 미완성공사 재고가 있을 수 없습니다. 실질자산인 공사미수금을 과다계상할 목적으로 진행률을 과도하게 산정한 경우 법인세 부담을 감소시키기 위하여 세무조정 과정에서 익금불산입(유보) 조정한 경우 실질자산으로 인정받을 수 없음에 주의해야 합니다.

기성고율:
전체공사 비중에서 현재까지 완성된 부분이 차지하는 비율을 나타내며 공사진행 정도를 의미합니다.
그러나 기성고율에 따른 세금계산서 발행의 경우 진행기준에 어느 정도 수렴하는 경향은 있습니다.

4. 진행기준과 세금계산서 발행기준

많은 중소 건설업체들은 기성고율에 따라 월단위로 기성금을 청구하고 세금계산서를 발행한 후 1년간 세금계산서를 발행한 금액을 매출액으로 인식하여 결산을 마무리하고 법인세법상 수익(익금)으로 계상하고 있는 것이 현실입니다.

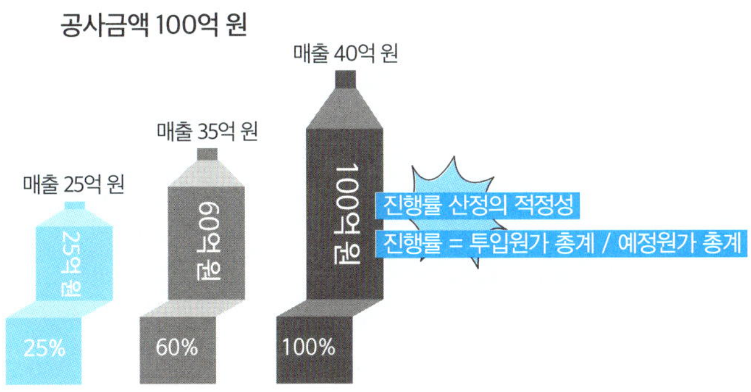

법인세법상 손익의 귀속시기는 세금계산서 수취(발행) 여부와 무관하게 건설업의 경우 원칙적으로 진행률에 의한 수익의 인식 및 이에 대한 비용의 인식이 우선이고, 공사기간이 1년 미만인 단기건설공사에 대해서는 용역의 제공이 완료된 완성기준을 적용하여 손익의 귀속을 판단합니다.

02

Q 건설업 수익인식기준은 진행기준과 완성기준 중 어떤 것을 따라야 하나요?(기업회계기준 VS 법인세법)

A 건설업의 회계상 수익인식 및 법인세법상 익금의 귀속시기는 원칙적으로 진행기준을 따르며, 예외적으로 완성기준을 인정합니다.

장기공사:
공사기간 1년 이상의 공사

단기공사:
공사기간 1년 미만의 공사

건설업 수익(매출)을 인식하는 기준으로 완성기준과 진행기준이 있습니다.
기업회계기준 및 법인세법 동일하게 원칙적으로 진행기준을 적용하되, 중소기업의 경우 단기공사에 대하여 완성기준을 인정하고 있습니다.
수익인식 방법에 따라 건설회사 재무제표상 재고자산, 매출채권, 선수금에 표기되는 형태가 달라지게 됩니다.

1. 진행기준

진행기준이란 건설공사의 완성 정도에 공사가 진행되는 여러 회계기간에 걸쳐서 수익을 인식하는 방법입니다.
해당연도의 수익 인식은 도급금액에 해당기간 공사진행률을 곱하여 수익을 인식하고, 공사수익에 대응하는 실제발생 비용을 공사원가로 인식합니다.
공사진행률은 총공사예정원가분의 당기말까지 누적공사원가로 계산합니다.
예정원가가 변동하면 이에 따라 진행률이 변동하게 되며, 진행률 산정은 적정하게 이루어져야 합니다.

진행기준으로 수익을 인식하는 경우 미성공사 계정이 존재할 수 없습니다.

진행기준의 경우는 실제발생한 총공사비용을 공사원가로 인식하므로, 미성공사라는 계정이 있을 수가 없다는 점을 주의해야 합니다.

공사금액 100억 원(진행기준)

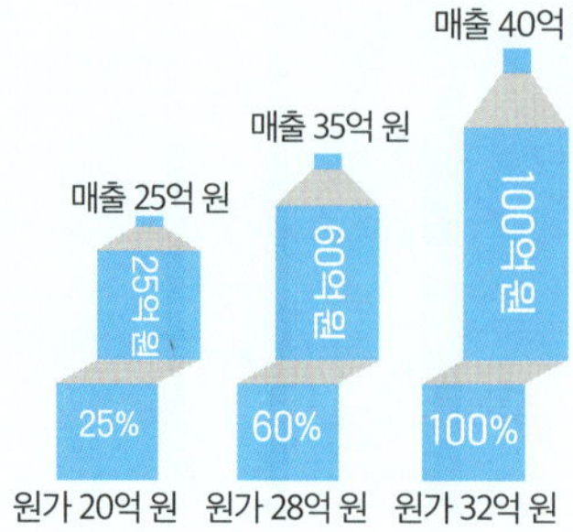

구 분	1차연도	2차연도	3차연도
매출액	25	35	40
매출원가	20	28	32
매출총이익	5	7	8
미성공사	0	0	0

2. 완성기준

완성기준은 공사가 완료된 시점에 수익을 한꺼번에 인식하는 방법으로써, 중소

기업은 공사기간이 1년 미만인 단기공사에 한하여 완성기준을 적용할 수 있습니다. 완성기준을 적용하는 경우는 결산일 현재 완료되지 않은 건설공사에 대해서는 수익을 전혀 인식하지 않습니다.
이에 대응하는 총공사비용은 미완성공사로써 재고자산으로 인식하며, 실질자산으로 평정하게 됩니다.

완성기준으로 수익을 인식하는 경우 미성공사 계정이 가능합니다.

법인세법상 손익의 귀속시기는 세금계산서 수취(발행) 여부와 무관합니다.

공사금액 50억 원(완성기준)

구 분	1차연도	2차연도
매출액	0	50
매출원가	0	40
매출총이익	0	10
미성공사	16	0

3. 부가세법상 세금계산서 발행과 손익 귀속시기 차이 세무조정

① 진행기준

세금계산서 발행은 부가가치세법상 공급시기를 준수하여 발행하여야 하고, 기업회계 및 법인세법상 수익(익금) 귀속시기와 무관합니다.

연도	세금계산서	진행기준	법인세법	세무조정
1차연도	30억 원	25억 원	25억 원	익금불산입 5억 원
2차연도	30억 원	25억 원	25억 원	익금산입 5억 원
3차연도	40억 원	40억 원	40억 원	-

1차연도에 세금계산서 발행기준으로 수익을 30억 원 인식한 경우 익금불산입 5억 원(유보) 조정하고 다음해 반대조정합니다.

② 완성기준

세금계산서 발행은 부가가치세법상 공급시기를 준수하여 발행하여야 하고, 기업회계 및 법인세법상 수익(익금) 귀속시기와 무관합니다.

연도	세금계산서	완성기준	법인세법	세무조정
1차연도	20억 원	0억 원	0억 원	익금불산입 20억 원
2차연도	30억 원	50억 원	50억 원	익금산입 20억 원

1차연도에 세금계산서 발행기준으로 수익을 20억 원 인식한 경우 익금불산입 20억 원(유보) 조정하고 다음해 반대조정합니다.

03

Q 건설업 매출누락의 경우 세무조사 등 위험성은 어떤 것이 있나요?

A 매출누락이 적발되는 경우 회사의 존폐를 결정지을 정도로 심각한 타격이 되므로 발생하지 않도록 주의해야 합니다.

1. 건설업 매출누락

법인통장으로 대금 수령 후 제3의 통장 입금하는 방식으로 매출을 누락하는 경우는 과세관청에서 금융조회가 가능하므로 바로 적발이 가능합니다.

또한 사업자 아닌 개인소비자 매출분에 대하여 세금계산서 발행을 누락하면서 매출누락하고 대표자 개인통장으로 수입대금을 지급받는 경우 몇 년 치에 대하여 한 번에 소명자료 요청받는 경우 현실적으로 매출누락이 아님을 소명하기 어렵습니다.

일반소비자 거래가 많은 일부 업종의 경우 매출은 일부가 누락되고 매입 및 인건비는 전부 계상할 경우 부가가치율이 동종 업종에 비하여 낮아지는데, 이 경우 매출누락 혐의가 있는 것으로 보아 해명요구를 하여 매출누락이 있는 경우를 적발하고 있습니다.

또한 완공 후 후속 공사에 대하여 매출누락하는 경우 적발사례도 점차 늘고 있습니다.

NTIS시스템이 계속 고도화됨에 따라 매출누락 추징사례는 계속 늘고 있습니다.
매출누락 적발 시 이에 따른 부가세, 법인세, 소득세 추징은 회사에 결정적인 타격이 되므로 각별히 주의해야 합니다.

조세범처벌법:
사기나 그 밖의 부정한 행위로써 조세를 포탈하거나 조세의 환급·공제를 받은 자는 2년 이하의 징역 또는 포탈세액, 환급·공제받은 세액(이하 "포탈세액등"이라 한다)의 2배 이하에 상당하는 벌금에 처한다.

2. 매출누락 본세 및 가산세 추징

매출누락 또는 가공경비(허위세금계산서) 등 부당하게 세금을 감소시킨 경우 신고불성실가산세가 40% 적용됩니다.

이 외에도 부가가치세 본세와 가산세 그리고 법인세 및 소득세 본세 및 가산세까지 더해지면 막대한 금액이 됩니다.

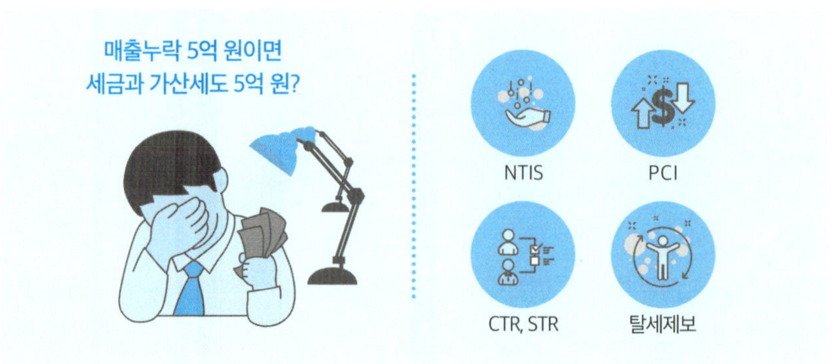

구분	부가세	법인세	소득세
추징세액	미달 납부세액	미달 납부세액	미달 납부세액
세금계산서	공급가액 2%	-	-
신고불성실	40%(부당과소)	40%(부당과소)	-
납부불성실	2.5/10,000(일당)	2.5/10,000(일당)	-

매출누락액에 대응하는 원가로서 장부 외적으로 처리되어 법인의 손금으로 계상되지 않은 경우는 누락액에서 제외합니다.

매출누락의 경우 부가가치세와 법인세 외에도 아래와 같은 누락 금액을 대표자에 대한 인정상여로 처분하므로 추징세액 부담이 더욱 가중됩니다.

거래 상대방의 경우도 파생 세무조사가 가능하며, 상대방이 사업자인 경우 매입세액은 불공제됩니다.

3. 수정신고와 감면

의도하지 않은 매출누락이 발견된 경우 최대한 빠르게 수정신고를 하여 신고불성실세액 감면을 받는 것이 최선입니다.

법정신고기한 내 신고한 과세표준 및 세액이 세법에 정한 과세표준 및 세액에 미달한 경우에는 과세관청이 과세표준과 세액을 결정 · 경정하여 통보하기 전까지 수정신고서는 제출할 수 있습니다.

그러나 과세관청으로부터 신고누락에 대한 사후검증에 따른 결과 통보를 받은 경우라면 수정신고는 할 수 있더라도 가산세 감면대상에 해당하지 않습니다.

매출누락이 발견된 경우 자진신고를 해야 부당과소신고가산세율(40%)이 적용되지 않고 일반과소신고가산세율(10%)을 적용받을 수 있으며, 가산세도 감면받을 수 있습니다.

구분	신고불성실가산세 감면
법정신고기한 6개월 이내	50%
법정신고기한 6개월 초과 1년 이내	20%
법정신고기한 1년 초과 2년 이내	10%

4. 국민주택 면세, 분양매출 누락

면세 대상 공사(면세 수입금액) 매출누락에 주의해야 합니다.

분양공사의 경우 국민주택을 개인에게 분양한 경우 면세 매출에 해당하고 계산서 발급대상이 아니므로 매출누락이 종종 발생합니다.

과세 및 면세사업을 겸영하는 사업자가 부가가치세 신고 시 면세수입금액을 누락한 경우는 수정신고 대상이 아닙니다.

만일 수정신고를 하는 경우에도 부가가치세법상 가산세 적용대상도 아니며 매출계산서 및 매입계산서를 다음해 2월 10일(계산서합계표 제출기한)까지 정상적으로 제출한 경우라면 소득세법 또는 법인세법상 가산세도 적용되지 않습니다.

04

Q 건설업 가공경비의 위험성 알고 계신가요?

A 과세소득을 줄이기 위하여 가공세금계산서 등으로 가공경비를 계상한 경우의 적발사례가 늘고 있습니다.

국세청의 통합 전산망 및 공공기관 과세자료 정보 공유 등을 통하여 자료상에 대해서는 상시 모니터링을 가동하고 있습니다.

1. 사실과 다른 세금계산서

세금계산서는 사업자가 계약상 · 법률상 원인으로 하여 재화 또는 용역을 공급하는 경우 당해 재화 또는 용역을 실질적으로 공급하는 자가 실질적으로 공급받는 자에게 발급하는 것이므로, **계약상 · 법률상 원인 없이 또는 재화 · 용역의 공급 없이 세금계산서가 발급된 경우 사실과 다른 세금계산서에 해당**됩니다.

2. 가공 위장 세금계산서

가공 세금계산서란 실물거래 없이 세금계산서만을 수령한 것을 말하며, 위장 세금계산서란 실제 매입한 거래처가 아닌 다른 거래처 명의의 세금계산서를 수령한 것으로 가공 및 위장 매입세금계산서의 경우 공급가액의 3%(2%) 가산세로 부담하고, 그 매입세액은 불공제됩니다.

가공 세금계산서를 수취한 경우 공급가액 전액을 손금불산입하고, 법인의 대표이사에게 상여처분함으로써 무거운 세금을 부과당하게 되므로 실물거래 없이 세금계산서 수취하는 일이 없어야 합니다.

위장 거래에 의한 매입의 경우 매입세액은 불공제되며 증빙불비가산세가 적용되며, 위장 세금계산서의 경우 법인세법상 손금으로는 인정됩니다.

명의 위장 사업자와 거래 시 선의의 거래당사자에 해당되는 경우라면 매입세액 불공제 등 불이익이 없으나, 이에 해당되지 아니한 경우에는 과세관청으로부터 매입세액 불공제 등 불이익 처분이 따르게 됩니다.

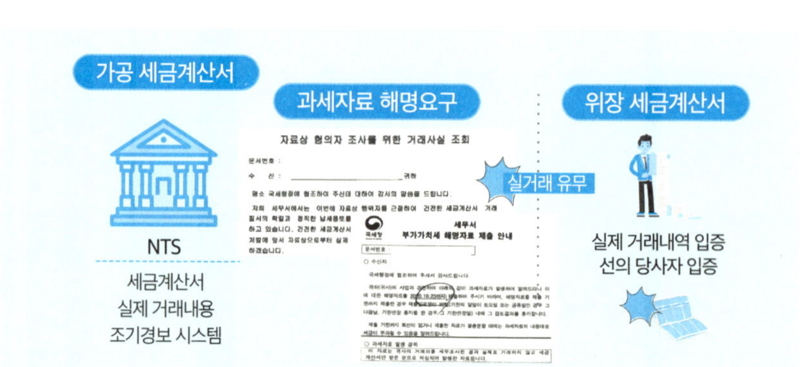

매입자가 선의의 당사자임을 입증하지 못한다면 매출자와 더불어 막대한 불이익을 당하게 됩니다.

구분	가공 세금계산서	위장 세금계산서
발급 가산세	3%	2%
매입세액 공제	불공제	불공제
손금 인정 여부	불인정	인정
증빙불비 가산세	-	해당
인정상여	해당	-

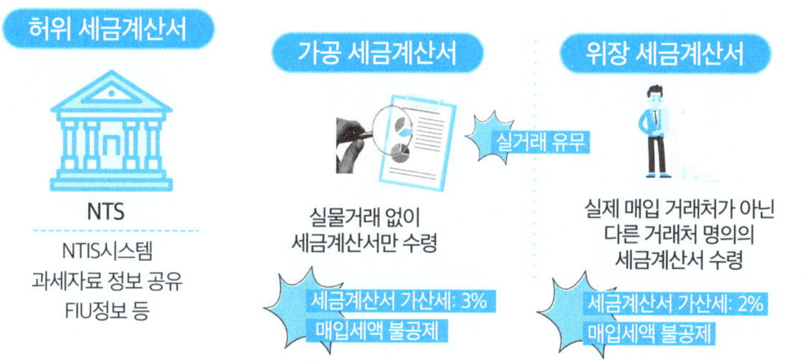

3. 조세범 처벌(가공 세금계산서)

가공 세금계산서(자료상)에 대해서는 조세체계의 근간을 흔드는 행위이므로 매우 엄격하게 처벌하고 있습니다.

부가가치세법에 따라 세금계산서를 작성하여 발급하여야 할 자와 매출처별세금계산서합계표를 제출하여야 할 자가 다음 어느 하나에 해당하는 경우에는 1년 이하의 징역 또는 공급가액에 부가가치세의 세율을 적용하여 계산한 세액의 2배 이하에 상당하는 벌금에 처하도록 하고 있습니다.

① 세금계산서를 발급하지 아니하거나 거짓으로 기재하여 발급한 경우

② 거짓으로 기재한 매출처별세금계산서합계표를 제출한 경우

자료상으로부터 세금계산서를 수취하여 매입세액을 공제받고 경비로 처리한 경우 국세청의 모니터링에 포착되어 세무상 막대한 불이익이 발생하게 되므로 어떤 경우라도 자료상으로부터 세금계산서를 수취하여 가공 경비를 계상하는 일이 없어야 합니다.

자료상이란 실제 거래 없이 세금계산서만을 발행하여 상대방으로부터 수수료 등을 받고 세금계산서를 발급하는 자를 말합니다.

05

Q 건설업 가공 인건비를 계상한 경우 어떤 세무상 리스크가 있나요?

A 정규직, 일용직, 사업소득을 원천세 신고만 하고 실제로 지급하지 않거나 근무 사실이 없는 등 가공경비는 손금을 부인당합니다.

국가기술자격증을 대여한 경우 6개월 이내의 기간을 정하여 건설사업자의 영업정지를 명하거나 영업정지를 갈음하여 1억 원 이하 과징금을 부과할 수 있습니다.

국가기술자격증을 다른 자에게 빌려 건설업 등록기준을 충족시키거나 건설기술 경력증을 다른 자에게 빌려주어 건설업의 등록기준에 미달한 사실이 있는 경우 건설업 등록말소처분이 가능합니다.

국세청은 국방부 출입국관리국 법무부로부터 군복무자, 장기해외체류자, 투옥자 등 인적사항 자료를 제출받아 일용근로자 등에 대하여 허위계상 인건비는 지속적으로 모니터링합니다.

1. 실제로 근무하지 않은 임직원의 급여를 계상한 경우

실제 근무하지 않은 임직원에게 급여를 지급한 것으로 하여 비용처리하고, 지급명세서를 제출하는 경우 세무조사나 탈세제보에 의하여 세금이 추징될 수 있습니다. 실제로 근무하지 않는 해외 유학 중인 자녀를 직원으로 등재하여 인건비를 과다 계상한 법인, 신용불량자 노숙자 등의 명의를 이용한 가공 인건비계상의 경우 등 적발이 되면 법인세뿐만 아니라 대표자 인정상여에 대한 근로소득세까지 추징되게 됩니다.

건설업 등록요건을 충족하기 위하여 건설기술자 자격증을 대여할 목적으로, 직원으로 등재하여 급여를 인식하고 지급이 변칙적으로 이루어지는 경우가 비일비재 합니다. 기술자로 명의만 등재된 직원에 대한 인건비는 세법상 가공 인건비에 해당하여 손금불산입 대표이사 상여처분받게 됩니다.

2. 가공인건비 3.3% 프리랜서 사업소득 지급수수료

3.3% 프리랜서 사업소득에 대하여 원천세 및 지급명세서만 제출하고 통장 등으로 지급하지 않는 방식으로 실제 지급하지 않은 인건비를 계상한 경우 적발대상이 됨에 주의해야 합니다.

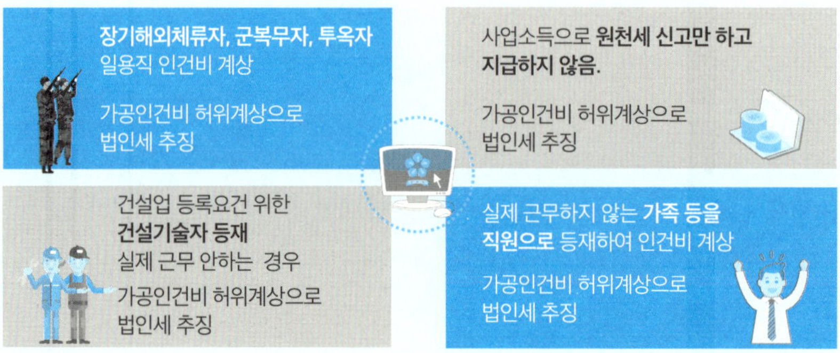

3. 가공인건비 실질 귀속에 따른 소득처분 및 세금추징

실지귀속자가 누구인지 여부에 따라 소득의 종류를 달리하여 처분합니다.
가공인건비가 누구에게 귀속되었는지는 사실관계를 종합적으로 검토하여 실질에 따라 판단하게 됩니다.

① 귀속자가 주주인 경우 배당소득
② 귀속자가 임원 또는 사용인인 경우에는 그 귀속자에 대한 상여
③ 귀속자가 법인이거나 사업을 영위하는 개인인 경우에는 기타 사외유출
④ ①~③ 외의 경우는 기타소득

예를 들어 가공 인건비로서 대표자 상여처분하고 법인이 손금불산입한 인건비가 1,000원인 경우, 970원은 사용처가 불분명하고 30원은 원천징수세액 납부에 사용한 것으로 확인되는 경우 970원은 손금불산입 대표자 상여처분하고 30원은 기타사외유출로 소득처분하게 됩니다.

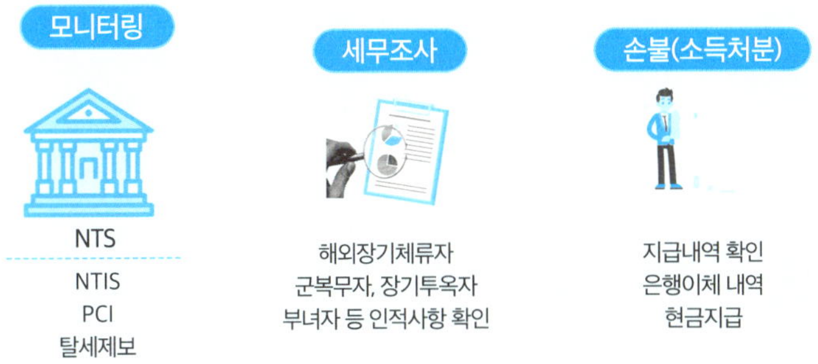

4. 신용불량 직원에 대한 타인명의 통장 인건비 지급

일반적으로 대금의 지급과 관련하여 금융거래를 객관적인 증빙으로 보관하고 있으며, 금융거래 외에도 인적사항, 인건비 등을 지출하였음을 확인할 수 있는 증빙이 있는 경우 인건비로서 손금이 인정됩니다.
해당 **신용불량자의 주민등록등본, 지급받는 자의 수령증, 급여대장, 해당 노동자의 업무 관련 내용 등 근무한 사실 및 급여 지급사실이 확인되는 증빙서류(인적사항, 지급조서 제출, 지급증빙 등)를 근거로 손금으로 인정**받게 됩니다.
해당 근로자의 경우에도 사업과 관련하여 지출한 인건비로서 일용근로자의 급여·임금 등에 대하여 근로소득세를 원천징수하고, 해당 직원에 대하여 근로소득 지급명세서를 제출하여야 합니다.

지급명세서불성실 가산세:
불분명금액×1%

실무적으로 인적사항이 불분명하더라도 확인 가능한 기재항목을 기재하여 지급명세서를 제출하고 지급명세서보고불성실가산세를 추가하는 방안이 최선이 됩니다.

06

Q 가지급금, 가수금이란 무엇이고 어떻게 관리해야 하나요?

A 업무무관가지급금은 세법, 실질자본, 신용등급상 많은 불이익이 존재하므로 발생하지 않도록 사전적으로 관리하는 것이 중요합니다.

자회사 보증채무를 채무 인수 방식으로 대위변제 한 경우 그 대위변제에 따라 발생한 구상채권은 업무무관가지급금 등에 해당됩니다.

특수관계자에게 무상 또는 시가보다 낮은 이율로 금전을 대여한 경우에는 가중평균차입이자율(적용이 불가능한 경우 당좌대출이자율 선택 허용)로 계산한 이자 상당액을 익금으로 계상하여야 합니다.

특수관계가 소멸되지 아니한 경우로서 가지급금의 이자를 이자 발생일이 속하는 사업연도 종료일부터 1년이 되는 날까지 회수하지 아니한 경우, 인정이자 익금산입 후 귀속자에 따라 소득처분합니다.

1. 가지급금

가지급금이란 명칭 여하에 불구하고 당해 법인의 업무와 관련없는 자금의 대여액을 말합니다. 이 외에도 법인통장에서 자금이 인출되었으나 적격증빙을 수취하지 못한 경우도 가지급금이 되어버립니다.

2. 가지급금 불이익

① 인정이자 익금산입

대여금, 기타채권 등으로 재무제표에 계상된 금액 중 특수관계인에 대한 대여금이 업무무관가지급금에 해당하는 경우, 관련 인정이자를 익금 산입 후 귀속자에 따라 소득처분하고, 지급이자는 손금불산입 기타사외유출 처분합니다.

② 대손 불인정

특수관계자에 대한 업무무관가지급금은 대손충당금 설정대상 채권에서 제외되며, 대손금은 손금으로 인정되지 않습니다.

③ 업무무관자산 지급이자 손금불산입

채권자 불분명 사채이자 및 수령자가 불분명한 채권 · 증권의 이자와 할인액, 건설자금에 충당한 차입금의 이자, 업무무관자산 및 가지급금 등에 대한 지급이자는 손금으로 인정되지 않습니다.

④ 실질자본 및 신용평가상 불이익

부실자산인 가지급금이 많은 경우 부실자산으로 평가되며, 신용등급 하락요인이 됩니다.

3. 가수금

가수금은 가지급금과 반대되는 개념입니다.

대표이사나 주주 등이 당해 법인에 대여해준 금액과 법인통장에 자금이 입금되었으나 그 내역이 밝혀지지 않은 금액 등이 해당됩니다.

4. 가지급금과 가수금이 동시에 있는 경우

가지급금과 가수금이 동시에 있는 경우에는 결산 시에도 반드시 상계해야 합니다. 상계하지 않은만큼 실질자본 계산 시 불리하게 됩니다.

업무무관가지급금 등의 합계액을 계산할 때에도 동일인에 대한 가지급금 등과 가수금이 함께 있는 경우에는 이를 상계한 금액으로 합니다.

상계하지 않은 경우			
자산(10억 원)		부채(5억 원)	
기지급금	3억 원	가수금	1억 원
		자본(5억 원)	

실질자산: 10억 원-3억 원=7억 원
실질부채: 5억 원
실질자본: 2억 원

가지급금 상계 가수금

상계할 경우			
자산(9억 원)		부채(4억 원)	
기지급금	2억 원		
		자본(5억 원)	

실질자산: 9억 원-2억 원=7억 원
실질부채: 4억 원
실질자본: 3억 원

5. 가수금 주의사항

가수금의 발생원인은 여러 가지가 있으므로, 개인 관련 차입금인 경우는 차입약정서를 작성하여 두는 것이 좋습니다.

대표자에게 차입한 가수금에 대하여 이자를 지급하는 경우 당좌대출이자율 4.6% 이하로 지급해야 부당행위 계산부인을 적용받지 않으며, 이 경우 대표자에게 이자 지급 시 원천징수(27.5%)를 해야 합니다.

가수금의 금액이 커지는 경우 과세관청에서 의심할 수 있습니다.

매출누락(세금계산서 미발행 등)한 금액이 입금된 것이 가수금에 해당될 수 있습니다.

수차례에 걸쳐 가공경비를 장부에 계상하고 그와 유사한 금액을 대표자 가수금으로 계상한 후 당해 가수금을 반제형식을 통하여 사외로 유출한 경우 그 가공경비 상당액은 사외로 유출되어 대표이사에게 귀속된 것으로 보아 상여 처분하고, 가공경비에 대한 세법상 불이익은 추가로 과세됩니다.

대표이사의 회사에 대한 대여금에 대한 이자는 비영업대금이익에 해당됩니다.

가수금 금액이 큰 경우 출자전환을 고려해볼 필요가 있습니다.

07

Q 법인세 계산구조 및 세율은 어떻게 되고, 최저한세란 무엇인가요?

A 당기순이익에 기업회계와 세법 간의 차이를 조정한 세무조정을 거쳐 계산된 각 사업연도 소득금액에 대하여 법인세를 부담합니다.

1. 과세표준의 계산

기업이 일반적으로 공정 타당하다고 인정되는 기업회계기준에 의하여 작성한 재무제표상 당기순이익을 기초로 하여 세법의 규정에 따라 익금과 손금을 조정하여 정확한 과세소득을 계산하는 세무조정 절차를 거쳐 각 사업연도 소득금액을 계산합니다.

각 사업연도 소득금액에서 이월결손금과 비과세소득 소득공제를 차감하여 과세표준을 계산합니다.

이월결손금이란 각 사업연도의 개시일 전 발생한 각 사업연도의 결손금으로서 그 후의 각 사업연도의 과세표준을 계산할 때 공제되지 아니한 금액을 말합니다.

토지 등 양도차익이 있는 경우는 토지 등 양도소득에 대한 법인세 납세의무가 추가됩니다.

이월결손금은 5년간 이월하여 각 사업연도 소득에서 공제가능합니다.

기업회계	세무조정	법인세법
수익	익금산입 손금불산입	익금
비용	익금불산입 손금산입	손금
당기순이익	(세무회계)	각 사업연도 소득금액

2. 세율 및 산출세액

사업연도가 1년 미만: $\left(\text{과세표준} \times \frac{12}{\text{사업연도월수}}\right) \times \text{세율} \times \frac{\text{사업연도월수}}{12}$

과세표준 2억 원까지는 10%, 2억 원 초과분에 대해서는 20% 세율이 적용됩니다.
200억 원 초과 22%, 3,000억 원 초과 25% 세율이 적용됩니다.
법인세의 10%는 지방소득세로 추가로 과세됩니다.
과세표준에 세율을 곱하여 산출세액을 계산합니다.

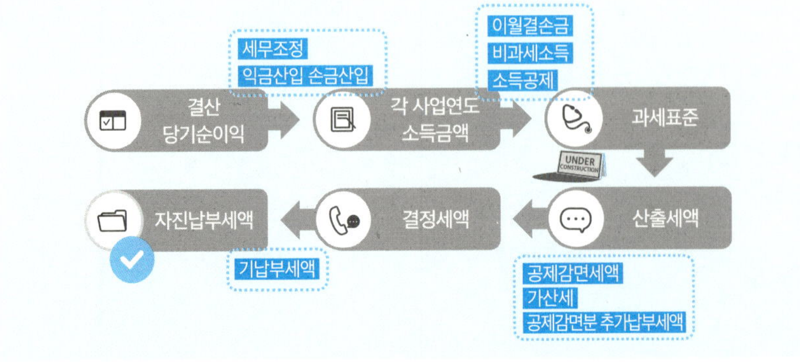

3. 세액공제와 세액감면

과세표준에 세율을 적용한 산출세액에서 세액공제와 세액감면을 차감하고 기존 공제감면분에 대한 추징액 및 가산세를 가산하여 결정세액을 계산합니다.

결정세액에서 기중에 미리 납부한 기납부세액을 차감하면 자진납부할 세액이 최종적으로 계산됩니다.

법인세의 감면에 관한 규정과 세액공제에 관한 규정이 동시에 적용되는 경우, 그 적용순위는 별도의 규정이 있는 경우 외에는 다음 순서에 의합니다.

① 각 사업연도의 소득에 대한 세액감면(면제를 포함한다)

② 이월공제가 인정되지 아니하는 세액공제

③ 이월공제가 인정되는 세액공제

이 경우 해당 사업연도 중에 발생한 세액공제액과 이월된 미공제액이 함께 있을 때에는 이월된 미공제액을 먼저 공제합니다.

4. 최저한세

최저한세는 정책목적상 조세특례제도를 이용하여 세금을 감면하여 주는 경우에도 세부담의 형평성, 중립성, 재정확보 측면을 고려하여 최소한의 세금을 부담하도록 하기 위한 제도입니다.

기납부세액에는 원천징수세액, 중간예납세액, 수시부과세액이 있습니다.

최저한세 = Max(①, ②)

① 각종 감면 후의 세액

② 감면 전 과세표준 × 최저한세율(중소기업 7%)

일반기업의 최저한세율은 8~17%로 차등 적용됩니다.

최저한세 대상이 아닌 세액공제:
연구및인력개발비세액공제

5. 법인세로 총 부담할 세액

법인세로 총 부담할 세액은 최저한세에 가산세, 이자상당가산액, 감면세액의 추징세액 등을 가산하고 최저한세 대상이 아닌 세액공제를 차감하여 계산합니다.

6. 법인세 분납

납부할 법인세액이 1천만 원을 초과하는 경우에는 다음의 금액을 납부기한이 지난 날부터 1개월(중소기업의 경우 2개월) 이내에 분납할 수 있습니다.

① 납부할 세액 2천만 원 이하: 1천만 원 초과 금액

② 납부할 세액 2천만 원 초과: 50% 이하의 금액

이 경우 가산세와 법인세법 또는 조세특례제한법에 의하여 법인세에 가산하여 납부하여야 할 감면분 추가납부세액 등은 분납 대상에서 제외됩니다.

08

Q 건설업 창업중소기업 세액감면 요건은 무엇인가요?

A 창업 후(벤처기업 확인 후) 최초로 소득이 발생한 연도와 그 후 4년간 법인세 50(75, 100)%를 감면해 줍니다.

1. 창업중소기업 세액감면

창업벤처중소기업이란 창업 후 3년 이내에 2021년 12월 31일까지 벤처기업으로 확인받은 기업을 말합니다.

중소기업 중 2024년 12월 31일 이전에 제3항 각호에 따른 업종으로 창업한 중소기업과 중소기업창업지원법에 따라 창업보육센터사업자로 지정받은 내국인에 대해서는 해당 사업에서 최초로 소득이 발생한 과세연도와 그 다음 과세연도의 개시일부터 4년 이내에 끝나는 과세연도까지 해당 사업에서 발생한 소득에 대한 소득세 또는 법인세에 다음 각호의 구분에 따른 비율을 곱한 금액에 상당하는 세액을 감면해 줍니다.

청년창업은 창업 당시 나이가 34세 이하여야 하며, 병역이행기간은 가산합니다.

창업 구분	감면비율
수도권 과밀억제권역 외 지역 청년창업	100%
수도권 과밀억제권역 외 지역 청년 외 창업	50%
수도권 과밀억제권역 청년창업	
창업벤처중소기업	
창업보육센터 사업자	

2. 창업중소기업(벤처중소기업)의 범위

창업중소기업과 창업벤처중소기업은 아래 업종으로 제한합니다.

① 광업
② 제조업(제조업과 유사한 사업 포함)
③ 수도, 하수 및 폐기물 처리, 원료 재생업
④ 건설업
⑤ 통신판매업
⑥ 물류산업
⑦ 음식점업
⑧ 정보통신업
⑨ 금융 및 보험업 중 대통령령으로 정하는 정보통신을 활용하여 금융서비스를 제공하는 업종
⑩ 전문, 과학 및 기술 서비스업
⑪ 사업시설 관리, 사업 지원 및 임대 서비스업
⑫ 사회복지 서비스업

⑬ 예술, 스포츠 및 여가관련 서비스업
⑭ 학원을 운영하는 사업 또는 직업능력개발훈련시설 운영사업
⑮ 관광숙박업, 국제회의업, 유원시설업

3. 창업의 범위

법인설립으로 창업의 외형을 갖추었다고 하더라도 실질적으로 종전의 사업을 승계하거나 동종의 사업을 영위하는 경우에 해당하여 새로운 사업을 최초로 개시하는 것으로 보기 어려워 창업중소기업에 대한 세액감면을 배제합니다.

아래의 경우는 창업으로 보지 않습니다.

① 합병·분할·현물출자 또는 사업의 양수를 통하여 종전의 사업을 승계하거나 종전의 사업에 사용되던 자산을 인수 또는 매입하여 같은 종류의 사업을 하는 경우
② 거주자가 하던 사업을 법인으로 전환하는 경우
③ 폐업 후 사업을 다시 개시하여 폐업 전의 사업과 같은 종류의 사업을 하는 경우
④ 사업을 확장하거나 다른 업종을 추가하는 경우 등 새로운 사업을 최초로 개시하는 것으로 보기 곤란한 경우

창업은 중소기업창업지원법에 의한 창업을 말하며, 창업일은 개인은 사업자 등록일, 법인은 설립등기일을 말합니다.

4. 이월공제(감면) 최저한세 농특세

창업중소기업 세액감면의 경우 최저한세의 적용을 받으나 조특법 제6조 제1항 또는 제6항의 규정에 따라 100% 감면을 받는 과세연도의 경우는 최저한세 적용이 배제됩니다.

법인세 감면을 받는 경우 농어촌특별세를 납부하여야 하나, 창업중소기업세액감면의 경우 농어촌특별세 과세대상이 아닙니다.

이월	최저한세	농특세
해당사항 없음	적용(50%, 75% 감면 시)	비과세
	배제(100% 감면 시)	

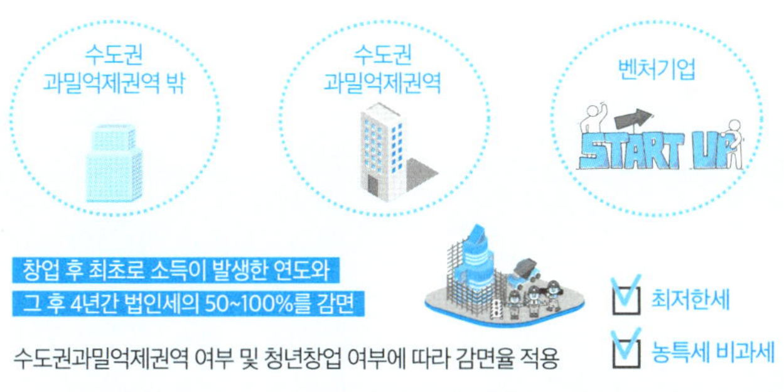

09

Q 건설업 중소기업특별세액감면 요건과 감면율은 어떻게 되나요?

A 중소기업 중 감면업종을 영위하는 기업에 대해서는 업종별, 지역별, 기업규모별 감면 비율에 해당하는 법인세액을 감면합니다.

1. 중소기업 특별세액감면

중소기업특별세액감면은 중소기업에 해당되는 사업자로서 일정 업종에 해당하는 경우 법인세 또는 소득세액의 5~30%를 세액감면해주는 제도로서 대부분의 중소기업에 해당되는 세제혜택입니다.

2. 업종별 감면비율

내국법인의 본점 또는 주사무소가 수도권에 있는 경우에는 모든 사업장이 수도권에 있는 것으로 보아 감면비율을 적용합니다.

수도권이란 서울시와 인천시 그리고 경기도를 말합니다.

지역	기업규모	업종	감면비율
수도권	소기업	도소매, 의료 등	10%
		제조업, 건설업 등	20%
	중기업	지식기반사업 등	10%
		기타업종	-
수도권 외	소기업	도소매, 의료 등	10%
		제조업, 건설업 등	30%
	중기업	도소매, 의료 등	5%
		제조업, 건설업 등	15%

신설법인의 경우 연환산 매출액을 기준으로 합니다.

중소기업특별세액감면 업종은 해당 과세연도를 기준으로 판단하는 것이며, 감면되는 사업과 기타의 사업을 겸영하는 법인은 구분경리하고 공통익금과 공통손금은 안분하여 계산합니다.

창업 구분	소기업
제조업, 전기·가스·수도사업 등	120억 원
농업, 광업, 건설업 등	80억 원
도소매업, 출판업 등	50억 원
전문과학기술서비스업 등	30억 원
숙박, 음식점업 등	10억 원

수도권 소재 건설업체의 경우 주의해서 중소기업특별세액감면을 적용해야 합니다.

수도권 소재 건설업의 경우 매출액이 80억 원을 초과하면 소기업에 해당되지 않아서 중소기업특별세액감면 적용이 배제됩니다.

이를 고려치 않고 중소기업특별세액감면을 잘못 적용하여 신고한 경우 지방국세청의 세무서 감사과정에서 주로 적발되고 법인세 과소신고가산세 및 납부불성실가산세를 부담하게 되므로 건설업체의 경우 매출액 규모에 따른 소규모기업기준을 잘 확인해야 합니다.

3. 주업종 판정방법

2 이상의 서로 다른 사업을 영위하는 법인이 사업별 사업수입금액이 큰 사업을 주된 사업으로 보아 중소기업 해당 여부를 판정하게 됩니다.

수도권 안에서 중소기업을 영위하는 내국인이라 함은 과세연도 종료일 현재 본점 또는 주사무소가 수도권 안에 소재하는 것을 말하며, 사업장이 2개 이상인 내국법인의 상시 사용하는 종업원 수는 법인세법 제1조 제1호의 규정에 따른 내국법인(법인격) 단위를 기준으로 계산합니다.

사업장 단위별로 수도권 소재유무를 판단하여 감면율을 적용합니다. 단, 내국법인의 본점 및 주사무소가 수도권에 있는 경우에는 모든 사업장이 수도권에 있는 것으로 봅니다.

제품을 직접 제조하지 아니하고 국외에 소재하는 제조업체에 의뢰하여 제조하는 경우에는 중소기업의 업종을 판단함에 있어서 제조업이 아닌 도매업으로 보는 것이며, 도매업으로서 중소기업에 해당하는 경우에는 주문자상표 부착방식에 의한 수탁생산업에 해당하여 중소기업에 대한 특별세액감면을 적용받을 수 있습니다.

4. 중소기업특별세액감면 한도 신설(2018년 이후)

다음과 같은 금액을 감면한도로 규정하고 있습니다.

① 해당 과세연도의 상시근로자 수가 직전 과세연도의 상시근로자 수보다 감소한 경우는 1억 원에서 감소한 상시근로자 1명당 5백만 원씩을 뺀 금액

② 그 밖의 경우: 1억 원

5. 이월공제(감면) 최저한세 농특세

창업중소기업세액감면, 벤처기업세액감면 등 다른 세액감면과 중복적용 불가능합니다.

세액공제 중에서 연구인력개발비세액공제, 고용증대세액공제, 사회보험료세액공제는 중복적용 가능하지만 그 외의 세액공제는 중복적용 불가능합니다.

세액공제 이월공제와 중소기업특별세액감면 중복적용은 가능합니다.

중소기업특별세액감면의 경우 최저한세 적용대상이며, 농특세는 과세대상이 아닙니다.

이월	최저한세	농특세
해당사항 없음	적용	비과세

10

Q 건설업 고용증대세액공제 요건과 공제액 계산은 어떻게 하나요?

A 상시근로자 수가 직전연도보다 증가한 경우 증가인원에 따른 해당금액을 법인세액에서 공제하여 줍니다.

해당 과세연도에 창업을 한 경우 직전 과세연도의 상시근로자 수는 0으로 봅니다.

단시간근로자의 경우 0.5명으로 계산합니다.

1. 고용을 증대시킨 기업에 대한 세액공제

소비성서비스업 등 특정 업종을 영위하는 사업자를 제외한 내국법인의 2024년 12월 31일이 속하는 과세연도까지의 기간 중 해당 과세연도의 상시근로자의 수가 직전 과세연도의 상시근로자의 수보다 증가한 경우에는 아래에 따른 금액을 해당 과세연도와 해당 과세연도의 종료일부터 1년(중소기업 및 중견기업의 경우 2년)이 되는 날이 속하는 과세연도까지의 법인세에서 공제하여 줍니다.

구분	중소기업	
	수도권	지방
상시근로자	700	770
청년정규직, 장애인근로자	1,100	1,200

2. 상시근로자 포함 여부

상시근로자란 근로기준법에 따라 근로계약을 체결한 내국인으로 합니다.
아래의 경우 상시근로자에서 제외됩니다.

① 근로계약기간이 1년 미만인 근로자
② 1개월간 소정근로시간 60시간 미만인 자
③ 법인세법 시행령 제40조 제1항 각호에 해당하는 법인의 임원
④ 최대주주의 배우자, 직계존비속 및 친족관계인 사람
⑤ 원천징수사실이 확인되지 않고 국민연금, 건강보험 납부사실도 확인되지 않는 자

3. 청년 및 장애인근로자 해당 여부

15세 이상 29세 이하인 경우 청년에 해당됩니다. 해당 근로자가 병역을 이행한 경우에는 그 이행기간을 현재 연령에서 빼고, 계산한 연령이 29세 이하인 사람을 포함합니다. 장애인근로자는 장애인복지법의 적용을 받는 장애인과 국가유공자등예우및지원에관한법률에 따른 상이자를 말합니다.
공제받은 과세연도에 청년인 경우 이후 과세연도에도 연령이 초과하더라도 청년으로 간주합니다.

4. 상시근로자 수 계산방법

해당 과세연도 매월 말 현재 상시근로자 수 합을 해당 과세연도 월수로 나누어 계산합니다.

5. 고용증대세액공제 사후관리

고용증대세액공제를 받은 내국인이 최초로 공제를 받은 과세연도의 종료일부터 2년이 되는 날이 속하는 과세연도의 종료일까지의 기간 중 각 과세연도의 청년 등 상시근로자 수 또는 전체 상시근로자 수가 최초로 공제를 받은 과세연도보다 감소한 경우에는 다음에 정하는 바에 따라 공제받은 세액에 상당하는 금액을 법인세로 납부하게 됩니다.

이 경우 가산세 및 가산이자는 적용되지 않습니다.

고용증대세액공제 사후관리는 20년 1월 1일 이후 신고하는 부분부터 적용합니다.

6. 이월공제(감면) 최저한세 농특세

고용증대세액공제는 중소기업특별세액감면, 연구인력개발비세액공제, 사회보험료세액공제는 중복적용 가능하지만, 그 외의 세액공제는 중복적용 불가능합니다.

올해 공제받지 못한 경우 해당 과세연도 다음 과세연도의 개시일부터 5년 이내에 끝나는 각 과세연도에 이월공제 가능하며, 최저한세 적용대상이며 농특세 과세(20%)대상입니다.

이월	최저한세	농특세
5년	적용	과세

고용증대세액공제는 세액공제 효과가 크고 최장 5년간 이월공제되기 때문에 고용인원(상시근로자수)이 증가한 업체의 경우는 꼭 챙겨야 할 세액공제 항목입니다.

청년의 경우 1,100만 원(수도권 외: 1,200만 원)
청년 외의 경우 700만 원(수도권 외: 770만 원)

☑ 최저한세 대상

☑ 농특세 비과세

해당 과세연도의 상시근로자의 수가 직전 과세연도의 상시근로자 수보다
증가한 경우 그 증가 인원 수에 일정금액을 곱한 금액을
해당연도와 그 다음 최장 2년이 되는 날이 속하는 과세연도까지
소득세 또는 법인세에서 공제

11

Q 건설업 중소기업 고용증가 사회보험료 세액공제 요건과 공제액 계산은 어떻게 하나요?

A 상시근로자 수가 직전연도보다 증가한 경우 증가인원에 따른 사회보험료 부담액의 일정비율을 법인세액에서 공제하여 줍니다.

1. 고용증가 인원에 대한 사회보험료 세액공제

사회보험료 중 국가 등의 두루누리지원금 등 보조금, 감면액은 제외합니다.

내국법인의 2024년 12월 31일이 속하는 과세연도까지의 기간 중 해당 과세연도의 상시근로자의 수가 직전 과세연도의 상시근로자의 수보다 증가한 경우에는 아래에 따른 금액을 해당 과세연도와 해당 과세연도의 종료일부터 2년간 공제해 줍니다.

구분	청년 외	청년, 경력단절
사회보험료 상당액	100%	50%

경력단절여성이란 아래 사항에 모두 해당하는 경우를 말합니다.

① 해당기업 또는 해당기업과 동일한 업종의 기업에서 1년 이상 근무한 후 결혼, 임신, 출산, 육아 및 자녀교육 사유로 퇴직하였을 것
② 위 사유로 퇴직한 날부터 3년 이상 15년 미만의 기간이 지났을 것
③ 해당기업의 최대주주 및 대표자와 특수관계인이 아닐 것

2. 상시근로자

상시근로자란 근로기준법에 따라 근로계약을 체결한 내국인으로 합니다.
아래의 경우 상시근로자에서 제외됩니다.

① 근로계약기간이 1년 미만인 근로자
② 1개월간 소정근로시간 60시간 미만인 자
③ 법인세법 시행령 제40조 제1항 각호에 해당하는 법인의 임원
④ 최대주주의 배우자, 직계존비속 및 친족관계인 사람
⑤ 원천징수사실이 확인되지 않고 국민연금, 건강보험 납부사실도 확인되지 않는 자

3. 상시근로자 고용증가 인원 사회보험료 상당액

신성장서비스업은 청년 외 상시근로자가 증가한 경우 50%가 아닌 75%를 적용합니다.

해당 과세 연도의 상시근로자 수가 증가한 경우 증가 인원에 대한 기업의 사회보험료 부담금액을 근로자의 청년 해당 여부에 따라 50%~75%~100% 세액공제해 주는 제도입니다.

직전사업연도보다 상시근로자 수가 증가한 중소기업이어야 적용이 가능하며, 2018년도 이후 해당연도와 다음연도 2년간 세액공제가 가능합니다.
상시근로자 등 내국인이란 내국법인과 거주자를 말하므로 내국인 근로자란 우리나라 국적자만을 말하는 것이 아니고, 외국인이라도 소득세법상 국내 거주자에 해당하면 내국인 근로자로 봅니다.

조세특례제한법상 청년은 대부분 만 29세 기준을 적용합니다.

예외적으로 만 34세 기준을 적용하는 경우
① 청년재직자내일채움공제
② 청년창업감면
③ 중소기업취업청년소득세감면

4. 고용증대세액공제 VS 사회보험료 세액공제

고용증대세액공제는 다음 사업연도 이후 고용인원 감소 시 세액공제받은 금액에 대하여 일정금액의 추가납부세액이 발생하는 사후관리 규정을 두고 있습니다. 사회보험료 세액공제는 다음 사업연도 이후 인원이 감소하더라도 추가납부 규정이 없습니다.

5. 이월공제(감면) 최저한세 농특세

사회보험료 세액공제는 중소기업특별세액감면, 고용증대세액공제, 연구인력개발비세액공제 등 기타 세액공제와도 중복적용이 가능합니다.
올해 공제받지 못한 경우 해당 과세연도 다음 과세연도의 개시일부터 5년 이내에 끝나는 각 과세연도에 이월공제 가능하며, 최저한세 적용대상이며 농특세 과세(20%)대상입니다.

이월	최저한세	농특세
5년	적용	비과세

고용증대세액공제액이 발생한 연도는 반드시 사회보험료 세액공제가 발생하게 되므로 반드시 챙겨야 합니다.
2018년 이후 고용인원이 감소하지 않으면 해당연도와 다음연도 2년간 세액공제가 적용됩니다.

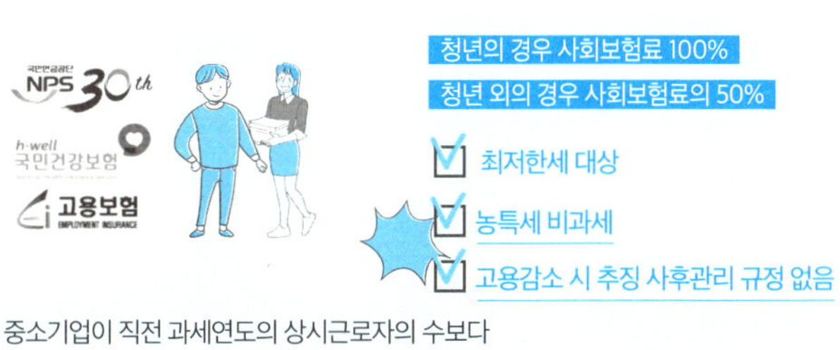

중소기업이 직전 과세연도의 상시근로자의 수보다
해당 과세연도의 상시근로자 수가 증가한 경우
증가인원에 대한 기업의 사회보험료 부담액을 일정비율 세액공제 혜택
최장 5년간 이월공제

12

Q 건설업 연구인력개발비 세액공제 요건과 공제액 계산 및 사후관리는 어떻게 하나요?

A 연구 및 인력개발비 세액공제는 최저한세가 배제되므로 공제효과가 매우 크지만, 국세청의 모니터링이 강화되고 있습니다.

1. 연구 및 인력개발비 세액공제

연구원은 연구업무에만 종사하여야 하며 연구업무 외에 홍보, 영업 등 행정업무를 겸직하는 연구원에 대한 인건비 및 등록되지 않은 연구원의 인건비는 공제대상이 아닙니다.

청년 및 장기재직자 내일채움공제는 인력개발비에 해당됩니다.

내국인이 각 과세연도에 연구개발 및 인력개발에 지출한 금액 중 연구·인력개발비가 있는 경우에는 다음 각호의 금액을 합한 금액을 해당 과세연도의 법인세에서 공제하여 줍니다.

구분	공제액
신성장동력 및 원천기술 연구개발비	당기발생×30%+해당연도비율×3배
일반 연구개발비	아래 ①, ② 중 선택 ① 당기발생액×25% ② (당기발생−전기발생)×50%

연구개발이란 과학적 또는 기술적 진전을 이루기 위한 활동과 새로운 서비스 및 서비스전달 체계를 개발하기 위한 활동을 말하며, 인력개발이란 내국인이 고용하고 있는 임원 또는 사용인을 교육 훈련시키는 활동을 말하는 것으로서 연구개발 및 인력개발을 위한 비용으로서 조특법에 정한 비용을 말하며, 아래의 비용은 제외합니다.

① 연구개발출연금 등을 지급받아 연구개발비로 지출하는 금액

② 국가지자체 등으로부터 연구개발 또는 인력개발 등을 목적으로 출연금 등의 자산을 지급받아 연구개발비 또는 인력개발비로 지출한 금액

③ 연구전담부서 등 인정이 취소된 경우

2. 인건비 공제대상 해당 여부

연구원 중 주주인 임원으로서 아래에 해당하는 경우 제외합니다.

① 지배주주 등 당해 법인 총발행주식의 100분의 10을 초과하여 소유하는 주주

② ①에 해당하는 자와 특수관계인

연구업무에 종사하는 연구전담요원, 연구보조원, 연구관리직원의 인건비가 공제대상이며, 인건비에는 퇴직금, 퇴직급여충당금 전입액, 퇴직연금 불입액, 연월차수당, 이익처분성과급 등 각종 성과급, 차액 보전형 주식매수선택권, 여비교통비, 복리후생비, 외부에서 위탁받은 연구용역을 수행하는 연구원의 인건비를 제외하며 국민연금 사용자부담금, 건강보험료를 포함합니다.

3. 연구개발비 사전 심사제도

2020년 1월 1일부터 납세자가 신청하는 경우 연구인력개발비 세액공제 적정 여부를 국세청에서 사전에 확인하는 제도를 시행하고 있습니다.

사전 심사받은 내용에 대해서는 신고내용 확인 및 사후관리 대상에서 제외되는 효과가 있습니다.

심사 이후 세무조사 등으로 심사 결과와 다르게 과세되더라도 심사대상에 대한 과소신고가산세는 면제됩니다.

4. 연구인력개발비 세액공제 준비서류

해당 과세연도에 수행한 연구개발 과제별로 연구개발계획서, 연구개발보고서 및 연구노트를 작성하고 해당 과세연도 종료일로부터 5년 동안 보관해야 합니다.

5. 형식적인 기업부설연구소 인증취소 및 세액공제 배제

연구 및 인력개발비 세액공제는 다른 세액공제감면 항목보다 강력한 절세효과가 있어서 많은 기업들이 좋아하는 항목입니다.

연구소 및 개발전담부서의 실재성에 주의해야 합니다.

주의할 점은 형식적으로만 연구소를 설립하고 연구 및 인력개발비 세액공제를 받다가 연구소 실재성이 부인될 경우 세액공제 및 가산세를 추징당하게 됩니다.

또한 연구원이 아닌 일반업무를 담당하는 직원을 연구소 연구원으로 등재하여 세액공제를 받는 경우 연구원의 인건비는 연구인력개발비 세액공제 대상에 해당하지 아니하며, 연구전담요원으로 표기된 해당 연구원들이 접대, 영업업무를 수행한 것으로 보아 쟁점인건비는 연구인력개발비 세액공제 대상에서 배제처분을 받게 됩니다.

현장실사를 통해 연구소, 개발전담부서 지정 취소 등으로 추징사례가 늘고 있습니다.

과세자료 해명요구 세무조사 등에 의하여 곤란함을 겪지 않도록 평소에 철저하게 충분히 검토해야 합니다.

6. 이월공제(감면) 최저한세 농특세

연구 및 인력개발비 세액공제는 다른 세액공제 세액감면과 중복해서 공제가능합니다.

수도권 배제규정이 없으며, 농어촌특별세 비과세 대상입니다.

중소기업의 경우 최저한세 배제대상이며, 일반기업은 최저한세가 적용됩니다.

올해 공제받지 못한 경우 해당 과세연도 다음 과세연도의 개시일부터 5년 이내에 끝나는 각 과세연도에 이월공제 가능합니다.

이월	최저한세	농특세
5년	미적용	비과세

2021년 이후 신고 시 발생된 세액공제는 10년간 이월공제 됩니다.

13

Q 전기오류수정손실 및 전기오류수정이익이 발생한 경우 회계처리 및 세무신고는 어떻게 해야 하나요?(자본 세무 리스크)

A 전기 또는 그 이전에 발생한 오류사항을 당기에 발견하여 당기의 손익 또는 잉여금에 반영하게 됩니다.

1. 전기오류수정이익(손실)

전기오류수정손익: 전기 또는 그 이전 기간의 재무제표를 작성할 때 발생한 회계적 오류를 당기에 발견 시 처리하는 계정과목

전기오류수정이익(손실)은 전기 또는 그 이전에 발생한 회계처리의 오류이므로 전기 또는 이전의 이익 또는 손실에 반영되어야 하지만, 전기 손익계산서를 수정할 수 없으므로 당기의 이익 또는 손실 항목으로 반영하거나 당기의 이익잉여금에 반영하게 됩니다.

2. 전기오류수정이익(손실) 법인세법상 처리방법

기업회계상 전기오류수정이익(손실)이 발생한 경우 법인세법은 권리의무 확정주의에 따라 당해 사업연도 익금불산입 또는 손금불산입 세무조정하고, 당초 귀속 사업연도에 따라 수정신고(경정청구)해야 합니다.

법인이 기업회계기준에 의한 전기오류수정손익을 당해 사업연도의 익금 또는 손금으로 산입한 경우는 당해 사업연도의 소득금액 계산상 익금불산입 또는 손금불산입하여야 하고, 당초의 귀속 사업연도에 따라 수정신고 또는 경정청구하여야 합니다.

전기오류수정손익을 미처분이익잉여금에 반영한 경우에는 그 금액이 순자산의 증감을 초래하는 것이므로 세무상 손익에 해당하므로, 그 금액을 '익금산입(기타), 손금산입(기타)'으로 세무조정한 후 세법에 따라 그 귀속시기를 결정하여야 합니다. 전기오류손익이 당기 손익계산서에 반영되는 경우는 별도의 세무조정이 필요없고, 전기의 익금 또는 손금에 해당되는 경우는 익금불산입(손금불산입) 세무조정을 해야 합니다.

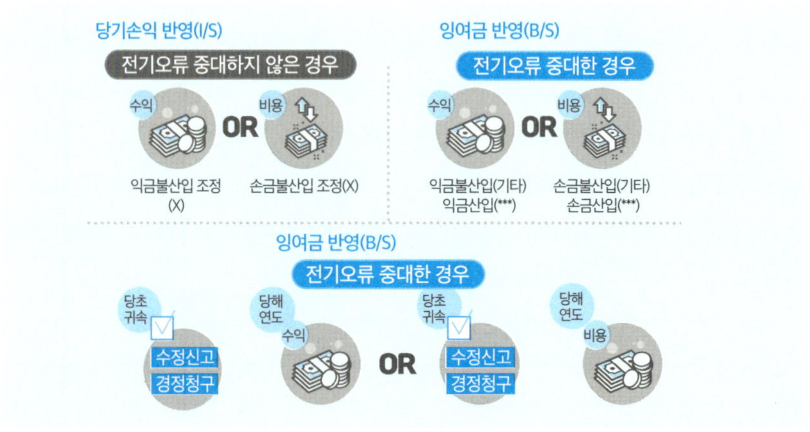

3. 전기오류수정손익과 세무조정

구분	귀속시기	세무조정
전기오류수정이익 (영업외수익)	당기 익금	세무조정 없음
	전기(이전) 익금	익금불산입(△유보 또는 기타)
전기오류수정손실 (영업외비용)	당기 손금	세무조정 없음
	전기(이전) 손금	손금불산입(유보 또는 기타)
전기오류수정이익 (잉여금가산)	당기 익금	익금산입(기타)
	전기(이전) 익금	익금산입(기타)
전기오류수정손실 (잉여금차감)	당기 손금	손금산입(기타)
	전기(이전) 손금	손금산입(기타)

전기오류수정손익의 귀속시기는 손익의 조작을 방지하기 위하여 익금과 손금이 확정된 시기를 귀속시기로 하고 있습니다.

4. 가지급금과 전기오류수정손실

적격증빙 없이 지출한 비용으로 인하여 가지급금이 누적된 경우 전기오류수정손실로 처리함으로써 가지급금을 해결하려는 경우도 있습니다.

세법 중 과세표준의 계산에 관한 규정은 소득, 수익, 재산, 행위 또는 거래의 명칭이나 형식에도 불구하고 그 실질내용에 따라 적용한다는 실질과세의 원칙에 착안하여 가지급금 발생 원인을 자세히 검토하여 전기오류수정손실로 처리하는 것입니다.

이 경우 국세청의 사후검증과정에서 입증이 가능한 수준으로 관련 계약서 등 증빙자료를 최대한 구비하여 전기오류수정손실로 처리하여 법인세 수정신고를 하여야 하며, 이 경우 증빙자료가 미비하거나 없는 경우 2% 증빙불비가산세가 적용됩니다.

5. 건설업 전기오류수정이익(손실)

전기오류수정이익(손실) 발생은 비정상적이기는 하지만 중소기업의 기장 여건상 피할 수 없는 크고 작은 전기오류수정이익(손실)이 발생하고 있는 것이 현실입니다. 금액이 큰 경우 세무서에서 사후검증의 대상이 될 수 있으므로 주의해야 합니다. 기업 신용평가 관점에서도 계속 반복적인 전기오류수정이익(손실)의 재무제표 신뢰성의 중대한 의심 및 분식체크 모형상 등급하락요인이 되므로 주의해야 합니다.

14

Q 건설업 의제배당이란 무엇이고, 주의할 점은 무엇인가요?

A 상법상 법인의 이익배당은 아니지만 법인의 자본거래 등과 관련하여 배당하지 않고 유보하였던 이익이 실질적으로 분배되면 의제배당에 해당됩니다.

1. 의제배당

정규의 이익처분에 의하지 않고 실질적으로 배당과 똑같은 실질적 이익이 주주 또는 출자자에게 돌아가는 경우 배당으로 의제합니다.

주주총회 등 절차에 따른 이익처분에 의하지 않고 실질적으로 배당과 똑같은 이익이 주주에게 돌아가는 경우의 이익배당을 말하며, 세법에서는 배당으로 의제하여 과세합니다.

의제배당은 다음과 같은 경우에 발생합니다.

① 법인의 감자·해산에 의하여 얻어진 감자이익

② 법인이 잉여금의 전부 또는 일부를 전입하는 경우(자본준비금 및 자산재평가 충당금은 제외)

③ 잔여재산분에 따른 차익

④ 기업합병으로 얻는 차익

등 **주주가 받는 이익이 당초 투하한 자본보다 많은 경우 배당으로 보아 과세**합니다.

2. 의제배당 귀속 및 배당소득세 징수 및 납부

세법상 잉여금의 자본금 전입과 주식배당을 원칙적으로 모두 배당으로 의제하지만, 법인세가 과세되지 않은 자본잉여금을 재원으로 하는 것은 의제배당으로 보지 않습니다.

의제배당의 지급시기의제는 주주총회 결의일이 됩니다.

의제배당에 대해서는 배당소득에 대하여 14%, 법인세 및 법인세의 10%를 지방세로 원천징수하여 신고 · 납부해야 합니다.

주주총회 등 절차에 따른 이익처분에 의하지 않고
실질적으로 배당과 똑같이 이익이 주주에게 귀속되는 경우 이익배당
배당소득으로 의제하여 과세

자본거래 시에는 의제배당 해당 여부를 반드시 검토해야 합니다.

구분	자본전입 재원	의제배당 해당 여부
자본잉여금	과세되지 않은 잉여금	의제배당 해당없음
	과세된 잉여금	의제배당
이익잉여금	과세된 잉여금	의제배당

3. 의제배당의 구분

① 잉여금 자본전입으로 인한 의제배당

기업회계상 법인의 잉여금을 자본전입함에 따라 무상으로 주식을 교부받은 경우, 이는 순자산의 변화가 없고 주식 수만 증가한 것이므로 수익으로 보지 않습니다. 그러나 세법은 법인의 잉여금을 자본에 전입함으로써 법인의 잉여금이 주주지분으로 대체된 것이므로 배당소득으로 의제합니다.

건설업의 경우 면허추가 시 등기상 자본금 및 실질자본이 동시에 등록기준 자본금 이상을 충족해야 합니다.

② 자본감소 · 해산으로 인한 의제배당

주식의 소각 또는 자본 감소의 경우 주주 등이 취득하는 금액이 당해 주식 취득금액을 초과하는 경우 초과금액은 법인으로부터의 의제배당에 해당합니다. 이러한 의제배당의 지급시기의제는 자본감소결의일이며, 해산의 경우에는 잔여재산가액 확정일이 됩니다.

구분	의제배당 지급시기
잉여금 자본전입	주주총회 결의일
주식소각 등	감자: 주주총회 결의일 해산: 잔여재산가액 확정일 합병, 분할: 등기일

4. 건설업과 의제배당

건설업의 경우 기존 이익잉여금을 재원으로 증자를 하면서 면허를 추가하는 경우가 자주 있습니다. 이 경우 주의할 점은 잉여금을 재원으로 증자하는 금액만큼 의제배당에 해당하므로 배당소득에 대하여 원천징수 신고하고 납부하여야 합니다.

건설업 면허추가 과정에서 의제배당 여부를 검토하지 않은 채로 추가 재원조달 필요 없이 면허추가가 가능하다는 점만 고려하고 증자를 통한 면허추가 후에 인지하게 되는 경우가 종종 발생합니다.

15

Q 상속세 및 증여세법상 보충적 평가방법으로 비상장주식을 평가하는 경우 주식 평가액이 높게 나오나요?

A 건설업의 경우 과도한 이익잉여금으로 인하여 비상장주식 평가가치가 높게 나옵니다. 주식 양수도 시 평가액에 비하여 일정비율 이상 낮거나 높은 거래가액으로 거래 시 세무상 문제가 발생합니다.

아래의 경우에는 순자산가치로 평가합니다.
① 법인의 청산절차가 진행 중이거나 사업자의 사망 등으로 인하여 사업의 계속이 곤란하다고 인정되는 법인의 주식 등
② 사업개시 전의 법인, 사업개시 후 3년 미만의 법인 또는 휴업·폐업 중인 법인의 주식 등
③ 법인의 자산총액 중 부동산이 차지하는 비중이 100분의 80 이상인 법인의 주식 등
④ 법인의 설립 시 정관에 존속기한이 확정된 법인으로서 평가기준일 현재 잔여 존속기한이 3년 이내인 법인의 주식 등

1. 상속세 및 증여세법에 의한 비상장법인 주식 평가

비상장법인의 주주가 주식을 양도하는 경우 양도가액은 시가로 하여야 합니다. 비상장법인의 경우 매매사례가액이 없는 경우가 대부분이므로 상속세 및 증여세법에 의한 보충적 평가방법에 따른 가액을 시가로 적용하게 됩니다.

2. 비상장주식 보충적 평가방법

① 일반적인 경우

1주당 순손익가치와 1주당 순자산가치를 각각 3과 2의 비율로 가중평균한 가액으로 합니다.

② 부동산과다법인의 경우

법인의 자산총액 중 토지, 건물, 부동산을 취득할 수 있는 권리, 전세권 등이 50%를 초과하는 부동산과다보유법인의 경우에는 1주당 순손익가치와 순자산가치의 비율을 각각 2와 3으로 가중평균한 가액으로 합니다.
다만, 그 가중평균한 가액이 1주당 순자산가치에 100분의 80을 곱한 금액보다 낮은 경우에는 1주당 순자산가치에 100분의 80을 곱한 금액을 비상장주식가액으로 합니다.

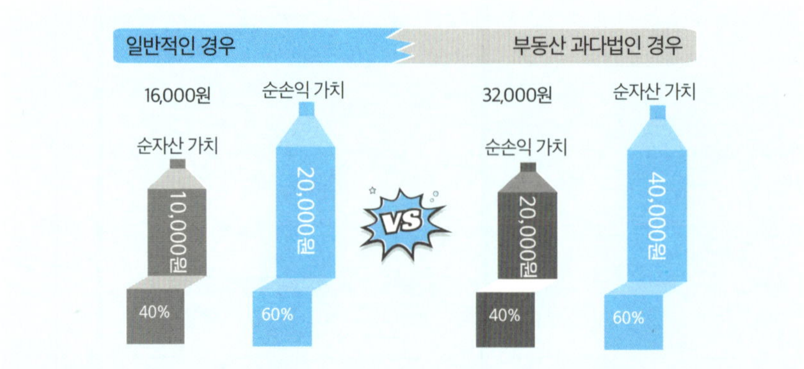

3. 1주당 순자산 가치

1주당 순자산가치란 평가기준일 현재 상증법에 의하여 평가한 자산에서 부채를 차감한 순자산가액을 발행주식수로 나눈 금액으로 합니다.

1주당가액 = 당해법인의 순자산가액 / 발행주식총수

1주당가액
= 당해법인의 순자산가액 / 발행주식총수

평가기준일은 현재시점으로 평가합니다.
기중에 평가를 하는 경우 가결산을 진행하여 평가를 해야 합니다.

4. 1주당 순손익 가치

1주당 순손익가치는 최근 3년간의 순손액의 가중평균액을 순손익가치환원율로 나눈 금액으로 합니다.

① 최근 3년간 순손익액

(가+나+다) / 6

가. 평가기준일 이전 1년이 되는 사업연도의 1주당 순손익액×3

나. 평가기준일 이전 2년이 되는 사업연도의 1주당 순손익액×2

다. 평가기준일 이전 3년이 되는 사업연도의 1주당 순손익액×1

② 순손익가치환원율

이익을 10%로 나누어 현재가치를 환산하여 주식가치에 반영합니다.

순손익가치가 0 이하인 경우 "0"으로 합니다.

순자산가치가 0 이하인 경우 "0"으로 합니다.

5. 기타사항

① 주식평가액의 할증

최대주주 또는 최대출자자 및 그와 특수관계인에 해당하는 주주 또는 출자자의 주식 등에 대해서는 상증법에 의하여 평가한 가액의 100분의 20(중소기업의 경우 100분의 10)을 가산하되, 최대주주 등이 해당 법인의 발행주식총수 등의 100분의 50을 초과하여 보유하는 경우에는 100분의 30(중소기업의 경우 100분의 15)을 가산합니다.

② 사업개시일로부터 3년 미만인 경우

평가기준일이 속하는 사업연도 전 3년 이내의 사업연도부터 계속하여 결손금이 있는 경우 순자산가치로만 계산합니다.

③ 각 사업연도 소득금액이 변동된 경우

세무조사 등으로 변동된 소득금액 기준으로 계산하여야 하며, 법인세로 추징된 세금 및 가산세는 각 사업연도 소득금액에서 차감합니다.

6. 비상장법인 주식평가가 필요한 경우

① 개인주주가 주식을 주주 본인의 특수관계자에게 양도하는 경우 시가 산정

② 법인의 특수관계자가 보유한 주식을 법인이 취득하는 경우

③ 법인이 자기주식을 취득하는 경우

④ 법인이 유상증자나 유상감자 시 기존주주의 지분비율에 의하지 아니하고, 차등 증자 또는 감자하는 경우 주식발행가액 책정

16

Q 자본거래를 활용한 가지급금 상환 방법에는 어떤 것이 있나요?

A 자기주식, 이익소각 등 자본거래를 활용한 가지급금 상환은 컨설팅 세무상 리스크가 매우 높습니다.

1. 자본거래를 활용한 가지급금 상환 솔루션

기업 대표님들이라면 가지급금 관련 고민은 누구에게나 골칫덩어리입니다. 보험회사 등 소위 컨설팅을 표방하는 업체들이 자본거래를 통하여 손쉽게 가지급금 문제를 해결할 수 있다고 광고와 영업을 통해서 접근하지만, 과세관청에서 자본거래를 통한 가지급금 상환은 실질과세 원칙에 비추어 정당하지 않고 상법상 요건 미비 등 사유로 과세처분을 하고 대법원에서도 결국 대부분 패소하는 사례가 많기 때문에 각별히 주의해야 합니다.

상법을 위반한 자기주식 취득은 업무무관가지급금에 해당합니다.

법인이 상법 및 기타의 법률에서 자기주식의 취득을 예외적으로 허용하는 경우 외에 자기의 계산으로 자기주식을 취득함으로써 해당 자기주식 취득행위가 상법에 위반되어 무효에 해당하는 경우 해당 법인이 특수관계자인 주주에게 자기주식 취득대금으로 지급한 금액은 법률상 원인 없이 지급된 것으로서 이를 정당한 사유 없이 회수하지 않거나 회수를 지연한 때에는 가지급금으로 보게 됩니다.

구분	항목	비고
자본거래	자기주식	대표자의 주식을 회사에 양도한 재원으로 상환
	이익소각	잉여금을 재원으로 감자 대가를 재원으로 상환
	차등배당	대주주가 포기한 배당을 다른 주주가 배당 수령

2. 자기주식을 활용한 가지급금 상환

자기주식이란 회사가 발행한 주식을 일정한 목적으로 그 회사가 다시 취득하는 것을 말합니다. 당해 법인이 취득한 자기주식을 당초 목적에 맞지 않게 장기 보유하는 경우 과세당국에서는 자기주식 취득 목적이 특정 주주에게 자금을 대여하기 위함이었다고 해석하여 자기주식 취득 자체를 무효 처분할 가능성이 높습니다.
조건이 조금이라도 맞지 않으면 활용하지 않는 것이 더 나을 정도로 부작용이 큽니다. 개정상법에서 비상장법인의 자기주식 취득을 배당가능이익 범위 내에서 주주총회 등의 결의만으로 그 취득을 허용하였다 하더라도 비상장법인은 자기주식 취득의 정당한 사유가 명확하지 않은 경우 자기주식을 취득하지 않는 것이 세무 리스크를 예방할 수 있으므로 자기주식 취득을 통한 세금절세 방안은 추천하지 않습니다.

① 자사주 취득목적
② 객관적이고 공정한 주식가치 평가
③ 주주총회(이사회)결의
④ 배당가능이익 등 상법과 세법을 면밀히 검토

3. 이익소각을 활용한 가지급금 상환

이익소각이란 주주와 기업이 주식매매 계약을 체결하고 기업의 잉여금을 재원으로 주식을 매입하여 소각(감자)하는 것을 말합니다.

이익소각을 통해 가지급금도 정리하고, 과다한 이익잉여금으로 인한 비상장주식 고평가 문제를 해결하고 주식이동의 부담을 덜 수 있다는 장점도 있지만 금액이 크고 지속적인 이익소각은 과세당국의 의심을 받을 수 있습니다.

조사과정에서 무효화될 경우 막대한 세금부담으로 이어질 수도 있다는 위험성을 반드시 고려해야 합니다.

배우자 증여공제를 통한 비상장 주식 증여 후 이익소각 건에 관하여 과세관청에서는 실질과세의 원칙을 적용하여 이익소각 거래를 발행법인의 이익잉여금을 조세부담을 회피하여 인출하는 것으로 보아 이익소각으로 수취하는 대가와 주식가액의 차액을 의제배당으로 보아 과세처분하였습니다.

이익소각:
회사가 발행한 주식을 주주와 회사 간 주식매매 계약을 체결하고, 기업이 보유 중인 이익잉여금을 주식 취득대금으로 지급하고, 매입한 주식을 일정기간 내에 소각하는 것을 말합니다.
자본금을 유상감자가 한 것이 아니고 이익잉여금으로 소각한 것이므로 법정 자본금에는 변동이 없고 이익잉여금만 감소합니다.

4. 차등배당을 활용한 가지급금 상환

차등배당이란 주주평등의 원칙에 따라 동일하게 배당을 받지 않고 대주주 스스로가 배당을 포기하고, 포기된 만큼 다른 주주들에게 더 많은 비율로 배당을 하는 것을 말합니다.

차등배당은 가지급금 해결 외에도 대주주인 대표자의 배당분을 포기함으로써 배우자, 자녀 등 소액주주에게 증여를 도모하는 절세방안입니다.

대주주의 종합소득세 한계세율이 높은 경우, 기업이윤이 적정수준에 못 미치는 경우, 자녀에게 일부 이익을 증여하기 위한 경우 이 방법을 실무에서 활용하는 사례가 늘고 있지만 특수관계가 있는 주주 간 차등배당으로 자기지분을 초과하여 배당받은 부분에 대해서는 증여세가 과세되며, 증여세가 소득세를 초과하는 경우는 초과분에 대하여 증여세가 과세되므로 세무전문가와 상의하여 신중하게 결정해야 합니다.

자본거래를 활용한 가지급금 상환은 세무상 리스크가 매우 큽니다.
실행을 하더라도 반드시 전문가와 상의하여 면밀히 검토 후 실행하고 향후 발생할 리스크 가능성을 배제하면 안됩니다.

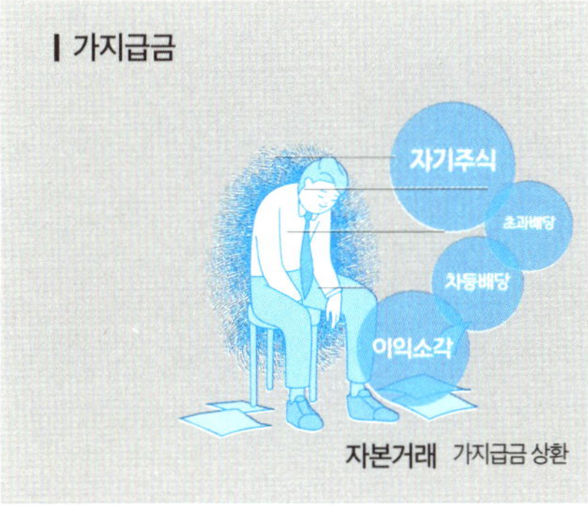

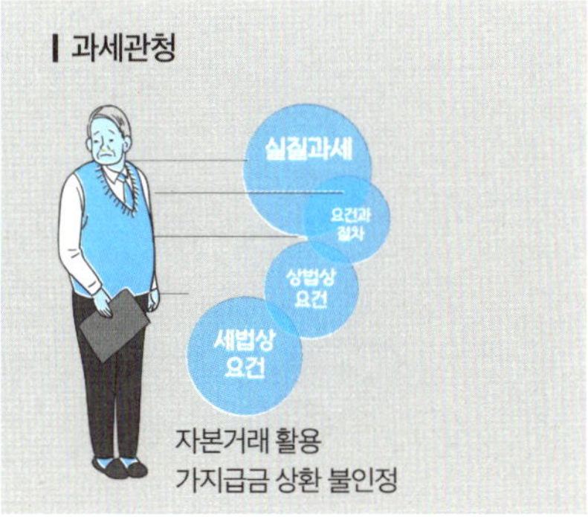

17

Q 대표자 소득을 활용한 가지급금 해결방법은 어떤 것이 있나요?

A 급여 · 상여 및 퇴직금 중간정산 등 대표자의 소득 및 주주 배당을 통하여 가지급금 상환 재원을 마련하여 가지급금을 줄여야 합니다.

1. 대표자의 소득을 활용한 가지급금의 해결

법인의 가지급금이 계속 증가하는 이유는 소득세 및 4대보험 부담으로 인하여 대표자의 급여나 상여를 너무 적게 책정해 놓은 것이 근본적인 원인 중 하나입니다. 세무적으로 가장 안전하고 확실한 가지급금 해결방법 중 하나는 대표자의 급여나 상여, 퇴직금 또는 배당금을 재원으로 상환하는 것이지만 조세부담으로 인하여 부담스러워하는 것이 현실입니다.

구분	항목	비고
소득발생	급여·상여	대표자 적정 급여·상여를 재원으로 상환
	배당	주주 배당금을 재원으로 상환
	퇴직금	퇴직금(중간정산금)을 재원으로 상환

2. 대표자 적정 급여 및 상여

건설업의 경우 리베이트 등 타산업에 비하여 가지급금 발생요인이 많고, 세무상 불이익뿐만 아니라 실태조사와 신용평가에서 큰 불이익을 받게 됩니다.

대표자의 급여를 너무 적게 설정하면 결국 가지급금 증가로 이어집니다.
회사의 재무상황과 대표자 생활수준 및 퇴직금 등 은퇴자금 등을 종합적으로 고려하여 적정 급여를 산출해야 합니다.
당장 소득세 및 4대보험 부담을 회피하고 보자는 낮은 급여보다는 적정 급여를 지급하는 것이 장기적으로 합리적입니다.

3. 배당을 활용한 가지급금 상환

급여나 상여를 계속 확대하기에는 세부담 면에서 한계가 있으므로, 배당을 활용하는 것이 필요합니다.

2,000만 원 이하 배당소득은 15.4%의 원천징수로 세금납부가 종결됩니다.

추가적인 배당으로 차등배당을 고려해볼 수도 있습니다.

법인의 배당은 주주가 보유한 주식 보유비율에 따라 균등배당함을 원칙으로 하지만, 균등비율을 초과하는 초과배당도 가능합니다.

배당을 위한 상법상의 요건인 배당가능이익과 주주총회의 승인을 거쳐 초과배당을 하는 경우 대주주가 자발적으로 배당받을 권리를 포기하거나 양보하는 등의 차등배당은 유효하다는 것이 대법원의 입장입니다.

상법상 관점도 이익배당은 주식평등 원칙에 따라 소유주식 수에 비례하여 지급되어야 하지만, 정관규정에 의하여 차등배당이 가능하다는 입장입니다.

그러나 이익을 증여하기 위한 경우 이 방법을 실무에서 활용하는 사례가 늘고 있지만 특수관계가 있는 주주 간 차등배당으로 자기지분을 초과하여 배당받은 부분에 대해서는 증여세가 과세되므로 전문가와 상의하여 신중하게 결정해야 합니다.

4. 퇴직금을 활용한 가지급금의 해결

법인 임원 퇴직금에 관한 정관 규정이 있는 경우, 정관에 정해진 금액을 초과한 금액은 손금불산입됩니다.

정관에 퇴직금 규정이 없다면 임원 퇴직 직전 1년간 소급하여 지급한 총급여액(비과세소득 제외)의 10분의 1에 상당하는 금액에 근속연수를 곱한 금액을 임원 퇴직금 한도액으로 합니다.

정관에 따로 퇴직금 지급규정이 있다 하더라도 세법 개정으로 인하여 임원퇴직금 지급배수는 3배수에서 2배수로 한도가 축소되었습니다. 또한 **퇴직금 중간정산은 아래에 해당되는 세법에서 허용하는 경우에만 가능**합니다.

① 무주택자인 근로자가 근로자 본인 명의로 주택을 구입하거나 주거를 목적으로 전세보증금을 부담하는 경우

② 근로자 본인이나 배우자, 부양가족이 질병이나 부상에 의하여 6개월 이상 요양이 필요한 경우

③ 채무자회생및파산에관한법률에 따라 파산선고나 개인회생 절차 개시 결정을 받은 경우

④ 임금피크제를 실시하는 경우

⑤ 근로자 또는 부양가족이 천재지변이나 이에 준하는 재해로 피해를 입은 경우

무보수 임원에 대한 퇴직금은 주총에서 의결된 임원퇴직금지급규정에 따라 퇴직금을 지급하는 경우 소득구분은 주총 의결 및 지급규정 의결내용 등이 정당한 경우에 한하여 퇴직소득에 해당하며, 이에 해당하는지 여부는 사실판단 사항입니다.

18

Q 대표자 개인자산을 활용한 가지급금 해결방법은 어떤 것이 있나요?

A 대표자 개인 특허권 등 개인자산의 법인 양도를 활용하여 가지급금 해결을 고려해볼 수 있습니다.

1. 대표자의 자산을 활용한 가지급금의 해결

가지급금: 기장이나 계정과목 등 그 명칭 여하에 관계없이 해당 법인의 업무와 관련이 없는 자금 대여액

대표자가 소유한 부동산, 산업재산권 등을 회사에 양도함으로써 발생한 현금으로, 가지급금을 상환하는 방법을 고려해볼 수 있습니다.

법인의 가지급금이 계속 증가하는 이유는 소득세 및 4대보험 부담으로 인하여 대표자의 급여나 상여를 너무 적게 책정해 놓은 것이 원인이기도 합니다.

대표자가 회사에 양도할 개인 자산이 있는 경우에 활용 가능한 방안이며, 부동산의 경우 비업무용 부동산 여부 및 산업재산권의 경우 실질자산 인정 여부 등을 종합적으로 검토하여 실행이 이루어져야 합니다.

구분	항목	비고
소득발생	부동산	대표자의 소유 부동산을 회사에 양도한 재원으로 상환
	산업재산권	대표자 소유 산업재산권을 회사에 양도한 재원으로 상환

2. 대표자 보유 부동산의 법인 양도

대표이사로부터 부동산을 고가 양수하는 경우 부당행위계산부인 규정을 검토해야 합니다.

대표자가 보유한 부동산을 법인에 양도하고 발생한 재원으로 가지급금을 상환하는 경우 대표자 양도소득세 및 법인 취득세 그리고 법인의 비업무용 부동산 여부를 검토해야 합니다. 이러한 방법으로 가지급금을 해결하는 경우 세무 리스크는 없지만, 양도소득세 및 취득세 부담 그리고 대표자가 보유한 부동산을 법인에 매각하는 결정은 실행하기 어려운 것이 현실입니다.

① 대표자 개인 양도소득세
② 특수관계자 부당행위계산부인(고가양도)
③ 법인 비업무용 부동산 해당 여부
④ 과점주주 취득세
⑤ 수도권과밀억제권역 이내 지역 부동산 취득세 중과세
⑥ 법인 종합부동산세
⑦ 토지 등 양도소득 법인세 추가과세
⑧ 부동산 과다법인 비상장주식 평가 고가평가 가능성
⑨ 농지취득자격증명원이 없으면 농지 취득불가

3. 특수관계인의 범위

구분	세법	법령규정
부당행위계산부인	법인세법	법인세법 제2조, 법인세법 시행령 제2조
부당행위계산부인	소득세법	소득세법 시행령 제98조
증여세과세	상증법	상증법 제2조, 상증법 시행령 제2조의2
기타	국기법	국기법 제2조

가지급금을 해결하기 위하여 여러 가지 방법을 생각해볼 수 있지만 가지급금 발생원인 등 성격과 상법 및 세법상 요건과 절차 등을 면밀히 검토하여야 하며 절차와 규정을 어기게 되는 경우 과세관청이 부인하게 된다는 점을 유념해야 합니다.

4. 대표자 보유 산업재산권의 법인 양도

산업재산권이란 상표권, 실용신안권 특허권을 말합니다.
기업진단지침상 무형자산은 실질자산으로 인정되지 않지만, 아래 요건을 갖춘 산업재산권의 경우 실질자산으로 평정합니다.

① 건설사업과 직접 관련하여 외부로부터 취득한 산업재산권
② 외부로부터 취득한 출금증빙을 갖출 것
③ 감정평가 등으로 객관적이고 합리적인 평가액을 입증할 것

따라서 대표자가 보유한 특허권을 감정평가를 받은 후 법인에 양도하고 그 대가를 재원으로 가지급금을 상환하는 경우 법인이 취득한 특허권에 대하여 실질자산을 인정받고 가지급금도 상환할 수 있다는 장점이 있습니다.
그러나 특허권 양도 과정에서 절차 및 법령상 요건 등 미비의 경우 과세관청이 이를 부인할 수 있으니 각별히 주의해야 합니다.

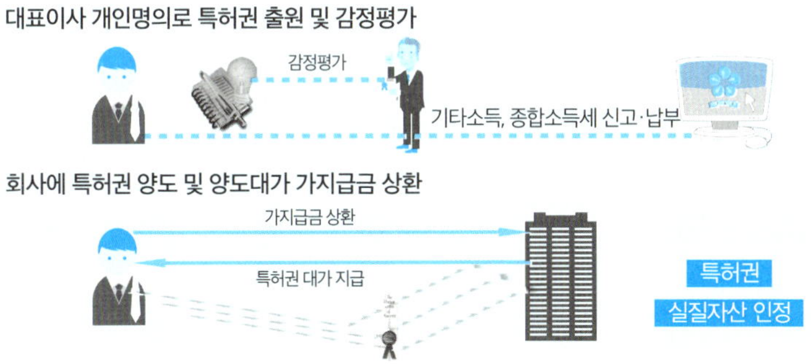

특허권 등 산업재산권을 취득하기 위하여 연구, 개발, 등록에 소요된 비용(원가)을 신뢰성 있게 측정할 수 있고 미래 경제적 효익이 기업에 유입될 가능성이 높은 경우 특허권 등 무형자산으로 인식할 수 있습니다. 기업회계기준상 무형자산 인식기준을 갖추지 못한 경우 자산으로 인식할 수 없고 당기 비용으로 처리해야 합니다. 회사가 내부 창출한 무형자산은 자산으로 계상하지 못하고 비용처리할 수 밖에 없습니다.

19

Q 법인계약을 활용한 보험은 기업이나 대표이사에게 유리한가요?

A 법인의 임직원 등을 피보험자로 하여 보장성보험 등을 법인을 계약자로 하여 가입가능하며, 보험료도 손금으로 인정받을 수 있습니다.

1. 법인 보험계약의 활용(CEO플랜)

보장성보험 보험사고 발생 시 받는 보험금은 영업외 수익으로 처리합니다.

법인의 임직원 등을 피보험자로 하여 보장성보험 등을 법인을 계약자로 하여 가입할 수 있으며, 보험의 계약자와 수익자가 법인이면 손금에 산입할 수 있습니다. **수익자가 임원인 경우로서 정관, 주주총회 또는 이사회 결의에 의해 결정된 급여지급기준금액을 초과하는 경우 손금불산입하고 상여로 처분**됩니다.

저축성보험 만기(중도해지) 시 수령하는 보험금은 장부상금액을 초과하는 금액은 영업외수익으로, 장부상금액에 미달하는 경우는 영업외손실로 처리합니다.

2. 임직원을 피보험자로 하고 수익자를 법인으로 하는 보험

법인이 가입하는 대부분의 보험은 임직원을 피보험자로 하고, 보험사고 발생 시 수익자를 법인으로 하는 보험으로서 이러한 보장성보험료는 법인의 비용으로 하고 저축성보험료는 장기성 예금 등 자산으로 처리합니다.

업무와 관련한 보험사고로 발생한 보험금은 법인의 수익으로 계상하고 임직원에게 지급하는 경우 비과세 근로소득으로 처리합니다.
업무와 무관한 보험사고의 경우, 과세되는 근로소득으로 합니다.

① 저축성보험

만기 이자수익 등을 목적으로 불입하는 저축성보험은 은행의 정기적금과 유사한 금융상품으로서, 수익자가 법인인 경우 보험예치금으로 처리하거나 장기성예금으로 처리합니다. 수익자가 법인이 아니고 임직원인 경우 해당 임직원에 대한 급여로 처리하여야 합니다. 임원이 피보험자 또는 수익자인 경우 법인이 납입한 보험료 중 정관, 주주총회 또는 이사회 결의에 의해 결정된 급여지급기준을 초과하는 금액은 손금으로 인정되지 않고 임원에 대한 상여로 처분됩니다.

법인을 계약자 및 수익자로 하고 임원을 피보험자로 하는 만기환급금이 없는 보험에 가입하여 보험료를 불입하던 중 당해 임원의 퇴직 등의 사유로 그 보험계약의 수익자를 그 임원으로 변경하는 경우 법인이 보험계약에 따라 기 불입한 보험료 상당액은 그 임원의 근로소득에 해당합니다.

이 경우 근로소득의 수입시기 및 지급시기는 당해 보험계약의 계약자 및 수익자가 임원으로 변경되는 날이 됩니다.

② 보장성보험

보장성보험료는 보험료 등 법인의 손금으로 처리합니다.

단, 수익자가 임직원인 경우 해당 임직원에 대한 급여로 처리하게 됩니다.

③ 보장성+저축성보험

법인 임직원의 업무상 재해 및 사망을 보험금 지급사유로 하고 당해 법인을 수익자로 하여 만기 시에 일정액을 환급받는 보험에 가입하고, 보험료를 불입하는 경우 보험료 불입금액 중 저축성보험료 상당액은 자산 항목인 장기성예금 등의 계정과목으로 처리하고 기타의 부분은 보험료로 처리합니다.

④ 종신보험

임원을 피보험자로 하고 수익자를 법인으로 하는 만기환급금이 없는 종신보험에 불입한 금액이 법인의 손금에 산입할 수 있는지 여부는 세법에 명확히 규정한 바가 없어 과세관청의 판단 또는 사실관계 등에 따라 달라질 수 있습니다.

계약자	피보험자	수익자	세무처리
법인	임원	법인	자산 계상, 비계상
법인	종업원	임원	피보험자 급여 손금산입 급여기준 초과분 손금불산입 상여
법인	종업원	법인	피보험자 급여 손금산입 급여기준 초과분 손금불산입 상여
법인		종업원	피보험자 급여 손금산입

3. 직원을 피보험자로 하고 수익자가 직원인 보험

법인이 납입한 보험료는 종업원의 과세대상 급여로 보아 손금산입합니다.

단, 근로소득에서 제외되는 단체순수보장성보험 등 불입액은 비과세되는 근로소득에 해당합니다.

단체보장성보험 수령 시 익금에 산입하고 유가족 등에게 사망위로금 등으로 지급하는 때 손금에 산입합니다.

4. 임원을 피보험자로 하고 수익자가 임원인 보험

정관, 주주총회 또는 이사회 결의에 의해 결정된 급여지급기준 이내의 금액은 보험료는 손금산입하고 상여로 처분합니다.

급여지급기준을 초과하는 금액은 손금불산입하고 상여처분합니다.

20

Q 건설업 토지등 양도소득에 대한 법인세 추가과세란 무엇인가요?

A 법인의 양도소득 중 비사업용토지, 주택(분양권, 입주권 포함)의 양도차익에 대해서는 별도로 법인세를 추가 과세합니다.

토지의 소유자·소재지·이용상황·보유기간 및 면적 등을 고려하여 법인의 업무와 직접 관련이 있다고 인정할 만한 상당한 이유가 있는 목장용지로서 대통령령으로 정하는 것은 제외합니다.

1. 토지등 양도소득에 대한 법인세

내국법인이 토지, 건물(건물에 부속된 시설물과 구축물을 포함한다), 주택을 취득하기 위한 권리로서 분양권, 입주권을 양도한 경우에는 토지등 양도소득에 대한 법인세로 하여 법인세액에 추가하여 납부하여야 합니다.

2. 비사업용 토지

비사업용 토지란 토지를 소유하는 기간 중 대통령령으로 정하는 기간 동안 다음 각호의 어느 하나에 해당하는 토지를 말합니다.

① 논밭 및 과수원(이하 이 조에서 "농지"라 한다)

② 임야

③ 목장용지

④ 주택 부속토지 중 주택이 정착된 면적에 지역별로 대통령령으로 정하는 배율을 곱하여 산정한 면적을 초과하는 토지

⑤ 별장의 부속토지

⑥ 그 밖에 위와 유사한 토지로서 법인의 업무와 직접 관련이 없다고 인정할 만한 상당한 이유가 있는 토지

3. 비업무용 부동산 VS 비사업용 토지

지급이자 손금불산입 대상이 되는 비업무용 부동산과 비사업용 토지는 개념이 상이합니다.

부동산매매업이 보유한 토지등은 나대지라 하더라도 업무용 부동산에 해당되어 지급이자 손금불산입 대상에서 제외되지만, 비사업용 토지에 해당되어 토지등 양도소득에 대한 법인세 과세대상입니다.

토지를 취득한 후 법령에 따라 사용이 금지되거나 토지 대물변제 등 부득이한 사유가 있어서 비사업용 토지에 해당되는 경우에는 비사업용 토지로 보지 않을 수 있습니다.

4. 토지등 양도소득 계산방법

양도차익 = 실지양도가액 – 양도당시 장부가액
양도가액 = 취득가액 – 감가상각누계액

법인 부동산의 양도차익은 개인 양도세 계산과 달리 장기보유특별공제, 양도소득기본공제, 예정신고 및 부동산 매매업자 예정신고 제도가 없습니다.
자산별 양도차익과 차손을 계산한 후 각 사업연도 소득에 대한 법인세 계산 시 전체를 통산하여 계산합니다.
고정자산 양도차익은 감면대상소득이 아니므로 중소기업특별감면, 창업중소기업감면 등 감면 적용 시 양도차익은 소득금액에서 제외하여 산출세액을 재계산하여 감면세액을 적용합니다.

5. 세율

비사업용 토지와 주택에 대해서는 10% 세율이 적용(2020년까지)됩니다.
2021년부터 주택 및 분양권, 입주권에 대해서는 20% 세율이 적용됩니다.

구분	2020년까지	2021년 이후
비사업용 토지	10%	10%
미등기 토지	40%	40%
주택	10%	20%(분양권, 입주권 포함)

청산소득 법인세는 비영리법인은 과세대상이 아니지만, 토지등 양도소득에 대한 법인세는 비영리법인도 과세대상에 해당됩니다.

6. 신고방법 감면 및 가산세

토지 등 양도소득에 대한 법인세 추가 납부는 각 사업연도 소득에 대한 법인세와 별도로 추가 납부하는 것입니다.
따라서 각 사업연도의 소득에 대한 결손이 발생한 경우에도 토지등 양도소득이 있는 경우 법인세를 추가로 납부하여야 하며, 전기 이월 결손금을 당기 양도차익과 통산할 수 없습니다.
토지등 양도소득에 대한 법인세 계산은 법인세과세표준 및 세액조정계산서에 작성하는 것이며, 별도의 서식은 없으므로 소득금액 계산내역을 별도로 작성하여 첨부하게 됩니다.
내국법인이 법정신고기한까지 법인세법에 따른 각 사업연도 소득에 대한 법인세 과세표준 신고서는 제출하였으나 동 신고서에 토지등 양도소득과 그에 대한 법인세를 기재하지 아니한 경우에는 신고불성실 및 납부불성실가산세가 적용됨에 유의해야 합니다.

21

Q 법인세 가산세 어떤 점들을 주의해야 하나요?

A 세무신고에 대한 오류, 착오 등이 있는 경우 과세관청에서 사후검증 또는 세무조사를 통하여 본세 및 가산세를 부과하기 전 사전적으로 수정신고 등을 통하여 세무 리스크를 빠르게 해결하는 것이 좋습니다.

1. 신고관련 가산세

구분	가산세 계산
무신고	Max(부당 무신고납부세액×40%, 수입금액×0.14%) Max(일반 무신고납부세액×20%, 수입금액×0.07%)
과소신고 초과환급	Max(부당 과소신고납부세액×40%, 수입금액×0.14%) 일반 과소신고납부세액×10%
납부 불성실	미납세액(초과환급세액)×경과일수×2.5/10,000

2. 무기장 가산세

구분	가산세 계산
기장의무 불이행	Max(산출세액×20%, 수입금액×0.07%)

3.제출 불성실가산세

부정(부당)행위로 무(과소)신고한 경우로서 부정행위란 조세의 부과와 징수를 불가능하게 하거나 현저히 곤란하게 하는 적극적 행위를 말합니다.

구분	가산세 계산
지급명세서	미제출·불분명 기재금액×1%(3개월 이내 0.5%)
간이지급명세서	미제출·불분명 기재금액×0.5%(3개월 이내 0.25%)
주식 변동	주식변동사항 미제출·누락제출·불분명 주식 액면가액×1%
주주 명세	주주등 명세서 미제출·누락제출·불분명 주식 액면가액×1%
성실신고확인서	성실신고확인서 미제출 시 산출세액의 5%

4. 적격증빙 미수취

구분	가산세 계산
적격증빙 미수취	적격증빙 미수취 또는 사실과 다른 증빙 수취 금액×2%

5. 계산서 등 제출 불성실

구분	가산세 계산
미발급 등	미발급·가공발급·위장발급·가공수취·위장수취 공급가액×2%
지연발급	지연발급 공급가액×1%
종이발급	전자계산서 발행 법인이 종이계산서 발행금액×1%
불분명	불분명 공급가액×1%
합계표 미제출	계산서 합계표 미제출(불분명) 공급가액×0.5%
지연전송	전자계산서 지연전송 공급가액×0.3%
미전송	전자계산서 미전송 공급가액×0.5%

6. 발급 불성실

구분	가산세 계산
신용카드 매출전표	발급거부 및 사실과 다르게 발급한 금액×0.5%
현금 영수증	미가맹: 수입금액×1%(미가맹일수 비율) 발급거부: 거부금액×5% 미발급: 미발급금액×20%

7. 기부금 불성실

구분	가산세 계산
영수증 발급	기부금액불성실 및 기부자불성실: 발급금액×5% 기부자별 발급내역 미작성 및 미보관 금액×0.2%

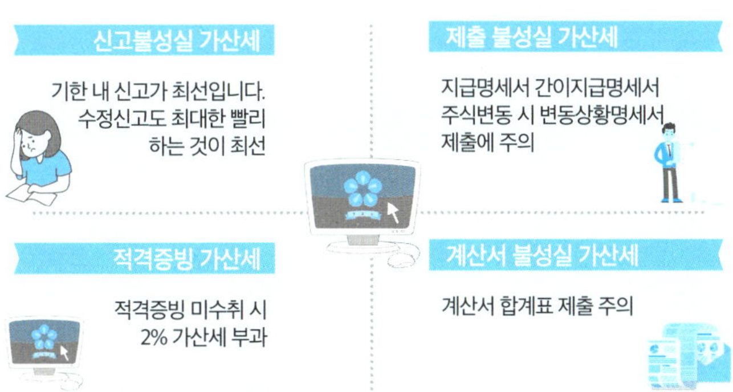

무신고 또는 미제출의 경우에는 무조건 최대한 빨리 신고(제출)해야 가산세를 감면받을 수 있습니다. 신고내용의 오류가 발견되어 수정신고하는 경우도 마찬가지입니다.

2장

부가세 Check Point

01

Q 완성도기준지급조건부 재화·용역의 공급 세금계산서 발행은 어떻게 해야 맞나요?

A 건설용역의 제공이 완료되기 전에 용역의 완성도에 따라 완성비율만큼 대가를 지급하기로 한 계약에 의한 공급을 말합니다.

1. 완성도기준지급조건부 세금계산서 공급시기(작성일자)

세금계산서 적성일자는 재화나 용역의 공급시기를 말합니다.

완성도기준지급조건에 의한 용역의 공급은 당해 용역의 제공이 완료되기 전에 용역의 완성도에 따라 그 완성비율만큼 대가를 지급하기로 한 계약에 의한 공급을 말합니다. 대부분의 건설공사 기성금 청구방식에 의한 경우가 완성도기준지급조건부에 해당합니다. 완성도기준지급조건부의 경우 기성금을 청구하고 확정되어 **대가를 받기로 한 때를 공급시기로 하여 교부**하게 됩니다.

2. 완성도기준지급조건부 건설용역

대가의 지급시기가 정하여지지 않은 경우는 용역제공완료일을 공급시기로 합니다.

완성도기준지급조건부 또는 중간지급조건부에 해당하지 않는 용역 공급의 경우 용역 제공완료일을 공급시기로 합니다.

다음의 조건을 충족하는 경우 완성도기준지급조건부 건설용역에 해당합니다.

① 대가의 수령방법은 건설공사의 완성도에 따라 대가를 분할수령합니다.

② 대가 지급시기는 도급계약서에 정합니다.

③ 공사기간 또는 계약기간 등 기간요건은 없습니다.

예를 들어 기성금 청구는 월 1회이며 지급 약정 시기는 목적물 수령일로부터 30일 이내인 경우 6월 말일에 기성금을 청구하고 7월 15일 수령한 후 세금계산서를 발행한 경우 올바른 세금계산서입니다. 반대로 지급약정일 7월 30일을 넘겨서 8월 10일 기성금을 수령하고 이 날짜로 세금계산서를 발행한 경우는 잘못 발급된 세금계산서로써 당초 약정일인 7월 30일을 작성일자로 세금계산서를 발행해야 합니다.

따라서 **실무에서 지급하기로 약정한 시기를 경과해서 대금을 수령한 경우 본래의 약정한 시기를 해당일자로 세금계산서를 발급해야 함을 주의**해야 합니다.

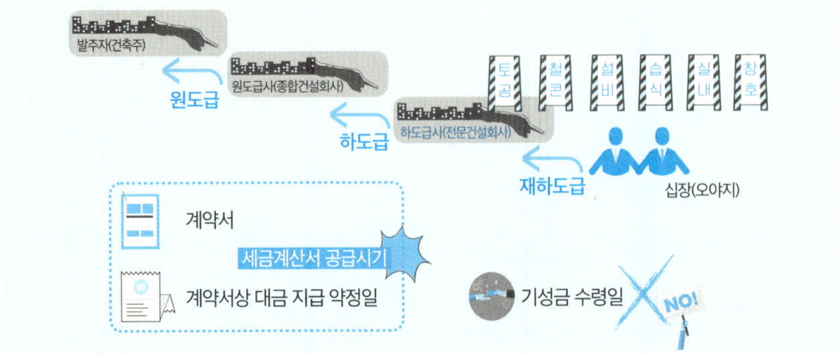

3. 완성도기준지급조건부 세부적용 기준

① 기성금 청구 및 수령

사업자가 완성도기준지급 또는 중간지급조건부 건설용역의 공급계약서상 특정 내용에 따라 **해당 건설용역에 대하여 검사를 거쳐 대가의 각 부분의 지급이 확정되는 경우에는 검사 후 대가의 지급이 확정되는 때를 그 공급시기**로 봅니다. 기성부분에 대한 대가를 기성고 확정일로부터 약정된 날까지 지급받지 못한 때에는 그 약정일의 종료일이 됩니다.

전자세금계산서 발급기한은 공급시기가 속하는 달의 다음 달 10일까지입니다.

② 준공금 청구 및 수령

완성도기준지급조건부로 건설용역을 공급함에 있어 당사자의 약정에 의하여 **준공검사일 이후 잔금을 받기로 한 경우 해당 잔금에 대한 공급시기는 건설용역의 제공이 완료되는 때로** 합니다.

③ 법원 소송 중인 경우

완성도기준지급조건부로 건설용역을 공급하면서 당사자 간 기성금 등에 대한 다툼이 있어 **법원의 판결에 의하여 대가가 확정되는 경우 해당 건설용역의 공급시기는 법원의 판결에 의하여 대가가 확정되는 때**로 합니다.

주의할 점은 중간지급조건부와 달리 계약금을 지급하기로 한 날로부터 잔금을 지급하기로 한 날까지의 기간이 6월 미만인 경우에도 용역의 제공이 완료되기 전에 완성도에 따라 그 완성비율에 해당하는 대가를 받기로 한 경우에는 완성도기준지급조건부에 해당합니다.

4. 중간지급조건부에서 완성도기준지급조건부로 변경된 경우

당초 용역공급계약이 중간지급조건부에 해당하지 아니하여 계약금에 대하여 선발행 세금계산서를 교부하고, 이후 당사자 간 계약조건을 변경하여 중간지급조건부 계약으로 변경된 경우 변경계약일 이후에는 변경된 계약에 의하여 대가(중도금, 잔금)의 각 부분을 받기로 한 때를 각각 공급시기로 하여 세금계산서를 교부해야 합니다.

선급금을 실제로 수령한 경우 선발행 세금계산서 발행 가능합니다.
이후 기성금 발행 시 선급금 정산금액만큼 차감한 금액을 발행하게 됩니다.

선발행 세금계산서를 발행하지 않은 경우는 기성금을 수령하는 때 발행하게 됩니다.

02

Q 중간지급조건부 재화·용역의 공급 세금계산서 발행은 어떻게 해야 맞나요?

A 중간지급조건부에 해당하는 경우에는 대가의 각 부분을 받기로 한 때가 공급시기에 해당하므로, 대가 수령 약정일을 공급시기로 하여 세금계산서를 교부해야 합니다.

대가의 지급시기가 정하여지지 않은 경우는 용역 제공완료일을 공급시기로 하고, 제공완료일이 불분명한 경우 준공검사일로 합니다.

완성도기준지급조건부 또는 중간지급조건부에 해당하지 않는 용역 공급의 경우 용역 제공완료일을 공급시기로 합니다.

중간지급조건부의 경우 대가의 각 부분을 받기로 한 때에 대가를 수령하지 못한 경우에도 부가가치세법상 공급시기는 변동이 없는 것입니다.

1. 중간지급조건부 세금계산서 공급시기(작성일자)

중간지급조건부에 해당하는 경우에는 대가의 각 부분을 받기로 한 때가 공급시기에 해당하므로, **대가 수령 약정일을 공급시기로 하여 세금계산서를 교부**해야 합니다.

2. 중간지급조건부 건설용역

다음의 조건을 충족하는 경우 중간지급조건부 건설용역에 해당합니다.

① 대가의 수령방법은 계약금 이외의 대가를 분할하여 수령하여야 합니다. 계약금, 중도금, 잔금 등의 지급 형태가 해당합니다.

② 대가지급에 대해서는 계약서에 지급일자 또는 지급조건이 명시되어 있어야 합니다.

③ 계약기간은 6개월 이상이어야 하며, 이는 계약금을 받기로 한 날 다음날부터 용역제공 완료일까지의 기간이 6개월 이상인 경우여야 합니다.

여기서 주의할 점은 **대금 지급시기나 지급액의 약정이 없는 경우는 중간지급조건부에 해당하지 않습니다.**

예를 들어 계약금 지급이 1월 1일 1억 원, 중도금 지급이 4월 30일 3억 원, 잔금 지급이 7월 31일 3억 원으로 정하여진 경우 중간지급조건부에 해당하며, 대가의 수령 여부와 무관하게 계약서상 지급 약정일을 공급시기로 세금계산서를 발행해야 합니다.

3. 중간지급조건부에서 계약이 변경된 경우

중간지급조건부로 건설용역의 공급계약을 체결하였으나 그 내용이 변경된 경우는 변경계약의 변경내용에 따라 대가의 각 부분을 받기로 한 때가 공급시기가 됩니다.

변경대가의 각 부분을 일시에 받기로 변경한 경우에는 중간지급조건부에 해당되지 않으므로, 용역의 제공이 완료된 때가 공급시기가 됩니다.

중간지급조건부로 제공하는 건설용역이 조기 준공으로 인하여 계약금 지급일부터 준공예정일까지의 기간이 6월 미만이 된 경우 이미 발행한 세금계산서는 적법하며, 나머지 용역대가는 준공일을 공급시기로 봅니다.

4. 중간지급조건부 유의사항

실무에서 건축주(건설공사 매입자)의 부가세 환급 실사과정에서 세금계산서 발급일자, 즉 공급시기 문제로 매입자는 매입세액 불공제, 매출자는 가산세가 부과되는 사례가 종종 있습니다.

세법은 문리해석 원칙에 의하여 굉장히 억울한 케이스가 발생할 수 있으므로 주의해야 합니다.

문리해석은 법조문의 문자의 뜻을 하나하나 밝힌 후에 다시 조문 전체의 문자구성을 검토하여 그 의미와 내용을 명확히 하는 해석방법입니다.

구분	지급시기	지급시기
계약금	1월 31일	착공 시
중도금	4월 30일	50% 완공 시
잔금	7월 31일	준공 시

따라서 **중간지급조건부에 해당하는 경우에 지급일자를 계약서에 명시하기보다는 지급조건을 명백히 하는 것**이 좋습니다.

중간지급조건부 거래의 경우 대가를 받기로 한 날을 작성일자로 하여 세금계산서를 발급받아야 함에도 거래시기가 속하는 과세기간의 확정신고 기한 이후에 발급받아 부가세 환급신청을 한 경우 매입세액 불공제되고, 매출자는 미발급 가산세가 부과됩니다.

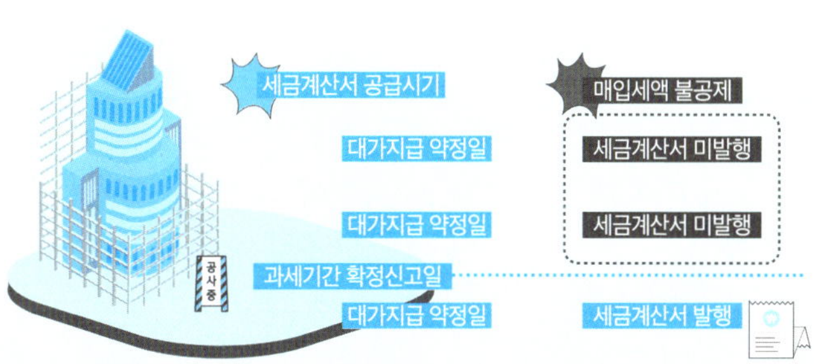

03

Q 부가세 과세면세 겸영 사업장 매입세액 안분 및 정산, 재계산은 어떻게 하나요? 매입세 정산이란 무엇인가요?

A 과세용역과 면세용역을 공급하는 경우 공통매입세액은 안분(정산)하여 면세사업 관련 매입세액은 불공제합니다.

1. 공통매입세액 안분

건물 또는 구축물을 신축하거나 취득하여 과세사업과 면세사업 등에 제공할 예정면적을 구분할 수 있는 경우는 이를 우선적으로 적용합니다.

거주와 임대목적의 상가주택을 신축하는 경우에는 총예정사용면적 비율로 안분계산할 수밖에 없습니다.
이 경우 과세사업과 면세사업에 공통으로 사용되는 건물의 면적(공유면적)은 총예정사용면적 및 면세사업 관련 예정사용면적에 포함되지 않습니다.

사업자가 과세사업과 면세사업 등을 겸영하는 경우에 과세사업과 면세사업 등에 관련된 매입세액의 계산은 실지귀속에 따라 하되, 실지귀속을 구분할 수 없는 매입세액(공통매입세액)은 총공급가액에 대한 면세공급가액의 비율 등 아래의 기준을 적용하여 안분하여 계산합니다.

① 공통매입세액 관련 총공급가액 중 면세공급가액 비율
② 총매입가액에 대한 면세사업 등 관련된 매입가액의 비율
③ 총공급가액에 대한 면세사업 등에 관련된 예정공급가액 비율
④ 총예정사용면적에 대한 면세사업 등에 관련된 예정사용면적 비율

$$\text{면세관련 매입세액} = \text{공통 매입세액} \times \frac{\text{면세공급가액}}{\text{총공급가액}}$$

다음 각호의 어느 하나에 해당하는 경우에는 해당 재화 또는 용역의 매입세액은 공제되는 매입세액으로 합니다.

① 해당 과세기간의 총공급가액 중 면세공급가액이 5퍼센트 미만인 경우의 공통매입세액. 다만, 공통매입세액이 5백만 원 이상인 경우는 제외
② 해당 과세기간 중 공통매입세액이 5만 원 미만인 경우의 매입세액

$$\text{건물 과세표준} = \text{공급대가} \times \frac{\text{면세예정사용면적}}{\text{총예정사용면적}}$$

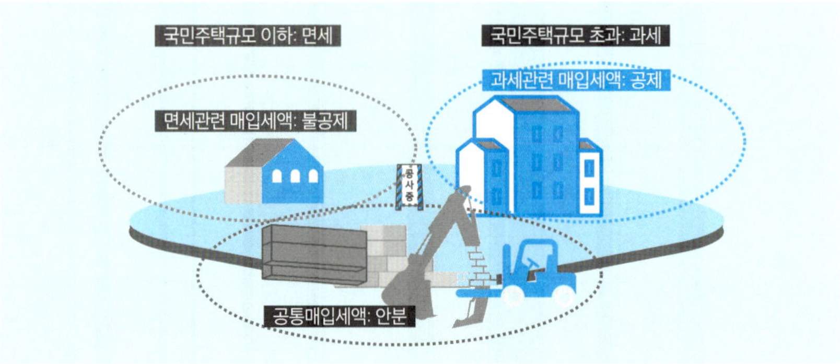

2. 공통매입세액 안분계산 검토사항

과세 및 면세 겸업사업자의 경우 공통매입세액에 대하여 실지귀속에 따른 구분계산 또는 안분계산을 하여야 함에도 불구하고 안분계산을 누락하거나 사실과 다르게 매입세액공제를 많이 받기 위하여 과세비율을 높게 책정한 경우 부가세 사후검증 및 현장확인을 통하여 부가세 및 가산세가 추징되므로 주의해야 합니다.

100% 과세현장 또는 100% 면세현장이 아닌 경우 공통매입세액은 실지귀속을 구분하기 불분명한 경우가 대부분입니다.

3. 건설업의 매입세액 불공제

건설업의 경우 매입세액 불공제는 아래 3가지로 분류해볼 수 있습니다.

① 본래의 매입세액 불공제(접대비, 토지관련 매입세액 등)

② 100% 면세사업 귀속 매입세액

③ 공통매입세액 중 면세사업관련 안분계산된 금액

위 외에는 과세사업과 관련해서 공제되는 매입세액이 됩니다.

4. 공통매입세액 재계산

감가상각자산에 대하여 공통매입세액의 안분계산에 따라 매입세액이 공제된 후 공통매입세액 안분기준에 따른 비율과 감가상각자산의 취득일이 속하는 과세기간(그 후의 과세기간에 재계산한 때는 그 재계산한 과세기간)에 적용되었던 공통매입세액 안분기준에 따른 비율이 5퍼센트 이상 차이가 나면 납부세액 또는 환급세액을 다시 계산하여 해당 과세기간의 확정신고와 함께 신고·납부하여야 합니다.

① 건물 또는 구축물

$$\text{가산되거나 공제되는 세액} = \text{해당 재화의 매입세액} \times \left(1 - \frac{5}{100} \times \text{경과된 과세기간의 수}\right) \times \text{증가되거나 감소된 면세공급가액의 비율 또는 증가되거나 감소된 면세사용면적의 비율}$$

② 그 밖의 감가상각자산

$$\text{가산되거나 공제되는 세액} = \text{해당 재화의 매입세액} \times \left(1 - \frac{25}{100} \times \text{경과된 과세기간의 수}\right) \times \text{증가되거나 감소된 면세공급가액의 비율 또는 증가되거나 감소된 면세사용면적의 비율}$$

5. 건설업 매입세 정산

과세·면세가 혼재된 현장에 대해서는 공통매입세액이 불공제되며, 이는 결국 도급업자(하도급업자)의 부담으로 귀착되므로 건설업 계약 시 매입세 정산조항에 의하여 계약금액에 포함되는 경우가 있습니다.

매입세정산액은 당해 현장 원재료 및 외주공사비 관련 공통매입세액에 당해 현장 면세비율을 곱한 금액으로 계산합니다.

04

Q 토지, 건물 일괄공급 시 과세표준 안분계산은 어떻게 하나요?

A 사업에 사용하던 건축물을 매각하는 경우 토지는 면세이지만 건물은 과세대상으로서, 건물 해당금액은 세금계산서를 발행해야 합니다.

미완성건물을 토지와 함께 공급하여 안분계산하는 경우 계산방법은 건축법상의 건축허가 조건에 따라 건물이 완성된 것으로 보아 지방세법에 의한 시가표준액을 적용하여 계산합니다.

1. 토지와 건물의 일괄공급

부동산 매각 시 토지와 건물을 일괄공급하게 됩니다.
이때 건물분은 과세로 세금계산서 발행대상이며, 토지분은 면세로 계산서 발행대상입니다.
이 경우 **건물 등의 공급가액은 실지거래가액**으로 합니다.

2. 과세표준 안분계산

건물가액과 토지가액의 구분이 분명하지 않은 경우 다음 방법으로 토지 및 건물가액을 계산하여 건물분에 대하여 부가세를 거래징수해야 합니다.

① 실지거래가액이 있는 경우
실지거래가액에 의한다.
실지거래가액이 있는 경우라 함은 일반적으로 매매계약서상의 매매금액이 실지거래가액으로 확인되고 계약서상에 토지의 가액과 건물의 가액이 구분 표시되어 있으며, 구분 표시된 토지와 건물가액 등이 정상적인 거래에 비추어 합당하다고 인정되는 경우를 말합니다.

② 감정평가액이 있는 경우
감정평가액에 의하여 토지와 건물 공급가액을 안분계산합니다.

③ 기준시가가 있는 경우
기준시가에 의하여 토지와 건물 공급가액을 안분계산합니다.
기준시가란 토지의 경우 개별공시지가, 건물은 국세청 기준시가를 말합니다.

④ 실지거래가액, 감정평가액, 기준시가가 없는 경우
장부가액에 의하여 안분계산하고 장부가액이 없는 경우에는 취득가액에 비례하여 안분계산합니다.
취득가액이란 세금계산서나 기타 취득가액을 입증할 수 있는 서류를 말합니다.
신축 중인 건물의 경우 장부가액은 없는 것으로 봅니다.

3. 기준시가

① 토지

토지는 개별공시지가에 의합니다.

개별공시지가가 없는 토지의 가액은 납세지 관할 세무서장이 인근 유사토지의 개별공시지가를 고려하여 대통령령으로 정하는 방법에 따라 평가한 가액으로 하고, 지가가 급등하는 지역으로서 대통령령으로 정하는 지역의 경우에는 배율방법에 따라 평가한 가액으로 합니다.

실지거래가액으로 구분한 가액이 기준시가에 따른 안분가액과 30% 이상 차이가 나는 경우는 기준시가에 따라 안분한 가액으로 합니다.

② 건물

건물의 신축가격, 구조, 용도, 위치, 신축연도 등을 고려하여 매년 1회 이상 국세청장이 산정·고시하는 가액으로 합니다.

③ 오피스텔 및 상업용 건물

건물의 종류, 규모, 거래상황, 위치 등을 고려하여 매년 1회 이상 국세청장이 토지와 건물에 대하여 일괄하여 산정 · 고시하는 가액으로 합니다.

4. 안분계산 방법

① 부가세가 포함된 공급대가에 의한 경우

$$\text{건물 과세표준} = \text{공급대가} \times \frac{\text{건물기준시가}}{\text{토지기준시가} + \text{건물기준시가} \times 110/100}$$

② 부가세가 제외된 공급가액에 의한 경우

$$\text{건물 과세표준} = \text{공급가액} \times \frac{\text{건물기준시가}}{\text{토지기준시가} + \text{건물기준시가} \times 100/100}$$

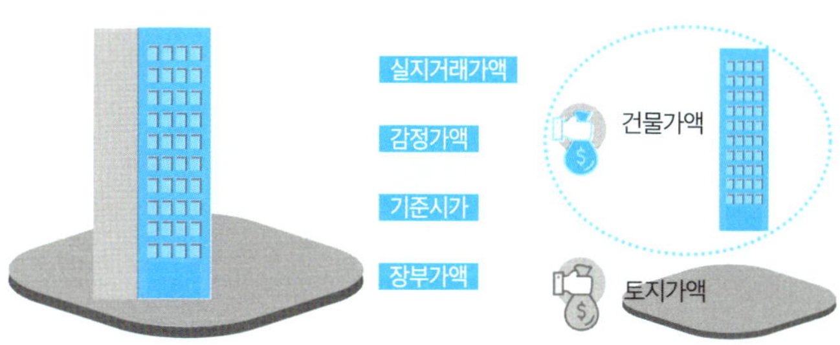

건물가액 해당분은 세금계산서 발급
토지가액 해당분은 계산서 발급

05

Q 시공참여자(오야지, 십장, 팀장)의 세무 이슈는 어떤 것이 있나요?

A 시공참여자는 근로기준법과 대법원 판례의 입장은 근로자성을 인정하고 있으며, 일정 요건 충족 시 부가세법상 사업자등록 대상입니다.

1. 건설산업 생산구조의 현실

발주자가 종합건설사 등에 원도급을 하고 종합건설사는 전문건설회사에 하도급, 전문건설회사는 십장 등에 하도급을 주는 다단계 하도급 구조가 오랜 관행으로 현재도 비슷하게 유지되고 있는 현실입니다.

건설산업기본법상 원도급과 하도급만이 적법하지만 현장에서는 재하도급, 재재하도급이 비일비재합니다.

이는 건설산업기본법상 등록기준 위반, 수급인의 자격제한 위반에 해당되어 행정처분 및 형사처벌 대상이 될 수 있습니다.

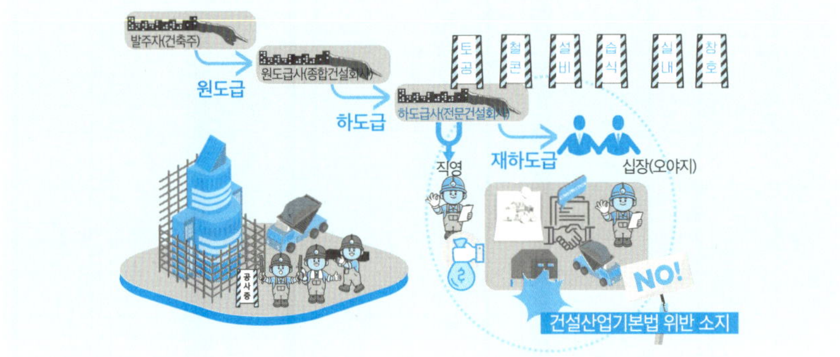

2. 건설업 십장(팀장, 오야지)의 정의

기존에는 건설업 일용직 근로자의 경우 월 20일 이상 일할 경우 국민연금과 건강보험 가입대상이었지만, 법개정으로 인하여 한달에 8일 이상 근무하게 되는 경우 가입대상이 됩니다.

과거에는 시공참여자 제도가 있어서 속칭 오야지, 십장이란 분들이 적법하게 생산구조 안에 지위가 명확했었지만 지금은 폐지되었습니다.

형식상 도급계약을 체결하였다 하더라도 도급인이 제공하거나 정한 직업장소와 시간에 도급인의 계획에 따라 작업(또는 공사)을 진행하여 그 지휘감독을 받아 작업을 하고, 노무제공에 대해 근로일수에 따른 급여를 제공받기로 한 자에 불과하다면 당해 수급인(오야지)은 근로기준법상 근로자에 해당한다고 보고 있습니다.

대법원 판례에서도 건축공사의 일부분을 하도급 받은 자가 구체적인 지휘감독권을 유보한 채, 재료와 설비는 자신이 공급하면서 시공 부분만을 시공기술자에게 재하도급하는 경우와 같은 노무 도급의 경우, 노무 도급의 도급인과 수급인은 실질적으로 사용자와 피용자의 관계에 있다는 입장입니다.

3. 십장의 근로자성 및 소득의 구분

형식적으로 도급계약을 체결하였다 하더라도 지휘감독을 받아 작업을 하고 근로일수에 따른 급여를 제공받는 경우 근로자에 해당합니다.

최근 연금 · 건강보험 개정으로 인하여 일용직근로자에 대한 4대보험 부담으로 3.3% 프리랜서 사업소득으로 지급하는 경우가 늘고 있지만, 이 경우에도 공단의 지도점검을 통해 4대보험이 부과될 수 있습니다.

또한 일용근로자와 마찬가지로 십장(오야지)에게도 퇴직금 지급의무가 발생합니다.

4. 십장(오야지)의 부가세법상 사업자 등록 문제

팀원들과 함께 건설용역을 제공하고 있지만, 부가세법상 사업자등록을 하지 않은 경우가 아직도 많습니다.

미등록가산세:
사업자 등록을 하지 않은 기간 동안 발생한 공급가액의 1%가 가산세로 부과

다음 요건에 해당하면 부가세 과세대상에 해당하고, 해당이 없는 경우 면세 대상으로 보고 있습니다.

① 건설장비 또는 사무소 등 물적설비를 보유하고 있다.
② 도급에 대하여 품떼기 약정 등이 존재한다.
③ 일용근로자를 모집 관리하고 노임을 지급한다.
④ 도급받은 공사에 대하여 하도급 보증 기간 및 지체상금률 등을 약정한다.
⑤ 본인 통장으로 도급공사비를 수령하여 노무비, 자재비, 경비 등을 지출한다.

위의 요건을 충족하여 부가세법상 과세대상이 된다면 십장(오야지 등)은 사업자등록을 해야 합니다. 이때 사업자등록을 하여 세금계산서를 발행하고 하도급 공사대금을 수령한다고 사실과 다른 세금계산서 문제나 건설산업기본법 위반에서 자유로워지는 것은 아닙니다.

06

Q 세금계산서 지연발급(수취), 미발급(수취)과 가산세는 어떻게 되나요?

A 건설업의 경우 법인세 가산세에 비해 부가세 가산세가 빈번히 발생하므로 주의해야 합니다.

세금계산서는 공급시기가 속하는 달의 다음 달 10일까지 발행해야 합니다.

1. 세금계산서 발행관련

세금계산서를 발행기한 내에 발급하지 못한 경우 지연발급은 1% 가산세가 적용되고, 미발급의 경우 가산세는 공급가액의 2%가 적용됩니다.

전자세금계산서 의무발행 업체가 발급시기에 전자세금계산서 외에 다른 세금계산서를 발행한 경우 발급자는 1% 가산세를 적용하며, 매입자는 가산세 및 매입세액 불공제가 해당되지 않습니다.

2. 세금계산서 수취관련

세금계산서를 발행기한 내에 수취하지 못한 경우 지연수취 가산세 및 매입세액 불공제 문제가 발생합니다. **지연수취의 경우 매입세액은 공제되지만 수취액의 0.5% 가산세가 부과되고, 미수취의 경우 가산세는 없지만 매입세액이 불공제**됩니다.

구분	매출자	매입자
지연발급(지연수취)	1% 가산세	0.5% 가산세
미발급(미수취)	2% 가산세	매입세액 불공제

지연발급은 발급시기가 지난 후 공급시기가 속하는 과세기간에 대한 확정신고기한까지 발급한 경우를 말합니다.

미발급은 공급시기가 속한 과세기간에 대한 확정신고기한까지 발급하지 못한 경우를 말합니다.

공급시기가 3월 15일인 경우 7월 25일까지 발급하지 못한 경우 미발급에 해당됩니다.

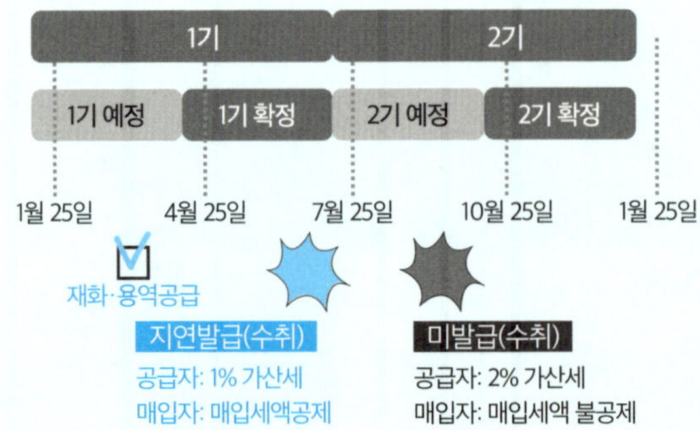

3. 세금계산서 선발급

공급시기가 도래하기 전에 세금계산서를 발급하기 위해서는 반드시 세금계산서 발행금액에 대한 대가를 지급받아야 함에도 불구하고 대가를 지급받지 않고 세금계산서를 미리 발행한 경우 매출자에 대하여 공급가액의 2%가 가산세로 적용되며, 매입자는 매입세액 불공제 처분합니다.

사업자가 공급시기가 도래하기 전에 대가의 전부 또는 일부를 받고 세금계산서를 발급하는 경우에는 그 발급하는 때를 당해 재화 또는 용역의 공급시기로 합니다.

구분	매출자	매입자
선발행(선수취)	2% 가산세	매입세액 불공제

건설업의 경우 발주자(원청사)로부터 선급금을 수령한 경우 선발행 세금계산서 발행 가능합니다.
주의할 점은 선급금을 수령하지 않고 선발행 세금계산서를 발행하는 경우 위 가산세 및 매입세액 불공제에 해당됩니다.

선급금은 기성부분의 대가를 지급받을 때마다 다음 산식에 의한 금액을 정산한다.

선급금 정산액 = 선급금액 × (기성부분의 대가상당액/계약금액)

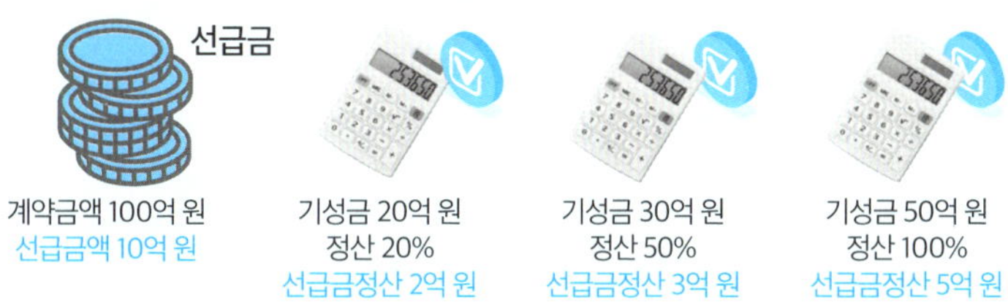

4. 가공 및 위장 세금계산서

가공이란 실물거래 없이 세금계산서만을 수령하는 것을 말하며, 위장이란 실제 매입한 거래처가 아닌 다른 거래처 명의의 세금계산서를 수령한 것을 말합니다.

구분	매출자	매입자
가공 세금계산서	3% 가산세	매입세액 불공제
위장 세금계산서	2% 가산세	매입세액 공제

5. 과세사업자의 면세 계산서 미제출에 대한 가산세

과세사업자가 면세되는 재화 또는 용역을 제공받고 계산서를 수취한 경우 다음해 2월 10일까지 매입계산서합계표를 제출하지 않은 경우 과세관청은 매출자가 제출한 매출계산서합계표에 의하여 매입자의 계산서합계표 제출누락 여부를 확인하여 계산서합계표불성실 가산세를 추징하게 됩니다.

07

Q 과세·면세 착오발행 시 세금계산서 및 계산서 수정발행과 수정신고는 어떻게 해야 하나요?

A 면세사업관련 매출을 세금계산서로 잘못 발행한 경우 계산서로 수정발급하여야 하며, 부가세 수정신고해야 합니다.

1. 국민주택 건설용역은 부가세 면세 대상

건설업 면허를 가진 회사의 경우만 면세 발행이 가능합니다. 면허가 없는 경우 국민주택건설용역이라도 계산서를 발급할 수 없습니다.

국민주택건설용역에 대하여 건설회사가 제공한 공사용역은 계산서 발급대상입니다. 국민주택규모를 초과하는 건설용역과 주택이 아닌 건설용역은 당연히 과세 세금계산서 발행대상입니다.

주거용 오피스텔은 주택법상 주택이 아니므로 국민주택에 해당하지 않으며 과세대상입니다.

2. 면세 계산서 발행대상을 과세 세금계산서로 잘못 발행한 경우

국민주택과 근린생활시설로 구성된 건설공사 용역에 대하여 과세 세금계산서를 잘못 발행하여 추후에 면세 계산서로 수정발급하고 부가세 수정신고를 하는 사례가 자주 있습니다.

① 세금계산서 (–)발행

당초 세금계산서가 아닌 계산서 발행대상이므로 세금계산서는 (–)발행(수정세금계산서)하게 됩니다. 이 경우 (–)발행으로 인한 가산세는 없고 부가세 수정신고 시 과오납부한 매출세액을 환급받게 되므로 신고불성실가산세와 납부불성실가산세 문제는 발생하지 않습니다.

② 계산서 (+)발행

세금계산서를 (–)발행한 만큼 공급가액으로 계산서를 새롭게 발행하게 됩니다. 계산서를 발행하지 않았다가 늦게 발급하기 때문에 미발급 또는 지연발급 가산세가 발생하는 것으로 잘못 알고 있는 경우가 많습니다. 그러나 부가가치세가 면제되는 용역을 공급하면서 세금계산서를 작성하여 교부한 경우로서 계산서를 발급하는 경우 계산서 관련 불성실가산세는 적용되지 않습니다.

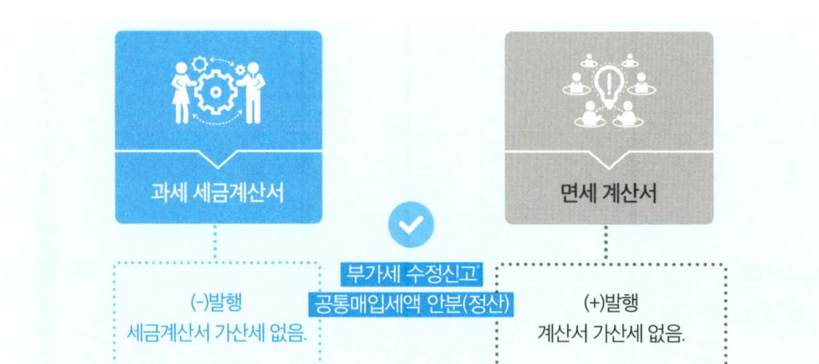

③ 부가세 수정신고

세금계산서를 취소하고 계산서를 발행하여 수정신고 시 매출세액이 수정되고, 매입세액 역시 과세 · 면세 안분계산 등으로 공통매입세액 불공제액이 변경되므로 수정신고를 해야 합니다.

부가세 수정신고로 인한 납부세액이 발생하는 경우는 신고불성실가산세와 납부불성실가산세가 발생하지만, 환급세액이 발생하는 경우는 가산세가 없습니다.

국민주택공사 면세규정은 신축공사에 대하여만 적용되고, 인테리어 및 보수공사에 대해서는 적용되지 않습니다.

3. 과세 · 면세 착오정정 발행에 따른 가산세 예규

부가가치세가 면제되는 용역을 공급하면서 계산서를 교부하는 대신 부가가치세가 과세되는 것으로 착오하거나 오류로 부가가치세법상 세금계산서를 교부한 경우에는 법인세법 제121조 제6항에 따라 계산서를 작성 · 발급한 것으로 보아 같은 법 제76조 제9항에 따른 계산서미발급가산세를 적용하지 않습니다.

법인세법은 법인이 재화용역의 공급 시 공급자에게 계산서 교부의무를 부과하고 있으나 부가가치세법에 따라 세금계산서를 발급한 경우, 계산서를 작성 발급한 것으로 간주하여 납세자인 법인에 과도한 납세협력부담을 완화하고 있습니다.

4. 국민주택건설 면세 대상

구분	면세 판단
국민주택건설 하도급	건산법 등 법령에 의해 면허를 등록한 사업자가 하도급, 재하도급 받은 경우
택지조성공사	부가세 과세대상
건설중인 국민주택 양도	면세사업 관련 재화공급으로 면세
국민주택 엘리베이터시공	승강기설치공사업 면허의 경우 면세
국민주택 창호시공	금속창호공사업 면허의 경우 면세
국민주택 주방가구	실내건축공사업 면허의 경우 면세
국민주택 도배공사	실내건축공사업 면허의 경우 면세
국민주택현장 폐기물	부가세 과세대상
국민주택 하자보수공사	부가세 과세대상
국민주택 모델하우스	부가세 과세대상

개별옵션에 따른 발코니 확장공사 등은 건설용역의 일부에 불과하다고 할 수 없고, 건설용역과 구별되는 별개의 과세용역에 해당합니다.

본래의 국민주택 건설용역에 부수되어 공급되는 것으로 보지 않고 별도의 용역으로 보아 과세대상에 해당합니다.

08

Q 부가세 환급신고 시 세무서 확인 및 사후검증은 어떻게 하나요?

A 부가세 환급신고를 한 경우 환급금액에 따라 세무서 환급확인이 이루어지므로 계약서, 통장, 세금계산서를 잘 체크해야 합니다.

1. 건설업 부가세 환급신고

부가세 신고 시 정상적인 경우 매출이 매입보다 많으므로 납부세액이 발생하지만, 매입이 매출보다 많은 경우는 환급세액이 발생합니다.

문제는 **환급세액이 500만 원 이상인 경우 세무서에서 환급검토를 하게 되고 이 과정에서 계약관련 서류 및 통장거래내역 등을 제출하는데, 그동안 잘못 발행된 세금계산서가 문제**될 수 있습니다.

발주자가 대규모 매입세액을 환급받는 과정에서도 의외로 문제가 잘 발생합니다. 부가세 환급 현장확인 결과 건설용역의 공급시기가 속하는 과세기간 이후 발급한 세금계산서가 확인되면, 매입자는 매입세액 불공제되고 매출자는 부가세 가산세까지 부담하게 되는 상황이 발생하므로 주의해야 합니다.

업무와 관련 없는 지출

① 사업자가 그 업무와 관련 없는 자산을 취득·관리함으로써 발생하는 취득비·유지비·수선비와 이와 관련되는 필요경비

② 사업자가 그 사업에 직접 사용하지 아니하고 타인(종업원을 제외한다)이 주로 사용하는 토지·건물 등의 유지비·수선비·사용료와 이와 관련되는 지출금

③ 사업자가 그 업무와 관련 없는 자산을 취득하기 위하여 차입한 금액에 대한 지급이자

④ 사업자가 사업과 관련 없이 지출한 접대비

2. 매입세액 불공제 항목 검토

부가가치세법상 아래의 항목은 매입세액 공제를 받을 수 없음에도 불구하고 공제된 경우, 부가세 추가납부 및 가산세를 부담하게 됩니다.

① 매입처별세금계산서합계표를 제출하지 아니한 경우의 매입세액

② 제출한 매입처별세금계산서합계표의 기재사항 중 거래처별 등록번호 또는 공급가액의 전부 또는 일부가 적히지 아니하였거나 사실과 다르게 적힌 경우

③ 세금계산서 또는 수입세금계산서를 발급받지 아니한 경우

④ 사업과 직접 관련이 없는 지출로서 대통령령으로 정하는 것

⑤ 비영업용 소형승용자동차 구입과 임차 및 유지에 관한 매입세액

⑥ 접대비 관련된 매입세액

⑦ 면세사업 등에 관련된 매입세액

⑧ 사업자등록을 신청하기 전의 매입세액. 다만, 공급시기가 속하는 과세기간이 끝난 후 20일 이내에 등록을 신청한 경우 등록신청일부터 공급시기가 속하는 과세기간 기산일(제5조 제1항에 따른 과세기간의 기산일을 말한다)까지 역산한 기간 내의 것은 제외한다.

신용카드 매출전표를 매입세액 공제하고, 신용카드 매입분에 대하여 세금계산서를 수령한 경우 공제하게 되면 중복공제가 되므로 신고과정에서 각별히 주의해야 합니다.

3. 세금계산서 공급시기 검토

과세관청에서 세금계산서 공급시기의 적정성을 검토하기 위하여 주요 매입에 대하여 계약서, 거래명세서, 세금계산서, 금융증빙 등을 제출하도록 합니다.
이 과정에서 공급시기가 잘못된 세금계산서의 경우 매입세액공제를 불인정받고 납부세액 및 가산세를 납부해야 합니다.
매입자(발주자, 원청사) 측에서는 공급가액의 10%에 해당하는 매입세액 공제를 불인정받게 되면 분쟁으로 이어지게 되므로 각별히 주의해야 합니다.

공급시기가 잘못된 경우 매출자는 세금계산서 지연발급(1%), 미발급(2%)가산세를 부담하게 됩니다.

사업용 오피스텔을 주거용으로 임대한 경우 공제받은 매입세액이 추징됩니다.

4. 과세 · 면세 안분(정산) 및 재계산 검토

국민주택건설용역에 대해서는 면세가 적용되고, 면세관련 매입세액은 불공제 대상입니다. 과세매출과 면세매출이 있는 경우 과세 · 면세 안분(정산) 및 재계산 신고내용 분석결과 공통매입세액 면세사업관련 불공제분을 공제받은 경우 부가세 및 가산세를 추징당하게 됩니다.

국세청은 부당환급 신고자는 환급금 지급 전 치밀하게 검증해 환급 이후에도 지속적으로 사후관리하고 있습니다.

5. 토지 관련 매입세액 검토

면세재화인 토지를 취득하는 과정에서 발생한 수수료 등 관련 매입세액 및 토지 조성 관련 매입세액은 공제받을 수 없음에 주의해야 합니다.

① 토지의 취득 및 형질변경, 공장부지 및 택지의 조성 등에 관련된 매입세액
② 건축물이 있는 토지를 취득하여 그 건축물을 철거하고 토지만 사용하는 경우에는 철거한 건축물의 취득 및 철거비용 관련된 매입세액
③ 토지의 가치를 현실적으로 증가시켜 토지의 취득원가를 구성하는 비용에 관련된 매입세액

6. 비영업용 소형승용자동차 구입(임차) 및 유지 관련 매입세액

비영업용 승용차 구입자료와 신용카드매출전표 등 수령금액 합계표를 정밀 분석 · 검증하여 구입비용과 유지 · 관리에 대한 매입세액 부당공제를 확인합니다.

화물차, 승합차, 밴차량, 경차의 구입 및 유지관련 비용은 매입세액 공제됩니다.

7. 신용카드 매출전표 및 현금영수증으로 공제받을 수 없는 항목

① 접대비
② 항공사, 고속철도, 고속버스, 택시 결제 항목
③ 상품권 및 입장권 결제금액
④ 면세물품 구입비용
⑤ 사업과 관련 없는 구입비용

09

Q 건설업 부가가치세 가산세 이슈는 어떤 것이 있나요?

A 매출·매입 가산세뿐만 아니라 과세·면세를 올바르게 구분하여 세금계산서, 계산서를 발행하여 신고해야 합니다.

부가가치세는 거래세로 공급가액의 10%로 부과되고, 이에 대하여 신고(납부)불성실가산세가 발생하는 경우 가산세 금액이 큰 편입니다.

1. 건설업 부가세 신고 관련 가산세

구분	가산세 계산
무신고	부당 무신고납부세액×40% 일반 무신고납부세액×20%
과소신고 초과환급	부당 과소신고납부세액×40%, 일반 과소신고납부세액×10%
납부불성실	미납세액(초과환급세액)×경과일수×2.5/10,000

2. 영세율과세표준 신고불성실

구분	가산세 계산
영세율과세표준	무(과소)신고 과세표준×0.5%

해외건설용역에 대해서는 영세율과세표준을 신고해야 합니다.
또한 건설자재 수출의 경우 영세율과세표준 신고대상입니다.
영세율 대상 재화·용역의 공급은 매출세액은 없지만 신고는 반드시 하여야 합니다.

3. 등록 관련 가산세

구분	가산세 계산
미등록	미등록한 기간 동안 발생한 공급가액×1%
명의위장 등록	명의위장 등록한 기간 동안 발생한 공급가액×1%

4. 세금계산서 부정수수 가산세

구분	가산세 계산
부정수수	세금계산서 가공 발급(수취): 공급가액 3% 세금계산서 위장 발급(수취): 공급가액 2% 세금계산서 등 공급가액 과다기재: 공급가액 2%

5. 세금계산서 발급 및 전송 가산세

구분	가산세 계산
발급 전송 불성실	세금계산서 지연발급: 공급가액×1% 세금계산서 미발급: 공급가액×2% 종이세금계산서 가산세: 공급가액×1% 전자세금계산서 발급명세 지연전송: 공급가액×03% 전자세금계산서 발급명세 미전송: 공급가액×0.5%

6. 경정에 따른 매입세액 공제 가산세

구분	가산세 계산
경정 매입세액 공제	경정 등에 따라 공제되는 신용카드수취 매입세액 공제: 공급가액×0.5%

7. 세금계산서합계표 불성실 가산세

구분	가산세 계산
매출처	미제출·기재내용누락 및 부실기재: 공급가액×0.5% 지연제출: 공급가액×0.3%
매입처	세금계산서 지연수취: 공급가액×0.5% 미제출: 공급가액×05%

8. 현금매출명세서 등 제출 불성실 가산세

구분	가산세 계산
명세서 불성실	미제출 또는 과소기재 수입금액×1%

매출누락이 적발되는 경우 법인의 경우 부가세, 법인세, 대표이사 인정상여에 대한 소득세까지 부과되며 부당 과소신고가산세와 납부불성실가산세까지 가산되면 상당한 금액이 됩니다.

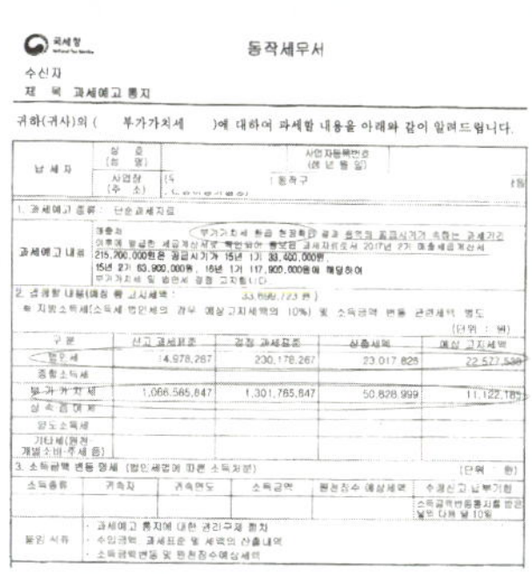

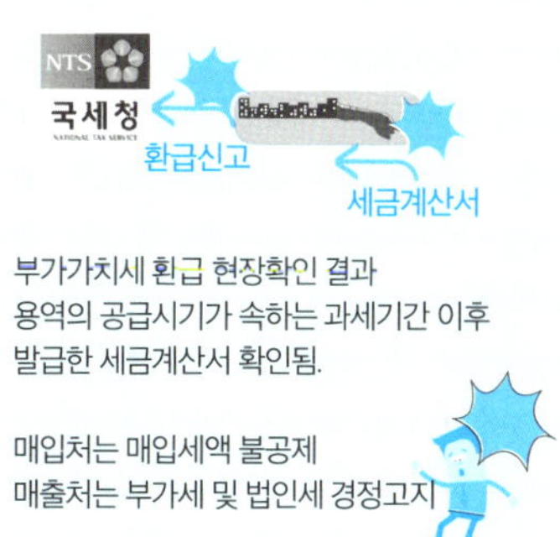

3 장

기타세목 Check Point

01

Q 건설업 비상장법인 주식양수도 양도소득세와 증권거래세는 어떻게 계산하고 언제까지 신고해야 하나요?

A 비상장법인의 주식 양도 시 양도소득세와 증권거래세를 신고·납부해야 하며, 주식변동에 관한 내용은 법인세 신고 시 제출해야 합니다.

1. 주식양수도

주식양수도의 경우 주주 간에 주식양수도 계약서를 체결하고 거래를 해야 합니다. **양도가액과 취득가액의 차익에 대해서는 양도소득세를 신고 · 납부해야 하고, 거래금액에 대하여 증권거래세도 신고 · 납부**해야 합니다.

> 상장주식을 양도 시 대주주에 해당할 경우에는 아래의 주식거래내역서 및 대주주신고서를 제출하여야 합니다.

2. 주식 양도소득세

주식을 양도한 경우 **양도소득세 신고는 양도한 날이 속하는 분기 말일부터 2월 이내에 주소지 관할 세무서에 신고 · 납부하**여야 하며, 양도가액과 취득가액은 실거래가액을 적용합니다.

> 주식은 2010년부터 예정신고세액공제 폐지하였습니다.

> 주식 양도차익에 대해서는 장기보유특별공제 미적용합니다.

양도가액 – 취득가액 – 증권거래세, 소개비, 인지대 등 = 양도차익 양도소득금액 – 양도소득기본공제(2,500,000원) = 과세표준 과세표준 × 세율 = 산출세액

> 중소기업 일반거래는 10%, 중소기업 대주주의 경우 20%, 중소기업이 아닌 경우 20% 세율을 적용합니다.

3. 증권거래세

국내 법인의 주권 또는 지분의 유상양도에 대하여는 개인 및 법인, 거주자 및 비거주자 여부에 상관없이 증권거래세 납세의무가 있는 것으로, 비상장주식을 양도하는 자(법인 포함)는 양도가액을 과세표준으로 하고 과세표준의 0.5%에 해당되는 증권거래세를 **양도일이 속하는 반기의 말일부터 2개월 이내에 신고 및 납부의무**가 있습니다.

4. 특수관계자 주식거래 문제

개인이 그와 특수관계 있는 자에게 저가양도한 경우(시가와 거래가액의 차액이 3억 원 이상이거나 시가의 100분의 5에 상당하는 금액 이상인 경우에 한함)에는 시가를 양도가액으로 하여 양도소득세를 과세합니다.
부당행위계산부인 규정을 적용하는 경우 시가는 평가기준일 전후 6월(증여재산의 경우에는 3월로 한다) 이내의 기간은 양도일 또는 취득일 전후 각 3월의 기간으로 봅니다.

5. 주식등변동상황명세서 제출의무

내국법인(비영리내국법인은 제외)은 주주의 성명 · 주소 및 주민등록번호(법인인 주주나 사원은 법인명과 법인 본점 소재지 및 사업자등록번호) 등 주주명부를 작성하여 갖추어 두어야 합니다.
사업연도 중에 주식 등의 변동사항이 있는 법인은 법인세 신고기한까지 주식등변동상황명세서를 납세지 관할 세무서장에게 제출하여야 합니다.
① 명세서를 제출하지 아니한 경우
② 명세서에 주주등의 명세의 전부 또는 일부를 누락하여 제출한 경우
③ 제출한 명세서가 불분명한 경우

6. 주식 이동 시 검토사항

주식 이동으로 인하여 과점주주에 해당되는지 여부를 검토해 보아야 합니다.
과점주주는 법인에 부과되거나 법인이 납부할 국세, 가산금과 체납처분비가 법인의 재산으로 충당해도 부족함이 발생하는 경우 2차 납세의무가 있습니다.
또한 과점주주가 아니였던 자가 과점주주가 될 경우 그 법인이 소유한 부동산, 차량, 건설기계, 골프회원권 등 취득세 과세물건에 대하여 과점주주가 다시 취득한 것으로 보아 간주취득세 납세의무가 발생합니다.
비상장법인 주식평가액 적정성을 검토해보아야 합니다.
과세관청에서는 비정상적인 방법으로 재산을 무상이전하는 부당한 조세회피행위를 항상 모니터링하고 있습니다.
주식평가에 대한 일반적 기준과 주식변동에 따른 과세사항을 명시적으로 규정하는 외에 주식 변동조사 등 세무조사 실시에 관하여 별도로 규정하고 있습니다.

특수관계인의 범위

① 법 제2조 제20호 가목에서 "혈족·인척 등 대통령령으로 정하는 친족관계"란 다음 각 호의 어느 하나에 해당하는 관계(이하 "친족관계"라 한다)를 말한다.
1. 6촌 이내의 혈족
2. 4촌 이내의 인척
3. 배우자(사실상의 혼인관계에 있는 자를 포함한다)
4. 친생자로서 다른 사람에게 친양자 입양된 자 및 그 배우자·직계비속

필수기재사항

① 주주 성명(법인명), 주민번호(사업자등록번호)
② 주주등 보유현황
③ 사업연도 중 변동상황

주식등변동상황명세서를 제출하여야 하는 법인이 미제출 시 주식 액면가액의 1%를 가산세로 법인세액에 더하여 납부하여야 한다.

02

Q 과점주주는 세법상 어떤 불이익이 있나요?

A 과점주주는 간주취득세 납세의무가 발생하며, 출자자의 제2차 납세의무를 지게 됩니다.

최대주주가 과점주주인 것은 아닙니다.
과점주주는 발행주식의 50% 초과를 보유한 주주집단을 말합니다.

보통주에 대하여 유한책임을 진다는 생각만으로 명의를 대여한 경우 과점주주에 해당하여 곤란한 상황이 발생하는 경우가 종종 발생합니다.

1. 과점주주의 정의

주주 또는 유한책임사원 1명과 그의 특수관계인 중 대통령령으로 정하는 자로서 그들의 소유주식의 합계가 법인(비상장주식에 한함)의 발행주식 총수 또는 출자총액의 100분의 50을 초과하면서 그에 관한 권리를 실질적으로 행사하는 자를 말합니다.

특수관계인의 범위는 아래와 같습니다.

① 6촌 이내의 혈족

② 4촌 이내의 인척

③ 배우자(사실상 혼인관계에 있는 사람을 포함한다)

④ 친생자로서 다른 사람에게 친양자로 입양된 사람 및 배우자, 직계비속

⑤ 임원, 사용인 등 대통령령으로 정하는 경제적 연관관계에 있는 자

2. 과점주주 취득세 납세의무(간주취득세)

법인의 주식 또는 지분을 취득함으로써 과점주주가 되었을 때에는 그 과점주주는 해당법인의 부동산 등을 소유주식비율만큼 취득한 것으로 간주하여 취득세 납세의무를 지게 됩니다.

단, 특수관계자 내부의 거래로서 과점주주 전체 보유 주식 비율에 변동이 없는 경우에는 해당되지 않습니다.

특수관계자 지분비율의 합계가 증가하는 경우에만 간주취득세 납세의무가 성립합니다.

3. 간주취득세 납세요건

주식을 취득함으로써 과점주주가 된 날이 납세의무성립일이 됩니다.
취득세는 "과세대상물건의 장부가액×소유 주식 비율×취득세율"로 계산합니다.

포함되는 경우	제외되는 경우
최초로 과점 주주	당초 40%에서 55%로 된 경우 55% 과세
과점주주 비율 증가	55%에서 60%로 증가된 경우 5% 과세
과점주주 비율 감소 또는 증가	80%→70%→60% 과세 없음
	80%→60%→90%: 10% 과세

4. 취득세 신고 · 납부와 세무조사

취득세는 납세의무자가 스스로 과세표준과 세액을 신고 · 납부하여야 하는 세목으로서 과세관청의 사전 안내가 없다 하더라도 신고 · 납부해야 하며, 가산세는 행정상 제제로서 납세자의 고의 과실, 법령에 대한 부지는 가산세를 면제할 정당한 사유에 해당하지 않습니다.
과점주주 간주취득세는 전산으로 체크되기 때문에 신고 · 납부하지 않은 경우 지방세 세무조사를 통하여 부과되는 사례가 증가하고 있습니다.
주식의 보유사실은 과세관청이 주주명부나 주식변동상황명세서 또는 법인등기부등본 등의 자료로 입증하면 되고, 명의상 일견 주주로 보이는 경우에도 사실상 주주명의를 도용당하였거나 실질소유주의 명의가 아닌 차명으로 등재되었다는 등의 사정이 있는 경우에는 단지 그 명의만으로 주주에 해당한다고 볼 수는 없으나 이는 주주가 아님을 주장하는 그 명의자가 입증하여야 하며, 법원의 확정판결 또는 명의신탁약정 당시 공증서류 등 그 사실이 객관적으로 입증되는 경우에 한하여 취득세 납세의무가 성립되지 않습니다.

5. 과점주주와 출자자 제2차 납세의무

법인의 재산이 그 법인에게 부과된 국세 등을 충당하기에 부족한 경우에는 그 국세의 납세의무 성립일 현재 무한책임사원 또는 일정한 과점주주가 그 부족액에 대해 제2차 납세의무를 집니다.
무한책임사원이 법인의 조세채무에 대하여 보충적 이행책임을 지는 것은 당연하지만, 물적회사의 과점주주가 법인의 조세채무에 대하여 보충적 이행책임을 지는 것은 상법상 유한책임 원칙과 충돌하는 것으로 중대한 예외에 해당합니다.
과점주주가 여러 명으로 구성된 경우 각자의 지분비율을 한도로 2차 납세의무를 지게 됩니다.

주된 납세자의 재산에 대해 체납처분을 집행하여도 납부하여야 할 국세 등에 충당하기 부족한 경우에 주된 납세자와 일정한 관계에 있는 자가 그 부족액에 대해 보충적으로 부담하는 의무를 제2차 납세의무라 합니다.

03

Q 법인의 과밀억제권역(수도권) 내 부동산 취득세 중과 및 예외 사유는 어떻게 되나요?

A 수도권 과밀억제권역 인구유입 및 산업집중을 억제하기 위하여 부동산 취득에 대하여 취득세를 중과하여 부동산 취득에 대한 거래비용을 증가시켜 신규 인구 및 투자 유입을 억제하기 위한 정책입니다.

1. 취득세 중과(과밀억제권역 VS 대도시 내)

과밀억제권역의 범위
1. 서울시
2. 인천시(일부 제외)
3. 의정부시
4. 구리시
5. 남양주시
6. 하남시
7. 고양시
8. 수원시
9. 성남시
10. 안양시
11. 부천시
12. 광명시
13. 과천시
14. 의왕시
15. 군포시
16. 시흥시

임대업의 경우 인적·물적 설비를 구비하고 있더라도 건물관리만 대행하는 경우에는 지점설치로 보지 않습니다.

과밀억제권역에서 본점이나 주사무소의 사업용으로 신축하거나 증축하는 건축물과 그 부속토지를 취득하는 경우와 공장을 신설하거나 증설하기 위하여 사업용 과세물건을 취득하는 경우의 취득세를 중과합니다.

대도시에서 법인을 설립(휴면법인을 인수하는 경우를 포함)하거나 지점 또는 분사무소를 설치하는 경우 및 법인의 본점·주사무소·지점 또는 분사무소를 대도시 밖에서 대도시로 전입함에 따라 대도시의 부동산을 취득(그 설립·설치·전입 이후의 부동산 취득을 포함한다)하는 경우 취득세를 중과합니다.

대도시에서의 법인 설립, 지점·분사무소 설치 및 법인의 본점·주사무소·지점·분사무소의 대도시 전입에 따른 부동산 취득은 그 설립·설치·전입 이후 5년 이내에 하는 업무용·비업무용 또는 사업용·비사업용의 모든 부동산 취득이 대상입니다.

2. 과밀억제권역 VS 대도시 내

과밀억제권역 내	대도시 내
본점(주사무소) 사업용부동산	설립, 설치 후 취득
사업용부동산 직접사용기준	모든 부동산 소유기준
원시취득에 한정	원시·승계취득 불문
토지, 건물, 차량, 기계장비	부동산(토지, 건물)
중과제외 업종 없음.	중과제외 업종 있음.

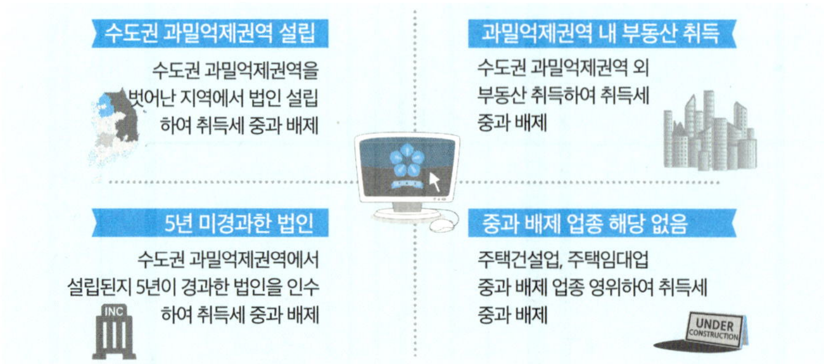

3. 과밀억제권역 중과세 요건

취득구분		5년 이내	5년 경과
본점용	원시취득	중과	중과
	승계취득	중과	X
지점용		중과	X
임대용		중과	X(직접 사용 X)

① 법인의 본점

본점이란 대표이사 등 임직원이 상주하면서 기획, 재무, 경영전략 등 법인의 전반적인 사업을 수행하고 있는 경우를 말하고, 본점용 부동산이라 함은 법인의 중추적인 의사결정이 이루어지는 장소입니다.

본사를 수도권 외의 지역에 두고 있다고 하더라도 서울사무소 등의 이름으로 수도권 내에 사무소를 두면서 본사의 부서 일부가 사용하는 경우에도 중과세됩니다.

② 지점설치에 해당하는 경우

아래 세 가지를 충족하는 경우 지점설치로 봅니다.

가. 법인세법, 소득세법, 부가세법상 등록대상

나. 인적·물적 설비 구비

다. 사업의 지속성이 충족

③ 임대업

부가세법상 부동산임대업의 경우 해당 부동산 등기부상의 소재지에 사업자등록을 하여야 하므로 사실상 등록대상 요건은 충족합니다.

그러나 해당 부동산에 인적·물적 설비를 구비하지 않고 외부에서 임대업을 수행하는 경우 지점으로 보지 않으므로 중과세하지 않습니다.

반면 대도시 내에서 본점을 설립한 법인이 설립 후 5년 이내 대도시 내에서 취득하는 부동산은 인적·물적 설비 지점요건 관계 없이 본점의 설립과 관계된 것으로 취득세가 중과세됩니다.

임대업의 경우 대외활동(운영관리)을 위한 인적·물적 설비가 해당 부동산에 구비되어 있어야 지점설치로 봅니다.

4. 취득세 중과세율 요약

구분		취득세	농특세	지방세	합계
본점 공장	신·증축	6.8%	0.2%	1.2%	8.2%
5년 미경과 법인	원시취득	4.4%	0.2%	1.2%	5.8%
	승계취득	8%	0.2%	1.2%	9.4%
	주택	12%	0.2%	1.2%	13.4%
사치성재산	원시취득	10.8%	0.2%	1.2%	12.2%
	승계취득	12%	0.2%	1.2%	13.4%

04

Q 건설업 비업무용 부동산은 어떤 것이 해당하고 불이익이 있나요?

A 건설회사가 보유한 주택 및 비사업용 토지에 대해서는 토지 등 양도소득 법인세가 추가로 과세됩니다.

비사업용 토지란 농지, 임야 등 법인의 업무와 직접 관련이 없다고 인정할 만한 상당한 이유가 있는 대통령령으로 정하는 토지를 말합니다.

1. 법인세 추가과세 대상 주택 및 비사업용 토지

일정한 요건을 충족하는 임대용 주택 등 사원 주거용 주택 저당권의 실행으로 취득한 주택 등이 아닌 경우와 **법인이 보유한 비사업용 토지를 양도하는 경우 토지 등의 양도소득에 대하여 법인세가 추가과세**됩니다.

토지 등 양도소득 법인세=(양도가액-장부가액)×20%(미등기 40%)

2021. 1. 1. 이후 양도분에 대해서는 일반세율이 10%에서 20%로 개정되었습니다.

2. 추가과세 제외 주택

아래의 경우는 법인세 추가과세되는 주택의 범위에서 제외됩니다.

① 임대용 주택 등

② 주주 등이 아닌 임원 및 직원에게 제공하는 사택 및 그 밖에 무상으로 제공하는 법인 소유의 주택으로서 사택제공 기간 또는 무상제공 기간이 10년 이상인 주택

③ 저당권 실행으로 인하여 취득하거나 채권변제를 대신하여 취득한 주택으로서 취득일부터 3년이 경과하지 않은 주택

3. 추가과세 대상 및 제외 비사업용 토지

논, 밭, 과수원, 임야, 목장용지는 비사업용 토지에 해당합니다.
그러나 농업, 임업, 축산업을 주된 사업으로 하는 법인이 소유하는 토지로서 일정한 요건을 충족하는 경우에는 비사업용 토지로 보지 않습니다.

추가과세 대상	추가과세 제외
논, 밭, 과수원, 임야, 목장용지	농업, 임업, 축산업 주업인 법인
나대지, 잡종지, 분리과세 아닌 농지, 임야, 목장용지	재산세가 비과세되거나 면제되는 토지
재산세 분리과세대상 토지 중 기준초과 토지	재산세 별도합산과세대상 또는 분리과세대상 토지
재산세 별도합산과세대상 토지 중 기준초과 토지	주택 부수토지 중 주택이 정착 면적 일정배율 이내 토지
재산세 분리과세, 별도합산대상이 아닌 모든 토지	대통령령으로 정하는 경우

4. 비사업용 토지 기간기준

비사업용 토지란 토지를 소유하는 기간 중 다음 각호의 어느 하나에 해당하는 토지를 말합니다.

① 토지의 소유기간이 5년 이상인 경우

가. 양도일 직전 5년 중 2년을 초과하는 기간

나. 양도일 직전 3년 중 1년을 초과하는 기간

다. 토지의 소유기간의 100분의 40에 상당하는 기간을 초과하는 기간. 이 경우 기간의 계산은 일수로 한다.

② 토지의 소유기간이 3년 이상이고 5년 미만인 경우

가. 토지의 소유기간에서 3년을 차감한 기간을 초과하는 기간

나. 양도일 직전 3년 중 1년을 초과하는 기간

다. 토지의 소유기간의 100분의 40에 상당하는 기간을 초과하는 기간. 이 경우 기간의 계산은 일수로 한다.

③ 토지의 소유기간이 3년 미만인 경우

다만, 소유기간이 2년 미만이면 가목은 적용하지 아니한다.

가. 토지의 소유기간에서 2년을 차감한 기간을 초과하는 기간

나. 토지의 소유기간의 100분의 40에 상당하는 기간을 초과하는 기간. 이 경우 기간의 계산은 일수로 한다.

부동산 과다법인의 경우 주식 등 변동에 주의해야 합니다.
과점주주에 해당하는 경우 간주취득세를 부담하게 됩니다.

5. 건설업 비사업용 토지

분양공사를 하는 건축공사업 면허 보유 법인의 경우 분양목적으로 토지를 취득하였으나 사업 타당성이 부족하거나 사업계획 등 변경으로 인하여 기존 토지를 양도하고 새로운 토지를 구입하는 경우에도 비사업용 토지에 해당되는 경우에 해당됩니다.

이 경우 투기목적 여부와 무관하게 토지 등 양도소득 법인세가 추가 과세됨에 유의해야 합니다.

조세심판원은 주택건설을 목적으로 취득한 토지에 대하여 법인이 주택개발 사업시행승인을 받고, 착공신고 후 택지조성을 위한 선행 기반시설공사를 완료한 토지를 양도하였음에도 불구하고 비사업용 토지에 해당한다고 판단하였습니다.

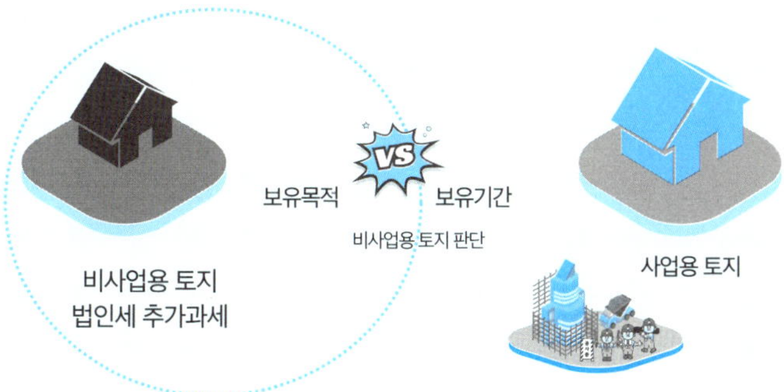

05

Q 건설업 지방세 세무조사 이슈는 어떤 것이 있나요? (지방소득세 안분 및 종업원분 주민세)

A 법인세법상 납세의무자는 각 사업연도 종료일로부터 4개월 이내에 법인지방소득세의 과세표준과 세액을 신고 · 납부해야 합니다.

1. 법인지방소득세

원천징수 대상소득(근로, 이자, 배당, 퇴직, 기타, 사업 연금)의 지방소득세는 특별징수분입니다.

법인이 둘 이상의 지자체에 사업장(현장)이 있는 경우에는 해당 법인 지방소득세의 납세지는 해당 법인의 사업연도 종료일 현재 그 사업장 소재지로 합니다.

특별시, 광역시 내에 2 이상의 사업장이 있을 경우에는 본점 또는 주사무소의 소재지구에 일괄납부합니다.

법인세법상 납세의무자는 각 사업연도 종료일로부터 4개월 이내에 법인지방소득세의 과세표준과 세액을 신고 · 납부해야 합니다.
각 사업연도 소득금액이 없거나 결손인 경우에도 신고해야 하며, 아래의 부속서류를 제출해야 합니다.
① 결산 재무제표
② 세무조정계산서
③ 법인지방소득세 안분명세서

2. 법인지방소득세 과세표준 및 세액계산

내국법인의 각 사업연도 소득에 대한 법인지방소득세 과세표준은 법인세법에 따라 계산한 금액으로 합니다.
조세특례제한법 등 과세표준 산정 관련 조세감면 또는 중과세 등이 적용되는 경우 이를 반영한 금액으로 합니다.

3. 법인지방소득세 안분계산

법인지방소득세는 내국법인의 납세지는 그 법인의 등기부에 따른 본점이나 주사무소의 소재지 관할 지자체로 합니다. 다만, **법인이 둘 이상의 자자체에 사업장(현장)이 있는 경우에는 해당 법인지방소득세의 납세지는 해당 법인의 사업연도 종료일 현재 그 사업장 소재지**로 합니다.
둘 이상 지자체에 법인의 사업장이 있는 경우에는 사업장 연면적과 종업원 수를 기준으로 지자체별로 안분하여 세액을 계산합니다.
사업장이란 인적 설비(종업원) 또는 물적 설비(건축물 등)를 갖추고 사업 또는 사무가 이루어지는 장소를 말합니다.
종업원 수는 해당 법인의 사업연도 종료일 현재의 종업원 수를 기준으로 합니다.
건축물연면적은 해당 법인의 사업장으로 직접 사용하는 건축물의 연면적을 말합니다. 건축물에는 사무실, 창고, 연수시설 등만 있는 경우도 포함합니다.

종업원이 근무하지 않는다 하더라도 연면적에 해당하는 비율만큼은 안분하여 납부해야 합니다.

건설업의 경우 건설현장이 사업소에 해당한다고 이해하면 됩니다.

4. 종업원분 주민세

당월을 포함한 12개월간 급여총액의 월평균금액이 1억 5천만 원을 초과하는 사업소의 사업주는 종업원분 주민세 납세의무가 있습니다.

12개월간 평균임금이 1.5억 원을 초과하지 않는 달에는 납세의무가 없습니다.

해당하는 경우 **급여총액의 5/1,000의 세율로 부과**합니다.

급여 총액은 해당 월에 지급한 정기급여의 총액과 상여금, 특별수당 등 비정기적 급여의 총액을 합한 금액으로 하며 비과세급여는 제외합니다.

5. 사업소와 종업원 기준

사업소는 본점, 지점 현장 등을 별개로 판단하여 본점의 월평균 급여총액 또는 현장의 월평균 급여총액이 150,000,000원 초과 여부를 판단하면 됩니다.

종업원의 범위에 일용직근로자는 포함되며, 외국인근로자만 제외됩니다.

건설업 현장의 경우 소장 및 일용직근로자의 급여총액을 전부 포함하여 계산하면 됩니다.

6. 종업원분 주민세 신고 · 납부

종업원분 주민세 납세의무자는 매월 납부할 세액을 다음 달 10일까지 납세지 관할 지자체 장에게 신고 · 납부해야 합니다.

원천징수하여 납부하는 것이 아니라 회사 부담분이기 때문에 상당한 부담이라고 할 수 있습니다. 월 급여액이 1.5억 원을 초과함에도 불구하고 주민세 종업원분을 신고하지 않은 경우 조사를 통해 추징사례가 점점 늘고 있습니다. 예전처럼 50인 이하면 해당이 없다고 잘못 알고 있는 경우 실수가 발생합니다.

종업원분 주민세 면세점 기준이 1.35억 원에서 1.5억 원 초과로 개정되었습니다.

06

Q 신축건물 취득세 과세표준 적정성 세무조사가 왜 건설회사로 나오나요?

A 도급 계약서상 계약금액만으로 취득세를 신고한 내용에 대하여 지방세 세무조사에 의하여 취득세 추징사례가 늘고 있습니다.

건설회사의 재무제표, 계정별 원장, 도급계약서, 현장별 공사원가명세를 제출하도록 하고 있습니다.

법인이 작성한 원장, 보조장, 출납전표, 결산서 등에 의하여 취득가격이 증명되는 취득의 경우 사실상 취득가격으로 인정됩니다.

1. 신축건물 취득세 과세표준 적정성 검증을 위한 지방세 세무조사

신축건물에 대한 취득세 과세표준의 적정성 여부를 검증하기 위한 지방세 세무조사가 늘고 있습니다.

법인이 시공한 건축물에 대한 세무조사 안내문이 건설회사를 상대로 발송되지만 법인에 대한 지방세 조사라기보다는 건축주에 대한 지방세 세무조사라고 보는 것이 맞습니다.

신축건물에 대한 취득세 납세의무자는 건축주이지, 이를 시공한 건설회사가 아니기 때문입니다.

건축주가 실지거래가액(시가)이라고 신고한 공사금액에 대한 적정성 여부를 조사하기 위해서는 건축주에게 자료를 받을 수 없고 시공사의 공사원가 및 계정별 원장 등을 제출받아야 적정성 여부를 검토하게 됩니다.

2. 취득세 과세표준

취득세의 과세표준 원칙은 취득 당시 신고가액으로 합니다.

단, 연부로 취득하는 경우에는 연부금액으로 하게 됩니다.

예외적으로 신고 또는 신고가액의 표시가 없거나 신고가액이 시가표준액보다 적을 때에는 취득 당시의 시가표준액으로 합니다.

취득과 관련된 비용은 아래의 기준에 의해 포함 제외됩니다.

포함되는 경우	제외되는 경우
건설자금 충당한 차입금 금융비용 관계법령에 따른 의무적 부담비용 취득에 필요한 용역대가 계약조건에 따른 취득자 부담채무 국민주택채권 매각차손 등 할부 연부계약 이자비용 등 중개보수 건물과 일체된 설비, 시설 설치비용 부속시설 조성, 설치 비용	판매를 위한 광고선전비용 등 전기, 가스, 열 등 관련 비용 이주비, 보상비 등 보상성격 비용 부가가치세

향후 개정안은 유상·원시 취득의 경우는 사실상의 취득가격을 과세표준으로 하고, 무상 취득의 경우는 시가인정액을 과세표준으로 하게 됩니다.

3. 신축건물 취득세, 지방세 세무조사 이슈

아직은 건축물 신축을 위한 시공가액보다 시가표준액이 더 낮은 것이 현실입니다. 현장에서 건축주와 건설회사 간 협의를 통해 세금계산서 발행금액을 시가표준액에 근접하도록 발행하는 경우가 많고 지방자치단체도 이러한 현실을 파악하고 있으므로 점차 취득세 세무조사 사례가 증가하고 있습니다.

토지 거래는 면세거래에 해당하지만 양도자가 계산서를 발행하지 않아도 되므로 매매계약서 및 금융 증빙을 보관해야 합니다.

분리발주를 통한 과세표준의 인위적 감소 여부 역시 자주 검토되는 이슈입니다. 신축건물 외의 다른 공사 또는 신축건물 관련 부대공사를 분리발주하여 과세표준을 인위적으로 감소시키려는 행위가 만연되어 있고 지방자치단체에서 점차 이러한 행위에 대하여 지방세 세무조사를 통해 취득세 추가 징세 및 가산세 부과 의지가 강화되고 있는 추세입니다.

4. 신축건물 취득세 및 가산세

건설업의 경우 분양공사업의 경우 신축한 건축물에 대하여 취득세 과세표준의 적정성 여부를 면밀하게 검토해 보아야 합니다.
취득세 과세물건을 취득한 자는 그 취득한 날로부터 60일 이내에 과세표준에 세율을 적용하여 산출한 세액으로 신고 · 납부하여야 합니다.
취득세는 신고 · 납부 세목으로 기한 내에 정당한 세액을 신고 · 납부하지 않은 경우 20% 무신고, 10% 과소신고가산세뿐만 아니라 일당 2.5/10,000의 납부불성실가산세 부담으로 이어집니다.
법인이 건물 신축이나 부동산을 매매하면서 실제 지급된 공사비 외에 간접비용(중개수수료, 건설자금이자, 용역비 등)을 포함한 법인 장부가액으로 취득세를 신고 및 납부하여야 함에도 불구하고 계약서상 금액만으로 취득세를 신고한 내용에 대하여 지방세 세무조사에 의하여 취득세 추징사례가 늘고 있습니다.

07

Q 분양목적 미분양 주택은 종합부동산세 합산배제 신청 가능한가요?

A 종합건설업을 영위하면서 주택신축판매업을 겸하는 경우 주택신축판매업자가 보유한 주택은 종합부동산세 합산배제 가능합니다.

1. 종합부동산세 고지 및 납부

종합합산이란 분리과세 또는 별도합산대상이 아닌 토지 등을 모두 합산하여 과세하는 것을 말합니다.

종합부동산세는 고지에 의한 납부를 원칙으로 하되, 신고 및 납부를 할 수 있습니다.

① 과세기준일: 매년 6월 1일
② 납부기간: 매년 12월 1일~12월 15일
③ 분납: 250만 원 초과 시 납부기한 경과일로부터 6월 내
④ 합산배제신청기한: 매년 9월 16일~9월 30일

2. 종부세 합산배제

아래의 경우 **종부세 합산배제 신청이 가능합니다.**

① 임대주택 합산배제
② 사원용주택 합산배제
③ 부부 공동명의 1주택자 과세특례
④ 주택건설업자가 취득한 토지에 대한 과세특례

3. 임대주택 종합부동산세 합산배제

합산배제 임대주택이란 공공주택사업자 또는 민간임대주택 임대사업자로서 과세기준일 현재 세법에 따라 주택임대업 사업자등록을 한 자가 임대하거나 소유하고 있는 아래 어느 하나에 해당하는 주택을 말합니다.

① 건설임대주택
② 매입임대주택
③ 기존임대주택
④ 미임대 민간건설임대주택
⑤ 리츠, 펀드 매입임대주택
⑥ 미분양 매입임대주택
⑦ 건설임대주택 중 장기일반민간주택(준공공임대주택 등)
⑧ 매입임대주택 중 장기일반민간주택(준공공임대주택 등)

4. 미분양 주택 종합부동산세 합산배제

아래에 해당하는 **미분양 주택으로서 사용승인일(검사일)로부터 5년이 경과하지 않은 주택은 합산배제 대상 주택에 해당**합니다.

① 주택법에 따른 사업계획 승인을 얻은 자

② 건축법에 따른 허가를 받은 자

가. 주택법에 따른 사업계획 승인을 얻은 자

주택법에 따라 주택건설업을 등록한 주택건설업자가 보유한 미분양 주택은 종합부동산세 합산배제 신청 가능합니다.

나. 건축법에 따른 허가를 받은 자

주택건설업 면허는 없지만 주택신축판매업을 영위하는 경우로서 건축법에 따라 허가를 받아 시행을 한 경우 종합부동산세 합산배제를 신청할 수 있습니다.

위 두 가지 경우 모두 5**년 이내 미분양 주택은 종부세 합산배제 대상이고, 미분양된지 5년이 경과한 경우는 종부세 합산대상이 됩니다.**

주의할 점은 개인사업자로 주택신축판매업을 운영하는 경우 미분양 주택은 사업용 재고자산에 해당되지만, 4대보험 부담 등으로 사업자등록을 폐업하는 경우 개인이 보유한 주택 수에 포함됩니다.

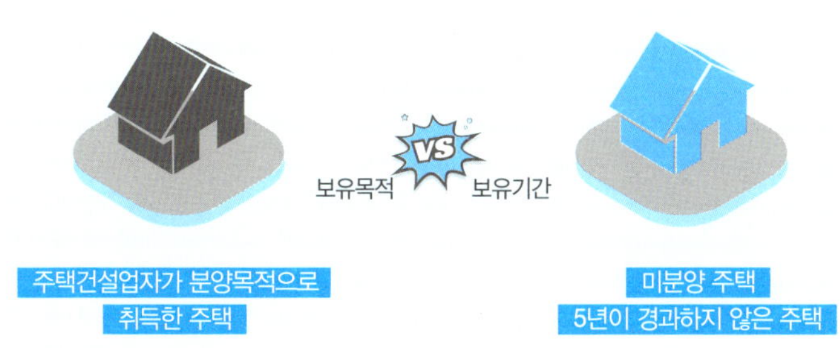

분양공사업을 하는 종합건축 면허를 가진 경우 주택건설업 면허 등록 시 자본금과 기술인력을 중복으로 인정받기 때문에 주택건설업을 대부분 보유하고 있습니다.

주택건설사업자란, 주택건설을 사업으로 하는 자로서 주택법의 정함에 따라 국토부에 등록한자를 말합니다.
면허를 취득해야 주택건설사업자에 해당됩니다.

주택건설사업자는 연간 20호(세대) 이상의 주택건설사업을 영위하고자 하는 자입니다.
다만, 도시형생활주택은 30세대 이상으로 원룸형 주택과 85제곱미터를 초과하는 주택 1세대를 함께 건축하는 경우를 포함합니다.
주택건설업은 시행면허입니다. 시공면허가 아닙니다.

5. 주택건설사업자의 주택 신축용 토지에 대한 과세특례

주택법에 따라 주택건설사업자등록을 한 주택건설사업자가 주택을 건설하기 위하여 취득한 토지 중 취득일로부터 5년 이내에 주택법에 따른 사업계획의 승인을 받은 토지는 종합합산 토지분 과세대상에서 제외(토지를 보유한 상태에서 주택건설사업자의 지위를 얻은 경우 포함)할 수 있습니다.

6. 대물변제받은 주택

시공자가 대물변제받은 미분양 주택으로서 공사대금으로 받은 날로부터 5년이 미경과한 주택은 종합부동산세 합산배제 신청이 가능합니다.

08

Q 건설공사 도급계약은 인지세 과세대상인가요?

A 종합건설업, 전문건설업, 설비공사업, 전기공사업, 정보통신공사업 도급계약서는 인지세 과세대상입니다.

1. 인지세 과세대상

증서란 재산에 관한 권리의 창설 이전 또는 변경에 관한 계약서나 그 밖에 이를 증명할 목적으로 작성하는 문서를 말합니다.

국내에서 재산에 관한 권리 등의 창설, 이전 또는 변경에 관한 계약서나 이를 증명하는 그 밖의 문서를 작성하는 자는 해당 문서를 작성할 때에 인지세 납부의무가 있습니다.

2인 이상이 공동으로 문서를 작성하는 경우, 그 작성자는 해당 문서에 대한 인지세를 연대하여 납부할 의무가 있습니다.

2. 건설업 인지세 과세대상

건설업의 경우 도급문서에 대하여 인지세 납부의무가 있습니다.

도급 및 위임 문서의 범위는 다음 각호의 어느 하나에 해당하는 것을 말합니다.

① 건설산업기본법 제22조에 따라 작성하는 도급문서

② 전기공사업법 제12조에 따라 작성하는 도급문서

③ 정보통신공사업법 제26조에 따라 작성하는 도급문서

④ 국가를 당사자로 하는 계약에 관한 법률 제11조 또는 지방자치단체를 당사자로 하는 계약에 관한 법률 제14조에 따라 작성하는 도급문서

⑤ 공공기관의 운영에 관한 법률 제15조 또는 제39조 제3항에 따라 작성하는 도급문서

⑥ 지방공기업법 제64조의2 제3항(제76조 제2항에서 준용하는 경우를 포함)에 따라 작성하는 도급문서

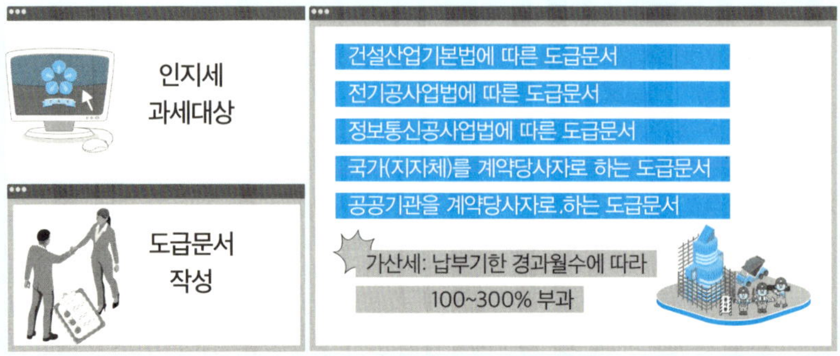

3. 인지세 세율

구분	구간	법인세법
도급금액	1천만 원 초과 3천만 원 이하	2만 원
	3천만 원 초과 5천만 원 이하	4만 원
	5천만 원 초과 1억 원 이하	7만 원
	1억 원 초과 10억 원 이하	15만 원
	10억 원 초과	35만 원

전자계약을 체결하는 경우 전자계약체결시스템에서 인지세를 납부하게 됩니다.

민간 건설공사 표준도급계약서 일부개정을 통해서 도급계약 시 도급인과 수급인은 절반씩 인지세를 부담하도록 하였습니다.

건설공사 계약 시 계약 당사자들은 계약서 기재 금액에 따라 정해진 인지세 연대납부 의무가 있지만, 도급인이 인지세 납부를 수급인에게 전가하는 관행이 빈번한 데 따른 조치입니다.

4. 인지세 신고 및 납부

인지세는 과세문서에 수입인지에 관한 법률에 따른 종이문서용 전자수입인지를 첨부하여 납부하게 됩니다.

대통령령으로 정하는 바에 따라 인지세액에 해당하는 금액을 납부하고 과세문서에 인지세를 납부한 사실을 표시함으로써 종이문서용 전자수입인지를 첨부하는 것을 갈음할 수 있습니다.

국세청장은 계속적·반복적으로 작성하는 과세문서에 대해서는 납세의무자의 신청에 의하여 그 문서 작성일이 속하는 달의 다음 달 10일까지 현금으로 인지세를 납부하게 할 수 있습니다.

5. 인지세 지연납부와 가산세

인지세를 납부하지 않은 건에 대하여 과세사례가 늘고 있습니다.

인지세 납세의무자의 관할 세무서장 또는 관할 지방국세청장은 인지세를 납부하지 아니하였거나 납부한 세액이 납부하여야 할 세액에 미치지 못하는 경우에는 그 납부하지 아니한 세액 또는 부족하게 납부한 세액을 결정하거나 경정 · 결정하도록 하고 있습니다.

구분	가산세
3개월 이내 납부	미납세액의 100%
3개월 초과 6개월 이내 납부	미납세액의 200%
6개월 초과 납부	미납세액의 300%

세무사 **장성환**

학력 및 경력

- 연세대학교 졸업
- 경영학 석사
- (前)전문건설공제조합 근무
- 세무회계 창연 세무사
- 경영지도사, CFP

주요 활동

- 공제조합 기술교육원 건설업 세무회계 강사
- 한국생산성본부 건설회계 강사
- 전문건설공제조합 법률상담센터 세무자문위원
- 공제조합 기술교육원 건설업 세무회계 강사

- E-mail: constax777@naver.com